養育費政策にみる国家と家族

母子世帯の社会学

下夷美幸
Miyuki Shimoebisu

Family, State
& Child Support Policy

勁草書房

まえがき

　離婚はタブーではない、そういわれるようになって久しい。当然のことながら、どんなに熟慮して結婚相手を選んでも、共同生活に入ってはじめて相手の相容れない面を発見することはある。また、順調な結婚生活を送っていた夫婦でも、時間の経過とともに、それぞれの考え方や態度が変化することはある。ある時点でのベストのマッチングが、すべての人にとって永遠にそうであるとは限らない。相手と人生を共に歩めなくなったのであれば、一度決めた相手と別れて、人生を新たにスタートさせることは、決して特別なことではない。ましてや、禁じられるべきことでも、非難されるべきことでもない。実際に離婚する夫婦も増え、地域にもよるが、全体としては、離婚に対する社会の態度も、かつてのような否定的なものから中立的なものへと変化してきている。その意味では、もはや離婚はタブーではなく、人生におけるひとつの選択肢になってきたといえる。

　しかし、離婚後の女性や子どもの経済生活という点でみると、人生の選択肢とはいえ、離婚はきわめて大きなリスクをともなうものである。とくに子どもにとっては、防ぐことも備えることもできないリスクである。そう考えると、離婚母子世帯は多様な家族のひとつであり、特別視すべきでないのはもちろんだが、子どもの福祉の観点からは、特別な社会的配慮が必要な家族といえる。

　本書では、このような母子世帯の子どもの福祉という観点から、離婚後の養育費問題を取りあげる。養育費とは、子どもと離れて暮らす親が、子に対する扶養義務に基づいて分担する子どもの生活費である。本来、養育費は親の性別には関係なく、子どもをどちらの親が監護するかによって、父親が支払う場合もあれば、母親が支払う場合もある。ただし、本書では離婚後、母親が子どもを監護する場合に父親が支払う養育費として考えていく。現在、この問題は母

まえがき

子世帯により深刻に現れているからである。なお、ここでの検討の対象は、離婚の場合の養育費とし、とくに言及しない限り、未婚出産の場合については扱わない。未婚の場合には、離婚とは異なる性質の問題を含み、カップルの関係や法的親子関係の問題など、検討すべき課題が多岐にわたるためである。ここでは、婚姻制度のもとで夫婦となり、その夫婦のあいだに生まれた子どもの養育費に限定する。

筆者は、養育費問題に関して、行政による養育費の確保が必要だと考えている。なぜ養育費のような私的な家族の問題に行政がかかわる必要があるのか、については序章で述べるのでここでは触れないが、現状のように家族に委ねられたままでは問題の解決は見込めない。養育費については、福祉国家による家族介入的な政策が必要だとしたうえで、家族介入的な政策の持つ危険性についてあらかじめ考えておきたい、というのが筆者の意図である。

そこで本書では、まず、日本の養育費問題とその政策を検証し、行政による養育費確保の制度の必要性を明らかにする。そして、日本の母子世帯政策がモデルとしているかにみえるアメリカとイギリスの政策に注目し、そこで実施されている養育費制度を検討する。その目的は、制度設計の具体案や財政的な実現可能性を探ることではなく、養育費問題に対する政府の姿勢や家族介入的政策の意義と限界を見極めることにある。

これまで民法の研究者から養育費制度の導入が提唱されたことはある（たとえば、山脇 1993、松嶋 1993、神谷 1995など）。しかし、養育費政策の問題に深く立ち入った本格的な研究は手つかずの状態である。本書はその研究の第一歩のつもりである。

内容は3部からなる。各部と各章の目的は次のとおりである。第Ⅰ部の「母子世帯政策：方向とその特徴」では、日本の母子世帯政策の特徴をつかむ。まず、第1章で母子世帯政策の中心である児童扶養手当を取りあげ、主要ないくつかの制度改正を養育費との関係から検討し、日本の政策の問題状況を把握する。つづく第2章では、母子世帯政策の政策転換とうたわれている2002年の一連の制度改革に焦点をあて、日本の政策が追いかけているとみられるアメリカ・イギリスの政策との比較を行い、そこから日本の政策の特徴をより鮮明に浮かび上がらせる。

まえがき

　第Ⅱ部の「戦後日本の実態：実情とその背景」では、養育費問題の根本的要因を探る。はじめに第3章で養育費の実情について、「司法統計」や「全国母子世帯等調査」などの統計を用いて全体状況を確認するとともに、実際の離婚に現れる養育費問題の実像を事例分析から明らかにする。つぎに第4章では、養育費問題の根底には社会規範の不在という問題があるとみなし、その基礎となる民法における「離婚後の子の監護」規定の変遷を、明治初期の民法編纂時から現行民法まで検証する。

　第Ⅲ部「養育費政策：展開とその功罪」では、先行するアメリカ・イギリスの政策から示唆を得る。第5章ではアメリカの養育費履行強制制度の現状から、強力な家族介入的政策の問題点を検討する。第6章では1990年代に養育費制度を導入したイギリスの政策展開から、家族の個人化を見据えた政策の持つ限界について検討する。そして最後に、これまでみてきた日本の養育費の実態とそれに対する政策の問題状況から、行政による養育費確保の制度の必要性を確認し、そのうえで、アメリカとイギリスの検討を踏まえて、養育費政策のような家族介入的政策がはらむ危険性について考察する。

養育費政策にみる国家と家族

母子世帯の社会学

目　次

目　次

まえがき

序　章　養育費という政策課題：なぜ家族介入的政策が必要か ………… 1
　　1　家族介入的政策に対する2つの批判　1
　　2　家族による解決：履行確保制度と強制執行制度　2
　　3　福祉国家による解決：児童扶養手当制度　9
　　4　行政による養育費の確保という課題　10

第Ⅰ部　母子世帯政策：方向とその特徴

第1章　日本の問題状況 ……………………………………………………… 17
　　1　離婚母子世帯の増大　17
　　2　児童扶養手当の抑制と養育費　22
　　3　民法改正論議における養育費　31
　　4　私的扶養と公的扶養の間隙　34

第2章　アメリカ・イギリスの政策との比較 ……………………… 38
　　1　日本の母子世帯政策の方向性　38
　　2　2002年改革の検証　39
　　3　アメリカ・イギリスの母子世帯政策　48
　　4　家族政策とはいえない日本の母子世帯政策　55

第Ⅱ部　養育費問題：実情とその背景

第3章　戦後日本の実態 ……………………………………………………… 63
　　1　離婚の際の養育費をめぐる規定　63

        2　統計にみる養育費の実態　64
        3　事例にみる養育費の実態　76
        4　養育費に対する認識の問題　93

第4章　「離婚後の子の監護」規定の歴史的変遷 ………………… 99
        1　明治初期の慣習　99
        2　旧民法の前史　102
        3　旧民法の成立　107
        4　明治民法の成立　114
        5　人事法案の編纂　120
        6　改正民法の成立　127
        7　国家非関与型の家族政策　137

第Ⅲ部　養育費政策：展開とその功罪

第5章　家族に介入する公権力：アメリカ ……………………… 149
        1　もうひとつの家族政策　149
        2　養育費履行強制制度の全体像　150
        3　プログラムの具体的な内容　154
        4　制度の実績と効果　160
        5　公権力を活用した政策の危険性　165

第6章　親子の契約化：イギリス ………………………………… 172
        1　父親に寛容な政策の伝統　172
        2　養育費制度の導入と混乱　174
        3　制度の維持と理念の変容　183

目　次

　　4　生涯契約に基づく政策の限界　186

終　章　強い国家と弱い個人 …………………………………………… 191
　　1　家族介入的政策の必要性　191
　　2　国家と個人の非対称　195
　　3　家族政策の意図せざる作用　197
　　4　個人化時代の福祉国家と家族　198

参考文献 ………………………………………………………………………… 201

あとがき ………………………………………………………………………… 211

索　引 …………………………………………………………………………… 213

序　章

養育費という政策課題
なぜ家族介入的政策が必要か

1　家族介入的政策に対する2つの批判

　離婚の増加とともに、子どもが母子世帯で育つことは特別なことではなくなってきた。しかし、厚生労働省の「全国母子世帯等調査（2006年度）」によると、離婚母子世帯の約8割が父親からの養育費を受けていない。このことは子どもの福祉の観点から看過することのできない問題であり、筆者は行政による養育費の確保が必要だと考えている。

　しかし、なぜ養育費の確保に行政が乗り出すのか、という点については、異なる2つの方向からの批判が考えられる。ひとつは、離婚後の親子の扶養は家族内の私的な問題であり、国家が家族に介入すべきではない、という批判である。もうひとつは、子どもの生活保障は国家の責任であり、国家がやるべきことは母子世帯の保護であって、父親の責任を追及することではない、という批判である。ここでは、前者を「家族解決型」、後者を「福祉国家解決型」と呼ぶことにしよう。

　「家族解決型」は、養育費問題はあくまで家族内の問題であり、司法の助けを借りて家族が解決すべき、という考え方である。現在、養育費に関して利用できる司法制度としては、家庭裁判所の履行確保制度と民事上の強制執行制度があげられる。「家族解決型」の主張は、主に家族のプライバシー保護という観点からなされるが、他方、家族の自助に価値を置く保守的な立場からなされることもある。いずれにせよ、子どもの扶養に関しては、私的扶養を優先するものであり、子どもの私事性と家族の責任を重視する立場である。

　一方、「福祉国家解決型」は、母子世帯が父親の養育費に頼ることなく、一

定の生活水準を維持するだけの福祉給付が行われれば養育費は問題にならない、という考え方である。福祉国家による解決策としては、現行制度のなかでは、母子世帯を対象とした児童扶養手当制度があげられる。「福祉国家解決型」の主張は、主に子どもの福祉に対する国家責任の後退を懸念する立場からなされる。そのほか、父親の扶養義務の追求は男性稼ぎ手モデルの強化につながる、というフェミニズムの立場から主張されることもある。また最近では、未婚女性がひとりで子どもを産み育てられるようになれば、出産が促進されるとして、少子化を懸念する立場からも主張される。いずれにせよ、子どもの扶養に関しては、公的扶養を優先するものであり、子どもの公共性と福祉国家の責任を重視する立場である。

しかし、「家族解決型」「福祉国家解決型」のいずれにも限界がある。以下では、それぞれの主張で解決策とみなされる家庭裁判所の履行確保制度、民事上の強制執行制度、児童扶養手当制度について、その現実をみてみたい。

2　家族による解決：履行確保制度と強制執行制度

(1) 家庭裁判所の履行確保制度
①履行勧告・履行命令・寄託

家庭裁判所で定めた養育費の支払義務などは、家事債務と呼ばれる。家事債務が履行されない場合には、家庭裁判所の履行確保制度を利用することができる。これは、少額で長期にわたることの多い家事債務は、一般の民事債務の強制執行にはなじまないという理由から[1]、1956年に創設された制度である[2]。

履行確保制度には、履行勧告、履行命令、寄託の3つの制度がある。父親が養育費を支払っていない場合に即してみると、まず、履行勧告が利用される。これは母親からの申し出により、家庭裁判所が履行状況を調査し、父親に対して養育費を支払うよう書面や電話などで助言、説得、勧告するものである。申し出は調停などを行った家庭裁判所となるが、口頭・電話で行うことができ、手続きに費用もかからない。ただし、履行勧告はあくまで父親の自発的な履行を促すもので、勧告に応じなくても強制力はない。

履行勧告によっても支払われない場合には、もう一段強い手段として、履行

命令がある。これは母親の申立てにより、家庭裁判所が父親に対して、裁判所の定めた期間内に支払うよう命令を発するものである。履行命令では、正当な理由なくこれに従わない場合は、10万円以下の過料が課される。その目的は父親に心理的圧力を与えて、履行を促すことにある。

また、父母間で直接、金銭を授受するのが不都合な場合には、寄託制度がある。これは父親の申し出により、家庭裁判所が養育費の支払いを受けて、家庭裁判所から母親に支払う方法である。そのねらいは、家庭裁判所が間に入ることで支払いを円滑にすることにある。寄託はかつてはかなり利用されていたが、銀行等への口座振込の普及で利用は激減しており[3]、もはやその役割を終えたといえる。

②利用状況

実際、これらの履行確保制度はどの程度利用されているのだろうか。ここでは最高裁判所事務総局編『司法統計年報　家事編』(以下、『司法統計年報』と略す)から「金銭債務」の履行確保についてみてみたい。「金銭債務」には扶養料、財産分与、慰謝料などが含まれているが、中心となるのは養育費である[4](宍戸1991：317)。

まず、履行勧告の件数について1975年からの推移をみると、1980年代終わりまでは年間8,000件から9,000件程度で大きな変化はみられない。しかし、1990年代以降は急増しており、1990年の7,316件から2006年には1万4,907件と、約15年間で倍増している。

このように、1990年代以降、履行勧告の利用が進んでいるが、その効果はあがっているのだろうか。履行勧告の終局時の履行状況をみると、1990年から現在まで、「全部履行」の割合はほぼ30％で横ばいである。つまり、履行勧告によって、完全に支払われるのは3割のみで、残りの7割は、一部のみの履行か、まったく履行されないという状況が続いているということである。よって、家庭裁判所の履行勧告は増えているが、その効果があがっているわけではない。それどころか、不履行の中でも、まったく履行されないケースが増大している。1990年と2006年の「不履行」の内訳を比較すると、1990年は「一部履行」が38％、「全部不履行」が30％と「一部履行」のほうが多いが、2006年は「一部

履行」が25％、「全部不履行」が46％と「全部不履行」が格段に多くなっている。このように、履行勧告が行われても、約半数はまったく支払われないというのが現状である。

　勧告を受けても履行されないのは、支払能力がないからなのだろうか。1998年度までの『司法統計年報』には、「全部不履行」の理由が示されている。そこで1998年についてみると、「履行能力なし」が40％となっているのに対し、「履行意思なし」もそれとほぼ同数の38％である。つまり、勧告を受けてもまったく支払われないケースのうち、約4割は経済的に支払えないのではなく、支払うつもりがないから支払っていないのである。この結果は家庭裁判所の履行勧告の限界を示している。

　では、「全部不履行」となったケースは、その後、どのように対処されるのだろうか。この点に関し、『司法統計年報』には「全部不履行」ケースについての権利者の意向が掲載されている。それをみると、2006年では「様子をみる」が51％と最も多く、ついで「強制執行申立て」が29％である。「強制執行申立て」は従来2割程度であったが、ここ数年上昇しており、強制執行に対する要望は強まっている。

　他方、「履行命令申立て」は極めて少なく、「全部不履行」の総数6,857件のうち28件のみである。実際、2006年の履行命令の事件数は全国で70件しかなく、そのうち履行命令が発令されたのはわずか26件である。このように、履行命令はほとんど利用されていないのが実態である。履行命令には直接的な強制力がなく、命令で支払うようなケースであれば履行勧告で足りる、ということかもしれない。

③対象の限定と強制力のなさ

　養育費が支払われない場合、母親が自力で督促するのは容易ではなく、手軽に利用できる履行確保制度は有益である。しかし、これが利用できるのは、調停離婚など家庭裁判所で養育費を定めたケースに限られている。あくまで家庭裁判所のアフターケアという性格のもので、一般的な協議離婚の場合はほとんど利用できない。

　協議離婚のケースで利用できるのは、子の監護に関する事件として、養育費

を請求する調停を家庭裁判所に申し立て、支払いが定められた場合などである。近年、養育費事件の申立てが増加しており、実際に養育費が定められた件数も増えている。子の監護に関する調停で父親の養育費（月払い）を定めた件数をみると、2000年の7,322件から2006年には1万583件へと6年間で約1.5倍になっている[5]。しかし、これを考慮しても、履行確保制度を利用できる母子世帯は、全体からみるとかなり少ないといえる[6]。

しかも、利用状況でみたとおり、履行勧告を行っても約半数にはまったく効果がなく、強制力もないため、相手が応じなければ支払能力があっても養育費を確保することはできない。このように、家庭裁判所の履行確保制度は、利用対象者の範囲や強制力の点で限界があり、養育費問題の解決をこれに期待することはできない。

（2）民事上の強制執行制度
①給与差押えの方法

家庭裁判所の履行確保制度を利用できない、あるいは利用しても履行されない場合には、一般の民事債務と同様、強制執行制度によって、父親の給与や貯金を差し押さえることができる。強制執行制度は民事執行法に規定されているが[7]、養育費については2003年の法改正により、滞納があれば一度の申立てで、将来分についても給与等の差押えができるなど、特例が設けられている。

強制執行制度によって、父親の給与を差し押さえる手続きは、次のようになる。まず、強制執行を行うには、債務名義を得ていることが条件である。債務名義とは、調停調書、審判書、判決書、公正証書などの強制執行が可能となる文書をさす。したがって、一般的な協議離婚の場合には、公正証書を作成していることが前提となる。また、強制執行を申し立てる前には、あらかじめ差し押さえる財産を決めておく必要があり[8]、父親の給与を差し押さえるためには、父親の現在の勤務先とそこから給与が支払われていることを確認しておかなくてはならない。

実際の申立ての際は、申立書のほか定められた書類、手続料や切手代などが必要になる[9]。書類が整っていれば受け付けがなされ、裁判所から差押命令が出される。発令から1週間すると、母親は勤務先から支払いを受けることがで

きる[10]。ただし、すでに父親が会社を退職している場合には、差押えは行えない。

②利用状況

　では、養育費の支払いに強制執行はどれぐらい利用されているのだろうか。養育費について、強制執行の全国統計はとられていないが[11]、東京地方裁判所民事執行センターの報告によると、同センターの2004年度における、養育費等の債権に関する強制執行の申立件数は191件である。そのうち、将来分の差押えなどの特例適用の申立ては136件、特例申立てと慰謝料等その他一般債権とを併せて申し立てたものが24件、期限到来後の通常の申立てが31件である。また、差押えの対象は給与がほとんどで、191件のうち171件である。そのほかには、保険医の診療報酬が3件ある（小川・吉川 2005:5-6）。

　さて、この東京地方裁判所民事執行センターにおける年間191件という申立件数を、どう評価すればよいのだろうか。ちなみに、このセンターの管轄は東京23区内および東京都の諸島であるが[12]、東京都のそれ以外の地区も含む東京地方裁判所全体の、債権に対する強制執行の件数をみると、2004年の新受件数は4万8,922件である[13]。比較するまでもなく、約5万件の強制執行の申立てのなかで、養育費の事例は数百件程度であり、その割合はきわめて小さい。こうしてみると、実際に養育費の確保に強制執行が利用されるのは、特別な事例といえる。

③母親にかかる負担

　強制執行の申立ての際に裁判所に納める費用は、手数料と切手代であわせて1万円程度である。また、書類が整っていれば、申請手続き自体に専門知識は必要なく、弁護士や行政書士に依頼しなくても可能である（新川 2004）。仮に費用をかけて行う場合でも、父親が勤め人であれば、一回申し立てれば、以後、給与天引きで支払われるようになり、強制執行は「費用倒れ」になるので使えないという状況は、2003年の法改正によりかなり改善されている。

　では、改善された制度が周知されれば、今後、強制執行によって養育費問題は解決するのだろうか。すでに説明したとおり、強制執行の利用は債務名義を

得ていることが大前提で、一般的な協議離婚の場合には、離婚の際に合意事項を公正証書にしておかなくてはならない。公証役場は全国約300ヵ所あり、離婚する夫婦本人でなくても、一方あるいは双方とも代理人で手続きはできる（ただし、双方の代理人を１人が務めることはできない）。公正証書作成の手数料は政府が定めており、平均的な養育費であれば、7,000円から１万7,000円程度でおさまる[14]。よって、手続き的にも費用面でも公正証書を作成することは困難ではない。しかし、実際に公正証書を作成するケースは少ない。弁護士や第三者を交えて離婚交渉が行われる場合は別として、当事者間の話し合いで養育費を取り決めた場合、母親が公正証書の必要性を認識していても、支払側である父親は公正証書の作成には抵抗感を持ちやすく、簡単には応じない。

　また、債務名義がある場合でも、事例によっては強制執行の申立てに多数の書類が求められる。たとえば、転居していたり、母親の姓が変わっていたりして、一方または双方の現在の住所や氏名が債務名義の記載と異なっている場合には、少なくとも、それぞれの住民票や戸籍謄本が必要になる。現在、役所の書類などは郵送で申請できるものもあるが、仕事と子育てで時間的にも心理的にもぎりぎりの生活を送っている母子世帯の母親が、これらの準備を行うことは負担が大きい。日本司法支援センター（法テラス）には、弁護士や行政書士費用に対する立て替え制度があるが、返済を考慮すると簡単には利用できない。

　そして、母子世帯にとってなにより問題となるのは、強制執行を行うためには、あらかじめ父親の住所と勤務先を確認しておかなくてはならないということである。父親と子どもが定期的に面会している場合や、離婚後も相手の親族との関係が続いている場合などでは問題にならないが、離婚後数年が経過してすでに交流がない場合や相手が転居を繰り返す場合などでは、父親の所在をつかむことは容易ではない。住民票や本籍地の附表からたどることもできるが、除票や除籍の保存期間は５年という限界もある。さらに、給与の差押えを行うには、住所だけでなく勤務先を確認しなくてはならない。住所は住民票をたどることで確認することもできるが、勤務先についてはそのような公的な登録がなく、これを知る手がかりは限られている。親族や友人などから情報が得られない場合には、民間の探偵会社に依頼せざるを得ないこともある。

　こうしてようやく準備が整っても、強制執行の手続きに入る前の、債務名義

が父親に送達された段階で、父親が強制執行を察知し、給与が差し押さえられる前に会社を退職する場合もある。あるいは、強制執行を理由に事実上退職させられたり、本人が居づらくなって退職したりすることもある。退職すると手続きはすべてやり直しとなり、父親の新たな勤務先を探すことからはじめなくてはならない。

　母子世帯の母親の多くが、すでに離婚に至るまでの長い時間のなかで、多大な心身の負担を負っている。そのうえ、離婚後に子どものために当然支払われるべき養育費の不履行に対して、強制執行の手続きを踏むことは母親にとってさらなる負担である。結局、制度は改善されたものの、母子世帯にとってその利用は現実的ではない。

④敵対的関係

　強制執行の問題は母親にかかる負担の面だけではない。離婚後の養育費については、問題の性格からみて、母親が父親を相手に強制執行を行うことは適切とはいえない。たしかに、強制執行は国家権力によって弱者の権利を実現するものであり、法治国家を成り立たせる真に意味のある制度である。養育費についていえば、泣き寝入りしている母子世帯の母親は弱者であり、支払いを踏み倒している父親に対して強制執行を行い、母親の権利を実現することは当然なされるべきことである。

　しかし、この両者は金銭債務をめぐる単なる強者と弱者という関係ばかりではない。父親と母親は離婚後も子どもの親として、その子を共同して養育する責任を負う関係である。強制執行により、確実に養育費が支払われることは、子どもの生活保障において重要であるが、母親が直接、父親に対して強制的手段を講じることは、その後の協力関係を不可能にする危険もある。そのように考えると、子どもの養育費が期限どおりに確実に支払われるための強制的な制度は必要だが、そこで父親と母親が直接対峙し、敵対的関係になる仕組みは望ましくない。

3　福祉国家による解決：児童扶養手当制度

（1）社会手当としての性格

　つぎに、「福祉国家解決型」について考えてみたい。この立場からは、児童扶養手当の拡充が求められる。児童扶養手当とは、父親と生計を同じくしていない母子世帯に支給される手当である。ただし、遺族年金などの公的年金（老齢年金を除く）を受給している場合は対象とならないため、実質的には離婚・未婚などの生別母子世帯を対象とした手当となっている。厚生労働省の「社会福祉行政業務報告（2006年度）」によると、受給者の約9割は離婚母子世帯の母親である。

　児童扶養手当は社会保険のようにあらかじめ保険料を払っておく必要はなく、要件を満たせば支給される。また、公的扶助のように給付を受けるのに資力調査を受けることはない。このような給付は社会手当と呼ばれ、社会保険と公的扶助の中間的な性格を持つ社会保障の制度である。政策的には、あらかじめ経済的困難に陥りやすい人々を想定し、給付を行うことによって、これらの人々が貧困に陥ることを事前に予防するという防貧的機能がある。母子世帯は他の世帯に比べて低所得であることから、必要度の高いグループとみなされているのである。現在の児童扶養手当は、子どもが18歳の3月末まで、母親の収入に応じて、子ども1人の場合は約4万2,000円から1万円程度が支給される。

（2）児童扶養手当の抑制

　過去20年間の児童扶養手当の展開をみると、「福祉国家解決型」の主張とは逆に、給付の抑制傾向が強まっている。そして、手当を削減する制度改正が行われるたびに、その根拠として父親の扶養義務があげられている。そのことは、1985年、1998年、2002年の過去3回の大きな改正の際に、養育費問題がどのように扱われたかをみるとわかる。詳しくは、第1章で論じるが、ここではそのポイントだけ示しておこう。

　児童扶養手当は1962年の施行以来、支給額と支給対象を拡大してきたが、1980年代に入り行政改革の議論が本格化してくると、状況は一変し、縮減を求

められるようになる。そして、1985年に所得制限の強化と実質的な手当削減となる法改正が行われ、その際、父親の所得による手当の支給制限が盛り込まれている。最終的に、この支給制限は事実上の無期限凍結となったが、このような規定がなされたことは、私的扶養の優先を根拠に、手当はその必要度にかかわらず削減されうることを端的に示している。

その後、離婚率が低下したこともあり、児童扶養手当が問題となることはなかったが、1990年代に入ると離婚が急増し、児童扶養手当給付費も増大したことから、再び、児童扶養手当の抑制が議論に浮上してくる。そして、1990年代後半の財政構造改革で社会保障費の削減が決定すると、真っ先にその対象となったのが児童扶養手当である。結局、1998年に所得制限が大幅に強化されている。この改正に向けて、政府は児童扶養手当に関する審議会を設置し、そこでは父親の扶養義務と児童扶養手当の関係が議論されているが、養育費問題への具体的な対応もなされないまま、手当の縮減だけが予算上の理由で断行されている。

こうして1998年に所得制限が強化された後も、児童扶養手当の給付費の増加は止まらず、2002年に母子世帯政策全体を見直す形で、児童扶養手当の抑制が行われている。同年、「児童扶養手当中心の支援」から「就業・自立に向けて総合的な支援」への政策転換が掲げられ、母子世帯政策は「子育て・生活支援」「就業支援」「養育費の確保」「経済的支援」の4つの柱に再構成されている。2002年の改革については、第2章で詳しく論じるが、政策の実施状況をみると、それは、児童扶養手当の削減に方向付けられたものである。養育費の確保が母子世帯政策の柱のひとつに位置付けられたのも、児童扶養手当の削減による母子世帯の経済的ダメージを緩和するものとして、父親の養育費に政策の関心が向いているにすぎない。実際、問題状況を打開するための踏み込んだ対策もなんら打ち出されていない。

4　行政による養育費の確保という課題

(1) 現行制度の限界

冒頭で指摘したとおり、父親の養育費問題に関しては、「家族解決型」と

「福祉国家解決型」の2つの考え方がある。これまでみてきたとおり、「家族解決型」の手段のひとつである家庭裁判所の履行確保制度は、費用もかからず手続きも簡便だが、利用対象者が限定されており、しかも支払いを確実にするための強制力がない。もうひとつの民事上の強制執行制度は、養育費について利用しやすいように制度が改善されているが、債務名義や母親にかかる負担の問題から現実的に利用できる母子世帯は限られている。また、父母の関係性への影響という観点からも、強制執行は養育費問題の解決には適さない面がある。このように養育費を確保するための司法制度は用意されているが、実際にこれにより家族が自力で養育費問題を解決することは難しい[15]。

　他方、「福祉国家解決型」の立場からは、児童扶養手当の拡充が求められる。しかし、財政上の理由から、社会保障費の削減が必要になるとまずその対象になるのが児童扶養手当であり、その際に、手当の抑制の根拠としてあげられるのが、父親の扶養義務である。そして、養育費の確保の対策はなされないまま、手当の削減だけが実行されている。このような現実からは、福祉給付の拡充という形で、福祉国家に養育費問題の解決を期待することはできない。

　こうしてみると、養育費問題は現行の司法制度でも福祉制度でも解決されないまま、長年、放置されてきたといえる。このことは、子どもの福祉の観点から見過ごすことのできない深刻な事態である。

(2) 新たな制度の必要性

　養育費を確保する制度の必要性は、すでに政府の審議会をはじめ国会でも広く認識されている。しかし、実効性のある政策はまったく進展していない。今後、養育費問題の解決に向けた、踏み込んだ政策対応がなされなければ、母子世帯は私的扶養と公的扶養の狭間に取り残されたままとなる。

　養育費政策のあり方としては、私的扶養を優先するか、公的扶養を優先するか、という問題がある。私的扶養を優先する立場では、子どもの私事性が重視され、子どもの養育は家族の責任とみなされる。たしかに妊娠や出産といった子どもの誕生に関する事柄は、純粋な私事として、家族や個人の自由に委ねられるべきである。しかし、いったん誕生した子どもは次代を担う存在でもあり、子どもの養育については、家族の私事とばかりはいいきれず、国家も子どもの

福祉の観点から責任を負っている。よって、私的扶養を優先するとしても、養育費問題については、公的介入を一切排除するのではなく、家族の私事である子どもの養育に対してどのような公的介入を認めるのか、という見方が必要である。

一方、公的扶養を優先する立場では、子どもの公共性が重視され、子どもの養育は国家の責任とみなされる。しかし、近代社会は子どもの養育を家族に委ねている。それは家族が私的領域であり、子どもがそれぞれの家族のなかで、その能力を発揮し、個性ある人間に育まれるからである。いいかえれば、社会は家族における自由な養育を通じて、多様な社会のメンバーを維持しようとしているのである。そのようにみると、子どもの養育を担う家族には、自由と自律性が確保されていなくてはならない。よって、公的扶養を優先するとしても、養育費問題については、そのすべてを国家だけが引き受けるのではなく、最終的には国家が責任を持つべき子どもの養育について、どこまでどのような形で家族にその責任を委ねるか、という見方が必要である。

こうして考えてみると、養育費政策のあり方としては、私的扶養か公的扶養かの二者択一ではなく、両者の組み合わせ方が重要である。筆者は、家族のプライバシーを重視する立場に立つが、子どもの福祉の観点から、国家の家族介入的な政策も必要であると考えている。養育費に関しては、私的扶養を第一義的なものとみなし、行政による養育費確保の制度を用意することで、私的扶養の追求を公的に支援すべき、という考えである。それは公的扶養の縮小を目的としたものではなく、むしろ公的扶養の拡充の基盤を固めるためのものである。私的扶養を確保する制度を整えることで、家族に自律的であることを求めながら、私的扶養が実現されない場合には、公的扶養によって人々の生活をもれなく保障する、それこそが福祉国家の役割ではないだろうか。

注
1）　家事債務は一般の民事債務に比べて、①少額の分割払い、定期払いが多く、強制執行が費用倒れになりやすい、②家庭裁判所の家事事件では弁護士によって代理される当事者は少なく、かつ審判または調停の結果、女性が権利者になる場合が多い。そして、権利者たる女性の多くが、法律的知識に乏しく、また、経済的弱者であり、強制執行の手続きの煩雑さとその費用の負担に耐えられな

い、③親族または親族であった者の間の権利関係であるから、あまり強力な権利の実現方法は躊躇される、ということから、家庭裁判所独自の制度が設けられたという（最高裁判所事務総局家庭局 1970:4）。
2）　制度の創設は、家庭裁判所の実務家や民法研究者のほか、当事者からの強い要望によるものである。たとえば、最高裁判所が1955年に養育費等の金銭債務を調停で定めた当事者に対して実施した調査によると、家庭裁判所への希望では、「調停で定められた義務が履行されるように家庭裁判所に援助してほしい」が希望総数の90％と最も多く、ついで「義務を履行させるため、家庭裁判所に強制力のある措置をしてほしい」が5％で、家庭裁判所の関与を求める意見が多く寄せられている（川島 1956:32）。実際、同調査によると、調停成立後およそ半年から1年半の金銭債務のうち、一部履行が36％、全部不履行が14％で、約半数が不履行となっている。しかも、不履行のうち、強制執行が行われたのは1割程度にすぎない（最高裁判所事務総局家庭局 1955）。また、制度化の背景には、実際に家庭裁判所の職員が履行を勧告したり、金銭の授受に立ち会ったりすることが自然発生的に行われており、それが大きな成果をあげていたという実情もある（最高裁判所事務総局家庭局 1970:6）。
3）　最高裁判所事務総局編『司法統計年報・家事編』（以下、『司法統計年報』）をみると、1970年代のピーク時には受入件数が9万件を超え、寄託金も35億円を超えている。しかし、1998年の受入件数は1,242件、寄託金5,497万円で、1999年以降については、『司法統計年報』に寄託の統計が掲載されなくなっている。
4）　1998年度までは、『司法統計年報』に「金銭債務」の内訳として、「扶養料」「財産分与と慰謝料」「その他の金銭債務」「扶養料と財産分与・慰謝料」「扶養料とその他の金銭債務」などが示されている。1998年についてみると、「金銭債務」の総数1万1,305件のうち、扶養料および扶養料と他をあわせたものが85％を占めている。ただし、これには子どもの扶養料以外の扶養も含まれる。
5）　『司法統計年報』の「子の監護事件のうち認容・調停成立の内容が養育費・扶養料支払の取決め有り（父が支払者）の件数」による。
6）　厚生労働省の「人口動態統計（2006年）」によると、2006年の未成年の子のいる夫婦の離婚で、妻が全児の親権を行う件数は12万2,281件である。離婚後に子どもを引き取る母親の数に比べても、養育費の調停事件は少ないといえよう。
7）　一般に民事上の債権が義務者によって履行されない場合、もし強制手段がなく、義務者の道徳的心情に訴えて自発的な履行を促すだけであれば、義務は履行されないままとなる。かといって、権利者自身の実力による権利の実現に任せると、強者による濫用を招き、弱者の権利は事実上実現しないことになる。そこで国家は、義務が任意に履行されない場合には、国家の強制権力によって、履行されたのと同じ状態を事実上実現することを任務とし、これにあたる。そ

のための手続きが民事上の強制執行である（中野 1991:2）。
8）　将来分まで差押えができる財産は、給与のほか、家賃収入、取締役などの役員報酬、議員報酬、保険医の診療報酬など、継続的に支払われる金銭である。
9）　申立てには、①債権差押命令の申立書、②債務名義の正本、③送達証明書、④会社の代表者事項証明書か商業登記簿謄本、⑤申立手数料、⑥郵便切手、⑦そのほか必要な添付書類、をそろえて提出する。このうち、①債権差押命令の申立書とは、差押命令の発令を申請する基本となる書類だが、それには当事者目録、請求債権目録、差押債権目録を添付する。また、②債務名義の正本とともに、③送達証明書も必要となる。これは債務名義の書類が父親に送付されたことの証明書である。債務名義を作成した家庭裁判所や公証役場に申請して、父親に債務名義を送付してもらい、その証明書の交付を受ける。また、④会社の代表者事項証明書か商業登記簿謄本は、給与を差し押さえるために必要な書類で、会社の住所地の法務局から入手する。⑤申立手数料は、債権者1人、債務者1人、債務名義1通の場合は4,000円の収入印紙となる。⑥郵便切手は実費として予納するもので、裁判所により異なる。たとえば、東京地方裁判所では5,300円分とされている。申立ては、父親の現住所を管轄する地方裁判所に行う。
10）　給与を差し押さえても、勤務先や裁判所から母親に自動的に支払われるわけでなく、母親は取立権を行使し、父親の勤務先と直接交渉して支払いを求める。ただし、父親に他の債務があり、その債権者も給与の差押えを申し立てている場合には、裁判所が配当手続きを行うまで支払いを受けることはできない。
11）　強制執行の統計は、最高裁判所事務総局編『司法統計年報　民事・行政編』に記載されているが、「不動産等に対する強制競売、強制管理」と「債券及びその他の財産権に対する強制執行」の2つの分類しか示されていない。
12）　それ以外は東京地方裁判所八王子支部の管轄である。
13）　最高裁判所事務総局『司法統計年報　民事・行政編（2004年度）』による。
14）　養育費の支払は長期にわたる場合でも10年間分の金額を目的価格とみなすため、たとえば、月3万円（10年間で360万円）では200万から500万円以下の手数料1万1,000円となり、月8万円（10年間で960万円）では500万から1,000万円以下の手数料1万7,000円となる。
15）　1994年に日本も批准している「国連子どもの権利条約」第27条4（児童の扶養料の回収）には、「締約国は、父母又は児童について金銭上の責任を有する他の者から、児童の扶養料を自国内で及び外国から、回収することを確保するためのすべての適当な措置をとる。（以下略）」と定められている。日本政府が国連に提出した報告書をみると、家庭裁判所の履行確保制度などの現行制度をあげて、この条項についてはすでに措置済みという形で書かれている。しかし、現行制度が不十分であることは本章で指摘したとおりである。

第 I 部

母子世帯政策
方向とその特徴

第 1 章
日本の問題状況

1 離婚母子世帯の増大

　戦後の日本の離婚統計は、厚生労働省の「人口動態統計」でみることができる。図1-1は離婚件数、未成年の子どものいる夫婦の離婚件数、普通離婚率について、1950年以降の推移を示したものである。まず、離婚全体の動向をみると、1960年代半ばまでは減少しているが、1960年代後半以降は、1980年代半ば

出典）厚生労働省「人口動態統計」を用いて作成。

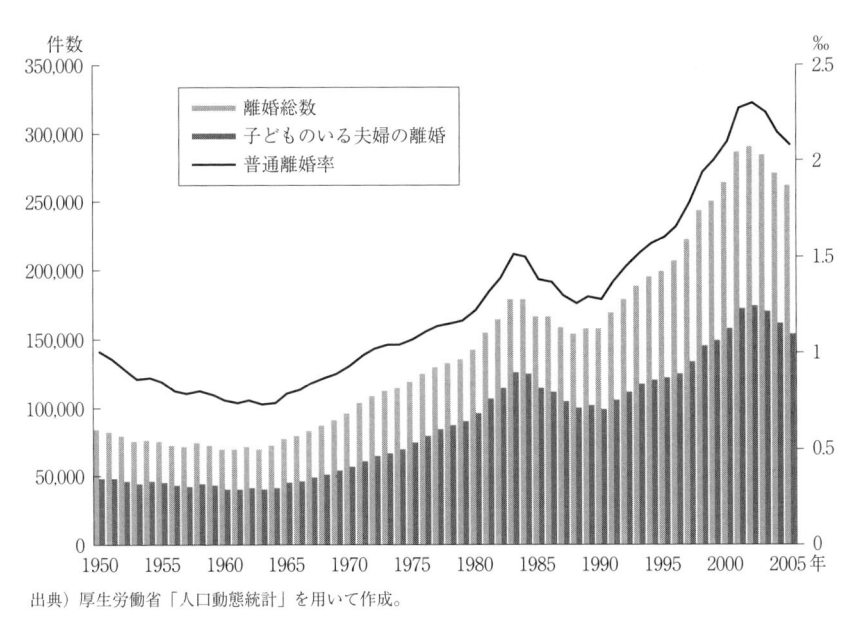

図1-1　離婚件数と離婚率の推移

と2000年代初めに一時的な変動がみられるものの、約40年間の傾向としては明らかに増加している。

子どものいる夫婦の離婚についてみると、離婚全体に占める割合は、およそ6割で一定しており[1]、図1-1でもわかるとおり、離婚総数とほぼ同じ動きをしている。1960年代後半以降についてみると、1965年は約4万5,000件だが、1980年代に入ると10万件を超え、1983年に約12万5,000件に達している。以後数年間は減少しているが、1990年代に入ると増加に転じ、2002年は約17万4,000件と戦後最高となっている。これをピークに以後やや減少しているものの、2005年は約15万4,000件で、1965年に比べると3.4倍である。図には示されていないが、「人口動態統計」によると、離婚に含まれる子どもの人数も増加しており、1965年の7万4,412人に対し、2005年は26万2,345人と3.5倍となっている。このように1960年代後半以降、子どものいる夫婦の離婚ならびに、親の離婚を経験する子どもは増加している。

子どものいる夫婦の離婚の場合、離婚後、親権者となった親が子どもを監護するのが一般的である。そこで、図1-2で離婚後の親権者の割合の推移をみる

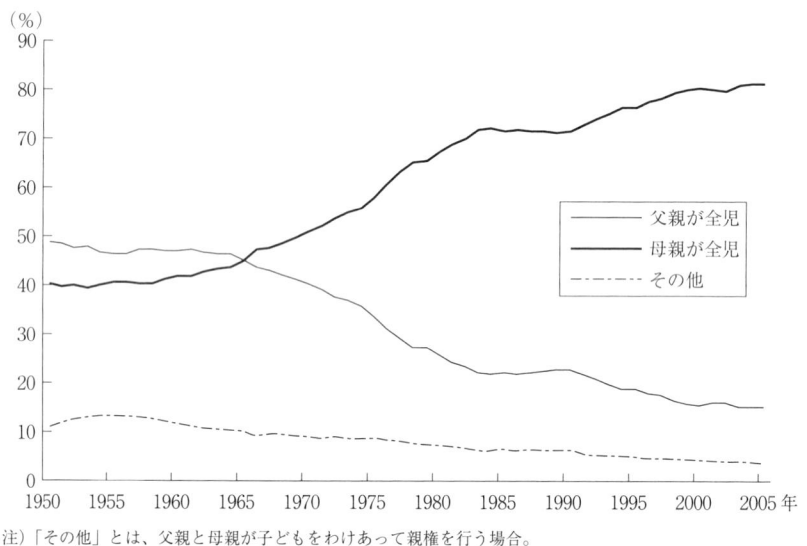

注)「その他」とは、父親と母親が子どもをわけあって親権を行う場合。
出典) 厚生労働省「人口動態統計」を用いて作成。

図1-2　離婚後の親権の推移

と、1950年は父親がすべての子どもの親権者となる割合が49.7％で母親の40.3％を上回っている。しかし、1966年に両者の割合が逆転してからは、母親の割合が急上昇し、現在は母親がすべての子どもの親権者となる割合が8割を超えている。よって、子どものいる夫婦の離婚の増加は、離婚母子世帯の増加ということになる。

母子世帯数は、総務省の「国勢調査」、厚生労働省の「国民生活基礎調査」「全国母子世帯等調査」等で公表されているが、調査によって母子世帯の定義が異なっており、世帯数にも大きな幅がある。主な調査の母子世帯数について、表1-1で約30年間の推移をみると、1990年代前半に減少がみられるが、それを除くと全体としては増加している。各調査の最新の母子世帯数は、「国勢調査」では74万9,048世帯（2005年）、「国民生活基礎調査」では69万1,000世帯（2005年）、「全国母子世帯等調査」では151万7,000世帯（2006年）となっており、この3つ

表1-1　主な調査の母子世帯数の推移

調査名	総務省 「国勢調査」		厚生労働省 「国民生活基礎調査」		厚生労働省 「全国母子世帯等調査」	
定義						
母親の年齢	制限なし		65歳未満		制限なし	
子の年齢	20歳未満		20歳未満		20歳未満	
母以外の世帯員	認めない		認めない		認める	
母子世帯数			（推計値）		（推計値）	
					1973年	626,200
	1975年	—1）	1975年	374,000		
					1978年	633,700
	1980年	444,045	1980年	439,000		
					1983年	718,100
	1985年	548,554	1985年	508,000		
					1988年	849,200
	1990年	551,977	1990年	543,000		
					1993年	789,900
	1995年	529,631	1995年	483,000		
					1998年	954,900
	2000年	625,904	2000年	597,000		
					2003年	1,225,400
	2005年	749,048	2005年	691,000		
					2006年	1,517,000

注1）母子世帯数が公表されていない。
出典）藤原（2003：177）の図表3-1-1を一部追加・修正して作成。

の調査のなかでは、「全国母子世帯等調査」による世帯数が突出している。これは他の2つの調査が母親と子どものみの世帯数であるのに対し、「全国母子世帯等調査」は親族等と同居している母子世帯も含むからである。

とくに、この10年間ほどは、母子世帯数が急増しているが、母子世帯は子どものいる世帯のどれぐらいの割合になっているのだろうか。20歳未満の子どものいる世帯数が明らかでないため、上記の母子世帯数から母子世帯率を計算することはできないが、「国勢調査」では18歳未満の子どものいる世帯数が家族類型別に示されている。そこで、そのなかの「母親と子ども」からなる世帯を母子世帯とし、それが子どものいる世帯に占める割合を母子世帯率とみなすと、1990年は5.1％、2000年は6.8％、2005年は8.4％と確実に上昇している。これは母子のみの世帯だが、祖父母等と同居している母子世帯を含めると、母子世帯率はさらに上昇すると予想される。2006年の「全国母子世帯等調査」によると、親族等と同居している母子世帯は32.5％となっており、これに基づいて計算すると、子どものいる世帯のおよそ1割が母子世帯ということになる。たしかに、母子世帯が子どものいる世帯の2割前後を占めるアメリカやイギリスに比べると低いが[2]、それでも子どものいる世帯の約1割というのは、決して小さな割合ではない。

このように母子世帯で成長する子どもは増えているが、そこで懸念されるのが、母子世帯には低所得世帯が多いということである。「全国母子世帯等調査」によると、2005年の母子世帯の平均年収は213万円で「国民生活基礎調査」の全世帯平均の37.8％と報告されている。しかも、母子世帯は平均所得が低いというだけでなく、低所得に集中しているという特徴がある。図1-3で母子世帯とふたり親世帯（夫婦と子ども2人からなる世帯）の所得分布をみると、ふたり親世帯で年収200万円未満の世帯はほとんどみられず、わずか0.2％である。それに対し、母子世帯は低所得層に偏っており、150万円未満が全体の約4割を占めている。年収300万円未満の世帯の割合で比較すると、ふたり親世帯では全体の2％にすぎないが、母子世帯では約8割にのぼっている。このように母子世帯とふたり親世帯では所得水準の差が大きく、母子世帯の子どもは経済的に不利な状況におかれている。よって、子どもの生活保障という観点から、母子世帯への所得保障政策はきわめて重要である。

第1章　日本の問題状況

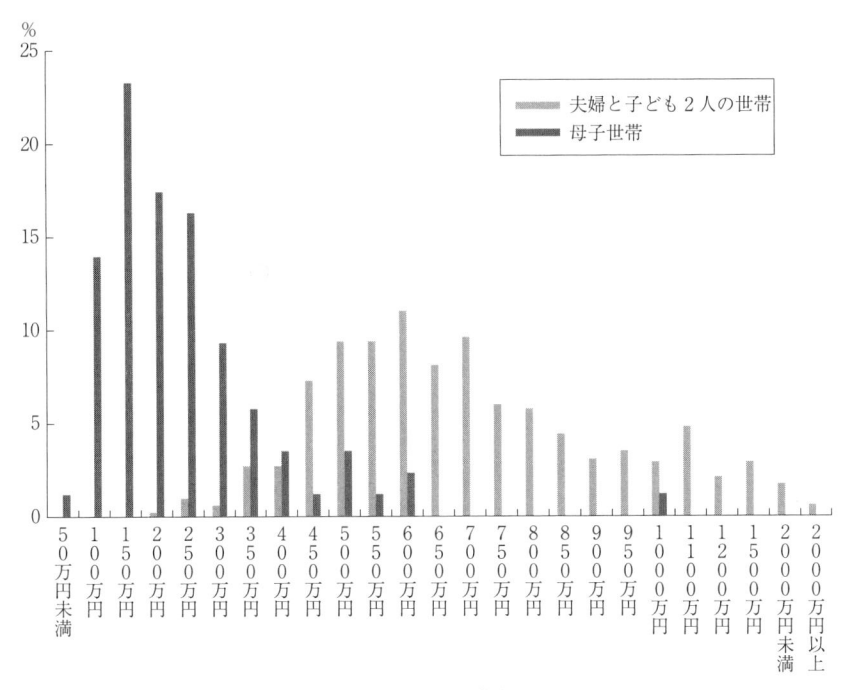

[図: 母子世帯とふたり親世帯の所得分布を示す棒グラフ。横軸は所得階級（50万円未満〜2000万円以上）、縦軸は％（0〜25）。凡例: 夫婦と子ども2人の世帯、母子世帯]

出典）厚生労働省「国民生活基礎調査（2006年度）」を用いて作成。

図1-3　母子世帯とふたり親世帯の所得分布（2006年度）

　こうした状況のなか、母子世帯政策は2002年に抜本改革が行われた。それは、「児童扶養手当中心の支援」から「就業・自立に向けた総合的な支援へ」の政策転換と説明されている。この表現からもわかるとおり、これまで母子世帯政策は児童扶養手当を中心になされてきた。というより、児童扶養手当以外にはほとんどみるべき政策はなかったといえる。実際、多くの母子世帯が児童扶養手当を受けており、1993年の「全国母子世帯等調査」でみると、生別母子世帯の84.7％が受給している[3]。すでに児童扶養手当は母子世帯の重要な所得源のひとつとなっており、母親の就労収入と児童扶養手当で生計を維持している世帯も多い。

　しかし、序章でも触れたとおり、これまでの歴史をみると、児童扶養手当は母子世帯への経済的支援として安定したものではない。この20年間は明らかに抑制傾向が続いており、手当を削減する方向で改正されている。その際、常に

21

議論に浮上するのが私的扶養との関係である。具体的には父親の養育費の問題である。死別と違い、離婚の場合には、父親という子どもの扶養義務者が存在する。そこから、離婚母子世帯については、全額公費でまかなわれている児童扶養手当に頼るのではなく、まず父親が扶養義務を果たすべきである、という主張が展開される。こうした理論的に疑いようのない正当な主張のもとで、児童扶養手当の削減は行われてきた面がある。

そこで以下では、児童扶養手当制度の改正の過程で、手当と養育費の関係がどのように論じられ、実際にどのように扱われたかという点に着目し、主な改正についてみていく（第2節）。また、改正の際にはしばしば民法との調整が課題となっていることから、1990年代の民法改正論議において、養育費がどのように扱われたか、ということも確認したうえで（第3節）、離婚母子世帯に対する日本の政策の問題状況について考えてみたい（第4節）。

2 児童扶養手当の抑制と養育費

（1） 創設から1970年代：制度の拡充

児童扶養手当は1961年に法制化され、翌1962年から支給されている。これが創設されたのは、年金制度の発展と関連している。1959年の国民年金制度の創設により、死別母子世帯には母子年金が支給されるようになった。しかし当時、保険料の拠出期間が短いなど、母子年金の受給要件を満たせない母子世帯も多かったため、これらの母子世帯を対象に無拠出の母子福祉年金が設けられた。その際、離別した母子世帯も死別の場合と同じく経済的に困難な状況にあり、母子福祉年金のような無拠出の手当が必要であるとの議論が生じ、児童扶養手当が創設された。つまり、まず母子年金が設けられ、つぎにその補完的制度として母子福祉年金が設けられ、さらにその補完的制度として児童扶養手当が設けられたというわけである。

児童扶養手当法の成立は、全国未亡人団体協議会の運動によるところも大きい[4]。全国未亡人団体協議会は、戦後の母子世帯政策の確立に重要な役割を果たしており、母子福祉資金の貸付に関する法律の制定（1952年）とその後の拡充、寡婦控除限度額の引き上げ（1954年）、母子年金および母子福祉年金の制

定（1959年）、さらに母子福祉法の制定（1964年）などを実現させている（山高 2001）。同様に、児童扶養手当法の制定に向けても、精力的に運動を展開しており、国会への陳情団を組んだり、この協議会の事務局長が総理に直接、生別母子世帯の実情を訴えたり、全国遊説の際に地方支部の会長が児童扶養手当の早期実現を陳情したりしている（鯉渕 2000:153-156）。こうした運動のなかで、母子世帯の苦境が社会的に認知されたことが、児童扶養手当への支持をひろげたとみられる。

このように、児童扶養手当は離別母子世帯と死別母子世帯の格差を埋めるものとして構想され、死別母子世帯を母体とする団体の運動が推進力となって実現したものといえる。

児童扶養手当は創設以後、順調に発展していく。支給額は徐々に引き上げられ、1970年には母子福祉年金と同額になり[5]、その後、母子福祉年金と同じ水準で増額されている。また、支給対象の児童の範囲も拡大され、1976年には支給対象の児童の年齢が義務教育終了までから18歳に達するまでに引き上げられている。

（2）1985年の改正：父親の所得による支給制限

こうして、1970年代後半までは制度の拡充が図られたが、1980年代に入ると状況は一変し、行財政改革の動きが本格化するなか、「父親の養育義務の履行をまず求めるのが筋ではないか」という議論が起こってくる（島崎 2005:104）。離婚の増大に伴い、児童扶養手当の受給者が急増し、その財政負担が問題視されたのである。

1981年に発足した第二次臨時行政調査会（第二臨調）においても、児童扶養手当の縮減を求める主張が強く、1983年3月の最終答申では、「児童扶養手当の社会保障政策上の位置付けを明確にし、手当ての支給に要する費用の一部について都道府県負担の導入に関して早急に結論を得ること」と指摘されている。

こうした状況を背景に、児童扶養手当の改正作業が開始される[6]。まず、1983年3月に厚生労働省の私的諮問機関として「児童問題懇談会」が設置され、1983年12月に報告書がまとめられている。報告書では、母子福祉年金の補完的制度という性格付けの見直しが指摘されている。先に述べたとおり、母子福祉

第Ⅰ部　母子世帯政策

年金は母子年金の補足的な制度だが、年金制度の整備につれて受給者数は激減しており、すでにその役割を終えつつあった。他方で、母子福祉年金の補完的制度として誕生した児童扶養手当は、その後、受給者も給付総額も増大し、母子福祉年金とは比較にならない規模になっていた。よって、制度創設から20年あまりを経て、その基本的性格の見直しが要請されたのも当然といえる。ただし、その見直しの意図は、母子福祉年金と歩調を合わせた手当の引き上げを止めることにあったとみられる。

　報告書では、父親の扶養義務が強調されており、「離別した夫の子に対する扶養義務等、死別母子家庭とでは必ずしも同一に論ずることができない面がある」との認識が示されている。また、児童扶養手当の見直しの際には、「離別した場合であっても親は子に対する扶養義務を有するものであり、それを前提とした仕組みとすること」とある。

　この報告書を受けて、1984年に児童扶養手当法改正案が策定される。そこではまず、児童扶養手当の基本的位置付けが、従来の年金制度の補完的制度から純粋な福祉制度へと変更されている。そして、生活困窮者への給付の重点化を理由に、所得制限の強化と所得による支給額の二段階制が導入されている。この二段階制の導入は、非課税水準を超える程度の低所得の母子世帯、すなわち貧困に陥りやすく、児童扶養手当を最も必要とする世帯への給付を削減するものである。さらに、改正案には父親の所得によって、手当の支給を制限する規定が盛り込まれている。これが前述の懇談会の報告書で示されていた、父親の扶養義務を前提とした仕組み、ということになる。具体的には、離婚時の父親の前年度収入が約600万円以上の場合には児童扶養手当を支給しない、ということである。

　この点に関して、厚生省の「児童扶養手当法の改正について〈問答〉」をみると、政府が養育費をどのように扱っているかがよくわかる。まず、「別れた夫の所得による支給制限を設けたのはなぜか」の問いに対して、「相当高額の所得のある夫と離婚された場合には、まず、その夫に扶養義務の履行をしてもらうという考え方に立って、手当の受給を遠慮していただく」「全額国民の税金と助け合いによってまかなわれていることを考えれば当然」とある。また、「600万円という額は、家計調査によれば、わが国の全世帯を世帯主の収入によ

って10区分した場合、最も高い区分に属する階層」「離婚後の夫が養育料を支払うことは十分に可能であり、それを期待しても無理がない」とある。つまり、収入の10区分の最高ランクにある父親であれば、相当の養育費を支払うことは可能であり、そのような母子世帯に全額国庫負担の児童扶養手当を支給する必要はない、ということである。

　もちろん、児童扶養手当の支給に先立って、父親の扶養義務が追求されるべきである、という考え方自体に問題はない。しかし、問答集では「別れた夫に600万円以上の収入があるのかどうかはどうやって認定するのか。また、600万円以上の収入があっても実際に養育料を支払っていないときはどうするのか」という問いに対し、「手当を申請する際、原則として、離婚した夫の離婚時の前年の所得証明なり、給与証明なりをつけていただいて認定する」とあり、母親の側に夫の収入の証明を求めている。そして、「（夫が養育費を）支払わないからといって、直ちに手当を支給することにはなりません」とあり、養育費の支払いの有無にかかわらず、夫の所得が基準を超えていれば手当は支給しないとしている。つづけて、「仮に夫が離婚後に死亡し、あるいは長期間行方不明になったり、失業等で収入がなくなった場合など、客観的に養育料の支払いが困難と認められる特別な事情がある場合には、手当を支給する」とあり、支払能力がないことが証明されなければ、手当は支給しないとしている。

　ここには、父親に支払能力がある限り、扶養の実態には一切配慮せず、父親の扶養義務が不可能ではないという見込みだけで、児童扶養手当を制限しようとする政府の姿勢が示されている。しかも、養育費を確保するための方策はまったく検討されていない。その点について、改正案の諮問を受けた社会保障制度審議会の答申では、「婚姻解消時の夫の所得によって支給要件を定めることも理解できるが、民法上の扶養義務が十分に履行されるような手立てなしには、児童の福祉が確保されないことにもなりかねないので、この方面に対する検討を別に行われたい」と指摘されていた。それにもかかわらず、確保策は何も用意されていない。それは、離婚母子世帯に対する無関心さによるものなのか、確保策の必要性は認識されつつも財政的に困難なため、あえて政策課題とすることを回避しているのか、家族の私的な扶養義務に行政は立ち入らないという謙抑的な態度から当事者に委ねているのか、いずれによるものなのか定かでは

ないが、現実に養育費を受けられない離婚母子世帯を放置することに変わりはない。

改正案が国会審議に入ると、父親の収入による支給制限については反対が強く、結局、成立した改正法では、この規定には「別途政令で定める日から施行」と修正されている。これは凍結を意味するもので、衆議院社会労働委員会（1985年4月18日）の質問に対する厚生大臣の答弁により、事実上の無期限の施行延期が確認されている（福田 1999:32）。とはいえ、このような規定がおかれたことは、私的扶養の優先を根拠に、必要度にかかわらず手当は削減される、ということを端的に示している。

（3）離婚制度等研究会の提言：立替・徴収制度と費用徴収制度

1985年の法改正と直接的な関連はないものの、同年12月に公表された『離婚制度等研究会報告書』は、養育費に関して注目すべき提言を行っている。この研究会は厚生大臣の私的諮問機関として、1984年の7月に設置されている。座長の湯沢雍彦によると、当初は児童扶養手当の法改正と結びつけるような気配があったというが、研究会でなんら議論しないうちに国会での実質審議が終わり、改正案が成立・施行となったため、研究会はこれとは無関係に進められたという（湯沢 1987:101-2）。

報告書では、養育費に関して2つの提言がなされている。ひとつは、「離婚制度等の再検討」のなかで、「養育費支払義務の履行の確保」として示されている。そこでは、家庭裁判所の履行確保制度と強制執行制度の限界を検討したうえで、「諸外国におけるような、強制執行とは異なった手法による養育費の支給と義務者からの徴収の制度についても検討を要する」と指摘している。これは行政による養育費の立替・徴収代行制度をさすものである（以下、立替・徴収制度と略す）。私的諮問機関とはいえ、政府内に設置された研究会が立替・徴収制度の検討を提言したのは、これが初とみられる。

もうひとつの提言は、「公的扶養と私的扶養の調整」としてなされており、こちらの方がより詳しく記述されている。そこに示されているのは、「児童扶養手当支給の代わりに行政庁が扶養義務者に対して求償する制度」である。その具体的な方法としては、①養育費請求権を請求権者に代わって行使する方法

と、②扶養義務者に費用徴収の形で負担を求める方法が提示されている。前者は、母親が養育費の請求権を政府に譲渡し、母親に代わって政府が父親に養育費を請求するものである。後者は、政府が子どもの扶養義務者である父親に対して、母子世帯に支給された児童扶養手当分を請求し、父親からの支払いを公費の償還にあてるものである。報告書ではこの両者が比較されたうえで、①の請求権者に代わって行政が請求する方法をとる場合には、養育費の具体的な規定の整備や履行確保の法制度上の措置が必要となるため、②の費用徴収の方法をとり、費用徴収の一種である生活保護法77条の規定を参考にした立法措置を講じるほかない、と結論付けている。つまり、児童扶養手当として母親に支給した分を父親から取り戻して公費にあてる、というものである。よって、このような費用徴収制度の場合には、父親が支払ってもそれは償還のために政府にとどまるため、養育費として母親に支払われることにはならない。

報告書では、立替・徴収制度と費用徴収制度が提言されているが、費用徴収制度の方がより具体的で現実味のある形で示されている。実際、それから約10年後、厚生省は費用徴収制度を検討することになる。ただし、報告書では費用徴収制度に関しても、具体的な徴収額の算定方法、行政コスト、実施体制等の多くの問題を慎重に検討する必要があると指摘されている。そして、今後、公的扶養と私的扶養の観点から、民事制度と福祉制度の両方を視野に入れた総合的な検討が必要、と結ばれている。民事を含めた検討の必要性という点は、以後の改正の際にも指摘されることである。

（4）1997年の児童福祉法改正：費用徴収制度導入の見送り

1985年の制度改正で給付が抑制されたことや、離婚件数が減少したことから、その後しばらく、児童扶養手当が問題となることはなかった[7]。しかし、1990年代になると離婚が急増し、児童扶養手当給付費も増大したため、再び、児童扶養手当への関心が高まっていく。そうした状況のなか、戦後の児童福祉の大改革として、児童福祉法の改正が行われることになる。

法改正は主に、保育政策、要保護児童政策、母子世帯政策の3つの政策領域を中心に検討され、1996年12月にそれぞれについて、厚生省の中央児童福祉審議会の基本問題部会が中間報告をまとめている[8]。母子世帯政策に関しては、

「母子家庭の実態と施策の方向について」と題する中間報告が出され、そのなかで、児童扶養手当と養育費に関する重大な指摘がなされている。それは、「児童扶養手当を支給した上で、離婚した夫から、その所得等を勘案し、児童扶養手当の費用の全部又は一部を徴収できる仕組みを導入することも考えられるので、その可否などについて、理論面のみならず実務面における対応を含め検討すべき」というもので、つまり、費用徴収制度の導入の要請である。

最終的には導入されなかったが、政府内では費用徴収制度についての本格的な検討がなされ、導入の準備が進められていたとみられる。しかし、与党との調整過程で「民法上の扶養責任との問題も含めて引き続き検討が必要」ということになり、導入は見送られたという[9]。政府と与党との議論の過程は明らかではないが、見送りの理由に「民法上の扶養責任」が言及されていることからみて、費用徴収の導入にともなう行財政支出が問題とされたというより、家族の自助を重視する与党内の保守的な立場から、家族への公的介入に対する反発があったものと考えられる。

こうした経緯から、1997年に児童福祉法の改正が成立した際、衆参両院で「児童扶養手当については民法における扶養責任の問題も含めて、総合的に検討すべき」との附帯決議がなされている。

(5) 1998年の改正：所得制限の強化

児童扶養手当法の改正は見送られたが、財政的には児童扶養手当の抑制が迫られていた。1997年6月に政府は「財政構造改革の推進について」を閣議決定しており、これにより社会保障費は1998年度予算で5,000億円の削減を求められることになった。そこで、福祉関係費のなかでまず削減の対象とされたのが児童扶養手当である（日本経済新聞 1997年6月6日）。

1997年9月、中央児童福祉審議会に児童扶養手当部会が設置され、同年12月に報告書がまとめられている。審議会では、児童福祉法改正時の附帯決議で「民法の扶養責任を含めて総合的に検討」とされたことを受けて、養育費が主要なテーマとなっている。実際、家庭裁判所、法務省民事局参事官室、弁護士、母子世帯の当事者団体などから養育費に関するヒアリングが精力的に行われ、議論がなされている。しかし、最終的に公表された報告書で養育費についてみ

ると、児童扶養手当の基本的なあり方として、手当の所得認定において母親の所得に養育費を加えることや、父親の所得が一定以上のときは手当を支給しないか、支給した上で父親から費用徴収を行うことが提示されているものの、それ以上の踏み込んだ指摘はなされていない。提言された具体的な方向をみても、民法の改正や司法制度の改善、養育費の履行確保策についての関係機関の積極的な取り組みなど、表面的なものにとどまっている。先に費用徴収制度の導入が見送られたことから、養育費に対する政策提言も手詰まりになっているとみられる。

　もとより、同審議会は、1998年度予算における児童扶養手当給付費の削減という政策課題のために設置された性格が強く、審議期間も予算編成を視野に入れた短期間に設定されており、給付の重点化や適正化といった、児童扶養手当の削減につながる提言だけが求められていたともいえる。そして実際、母子世帯の状況はなんら改善されないまま、1998年に所得制限を大幅に強化する改正が行われている。

（6）2002年の改正：行政による直接関与の断念

　1998年の所得制限の強化の後も、給付費の増加は止まらず、結局、母子世帯政策全体を見直す形で、児童扶養手当の抑制が行われることになる。まず、2001年末に与党三党（自由民主党、公明党、保守党）が各党の基本方針をまとめ、それを踏まえて、2002年3月に厚生労働省から「母子家庭等自立支援対策大綱」が出されている。大綱では、今後の母子福祉施策が「子育て・生活支援」「就業支援」「養育費の確保」「経済的支援」の4つの柱に再構成されており、これまで児童扶養手当の改正のたびに議論となっていた「養育費の確保」も柱のひとつに位置付けられている。そこで大綱に示された、養育費の具体的施策をみると、第1に「養育費支払についての社会的機運の醸成」として、別れた親の養育費の支払責務を明確化することや、啓発活動を促進すること、第2に「養育費についての取り決めの促進」として、養育費のガイドラインを作成することや、各種相談体制を充実すること、また情報提供を行うこと、第3に「養育費取得のための司法手続へのアクセスの確保」として、民事執行制度を強化することがあげられている。このうち、養育費の確保に直接影響するのは、

養育費のガイドラインの作成と民事執行制度の強化で、これらは家庭裁判所や法務省によって実現されているが、それ以外は、一般的な啓発や相談・情報提供など、間接的な支援ばかりである。

　大綱のベースとなった与党三党の基本方針をみると、公明党の基本方針では、「行政機関等による徴収の代行について検討」と明記されている。しかし、大綱には「扶養義務の果たし方と養育費についての研究を推進するとともに、児童扶養手当の見直しを進める中で、実効ある制度の在り方やその導入について検討を進める」というあいまいな文言しかない。こうした点からも、養育費の確保に対する政府の消極的な姿勢がみてとれる。

　大綱を受けて、2002年に母子世帯に関する一連の法改正が行われている。詳しくは第２章で検討するが、まず2002年８月から児童扶養手当の制度が改正され、実質的な所得制限の強化による手当の削減が行われている。同時に、所得の扱いも変更となり、児童扶養手当を請求する際、受け取っている養育費の８割が所得に算入されることになっている。その際の養育費は母親の自己申告によるものとされ、結局、養育費の取り立ても申告もすべて母親任せとなっている。こうしてみると、1997年に費用徴収制度の導入に失敗して以後、政府は養育費への直接的な関与に腰が引けているといえる。その後、11月には、受給期間が５年を超えると手当を削減する、という法改正が成立しており、児童扶養手当の抑制だけが確実に進められている。

　このように、2002年の改革で養育費の確保は重要な政策として位置付けられたものの、実効性のある政策は打ち出されていない。そのため、2002年の母子寡婦福祉法の改正の際も、国会の附帯決議で、「扶養義務の履行を確保する施策の在り方について引き続き検討する」とされている。その後、政府は母子福祉施策の基本方針を策定しているが、そこには国が構ずべき措置のひとつとして、「親の扶養義務の履行を確保するための施策の在り方やその導入について検討を進める」とある[10]。しかし、具体的な検討が行われている様子はみられない。このように、養育費に関しては、長年、確保のための政策の必要性が指摘され続けるだけで、実際の政策に進展はなく、停滞したままである。

3　民法改正論議における養育費

(1) 1992年の論点整理

　ここまでみてきたとおり、児童扶養手当の改正の過程では、養育費を確保するための政策が議論になっているが、そこではしばしば民法との調整が課題として指摘されている。

　法制審議会の民法部会では、1991年1月から婚姻制度・離婚制度に関する改正作業が行われ、1996年2月には民法改正要綱がまとめられているが[11]、その過程でも養育費が議論されている。この民法の改正作業では、法制審議会での審議の途中段階のものが公表され、専門家や一般からの意見聴取も行われている。以下、これらの報告や意見等から養育費の扱いについてみてみたい。

　まず、1992年12月に「婚姻及び離婚法制の見直し審議に関する中間報告(論点整理)」として、現行の婚姻制度と離婚制度の問題点を整理したものが公表されている(以下、「論点整理」と略す)。そのなかで養育費については、離婚に関する問題点のなかで、「協議離婚後の両親相互間の子の養育費用の分担義務を明示すべきである。(766条参照)」とある。すなわち、離婚後、養育費を支払う義務があることを親族間の扶養義務とは別に、条文上に明記するということである。

　「論点整理」に対する専門家や一般からの意見をみると、全体としては積極意見が多いが、専門家のなかには消極意見もある[12]。それは主に、子どもを監護していない親にも扶養義務があることは明らかであり、あえて条文に明示する必要はないというものである。このように分担義務の明示化については、積極意見と消極意見がみられるが、養育費の確保に関しては、双方の立場から同じような意見が寄せられている。具体的には、養育費の簡明な算定基準を示すことが望ましいという意見や、支払確保のための実効ある制度の確立が必要という意見などである。このように、分担義務の明示化の賛否にかかわらず、養育費問題への制度的対応の必要性という点では、共通理解がひろがっているようである。

(2) 1994年の試案

その後、1994年7月に「婚姻制度等に関する民法改正要綱試案」がまとめられている（以下、「試案」と略す）。これをみると、監護費用の分担義務は明示化されておらず、先の「論点整理」の提案は見送られている。この点からすると、「試案」は「論点整理」より後退しているといえる。ただし、「試案」では、協議離婚と裁判離婚のそれぞれについて注が付されており、協議離婚では「766条の『監護』の範囲を条文上明記すべきかどうか」、裁判離婚では「離婚後の養育費の支払債務その他の家事債務の履行確保の方法」が検討課題として示されている。こうしてみると、「試案」は具体的な問題解決に力点を移している、ととらえることもできる。たしかに、分担義務を明示化するよりも、離婚の際に協議すべき事項に養育費の分担を例示するほうが、当事者には現実味がある。また、履行確保の方法が検討課題にあげられたことにも、「試案」の問題解決志向がみてとれる。

「試案」に対する意見をみると[13]、監護の範囲の明記については、子の監護に要する費用（養育費）の分担が含まれることを明記すべきという意見や、養育費の算定要素や算定基準を明文化すべきという意見など、どこまで法に規定するかはさまざまだが、養育費の例示に賛同する意見が寄せられている。また、履行確保の方法に関しては、債務名義の成立を容易にするなどの措置をとるべきという意見、離婚の届出の際に公正証書あるいは執行力のある書面を提出させるという意見、さらに、給与天引き制度や国・自治体による立替払制度などを提案する意見などがみられる。これらの具体的な提案は、これまで『離婚制度等研究会報告書』などでも示されていたものである。こうしてみると、専門家や養育費に問題関心を持つ人々の間では、解決のために必要な方策についても、すでに理解は共有されているとみられる。

(3) 1995年の中間報告と1996年の民法改正要綱

「試案」の翌年、1995年9月には「婚姻制度等の見直し審議に関する中間報告」が示されている（以下、「中間報告」と略す）。そこでは、協議離婚の際に定めるべき「子の監護に必要な事項」の例示として、「子の監護に要する費用の分担」を追加するとなっている[14]。先の「試案」で検討課題とされていた監

護の範囲に、養育費の分担が盛り込まれたということである。

　一方、「試案」で検討課題とされていた履行確保の方法については、「中間報告」では何も示されていない。その理由については、「中間報告」と同時に公表された法務省民事局参事官室による説明文書のなかで述べられている。それによると、養育費の支払債務等の家事債務の履行確保措置に関する立法を、同時に行うべきであるとする意見も少なくなかったが、これらの債務の履行確保措置としては、現在、通常の民事執行制度のほか、家事審判法上の履行勧告、履行命令の制度が用意されており、そこに新たな制度を導入するとすれば、現行の制度に不備があるのか、あるとすればその具体的な問題点はどこにあるのか、その解決のためにどのような方法が考えられるのか、その場合にどのような問題点が生じうるか、家事債務以外の少額の定期金債務の執行方法をどうするかなど、民事執行制度や家事審判制度とのかかわりにおいて、慎重かつ広範な検討を遂げる必要がある、ということである。ようするに、新たな制度の必要性は認識されながらも、現行制度との調整が簡単ではないことから、先送りされたということである。

　こうしてみると、養育費を確保するための制度については、児童扶養手当から発する議論では、福祉と民法の調整が課題となっているが、民法の議論によると、そもそも民法領域のなかでの関連制度の検証や他の債務との調整など、基本的な検討から始めなければならない、ということである。それにはかなり時間がかかるものとみられ、民法の側から、新たな養育費制度が提示されることは、期待できそうにない。

　最終的に、1996年2月に「民法の一部を改正する法律案要綱」（以下、民法改正要綱と略す）が答申されたが、養育費に関する内容は「中間報告」と同様で、養育費の分担が監護に関する事項に例示されるのみである。具体的には、「父母が協議上の離婚をするときは、子の監護をすべき者、父又は母と子との面会及び交流、<u>子の監護に要する費用の分担</u>その他の監護について必要な事項は、その協議でこれを定めるものとする。（下線は筆者、以下略）」である。

　以上のとおり、民法改正の審議の過程においても、養育費確保の制度を求める意見が多く寄せられ、審議会でもその必要性が認識されているが、結局、制度の検討は今後の課題とされ、まったく前に進んでいない。

4　私的扶養と公的扶養の間隙

　第1節で確認したとおり、2005年の子どものいる夫婦の離婚は約15万4,000件、そこに含まれる子どもは約26万2,000人である。仮に、その8割の子どもが母親と暮らすことになるとすると、約21万人の子どもが母子世帯での生活をはじめたことになる。しかし、母子世帯は低所得に偏っており、4割は年間収入が150万円にも達しない。両親と子ども2人の世帯で200万円未満の世帯はほとんどなく、このような世帯間の所得格差をみると、経済的な事情で母子世帯の子どもが不利な状況におかれているのではないかと懸念される。
　こうしてみると、母子世帯に対する支援はますます重要になってきているといえる。しかし、これまで母子世帯に対しては、児童扶養手当のほかにはほとんど政策は実施されていない。しかも、政府の財政状況で社会保障費の抑制が必要になるたびに、児童扶養手当の給付費を削減する改正が行われてきている。これでは、児童扶養手当も母子世帯にとって安定的な経済支援とはいえない。
　離婚母子世帯の生活実態が改善されたわけでもなく、手当の必要性が高いままであるにもかかわらず、しばしば手当の抑制が行われてきたのは、その根拠として私的扶養の優先という正当な理由があるからである。しかし、私的扶養の義務を負う父親が存在する、ということは実際にその義務が果たされることを意味するわけではない。そのことは、すでに政府も認識しており、児童扶養手当のこれまでの改正過程のなかでも、養育費を確保する制度の必要性が議論されてきた。1985年の『離婚制度等研究会報告』では、具体的な制度も提言されている。
　唯一、政府内で実際に検討されたとみられるのは、費用徴収制度である。費用徴収制度は養育費を政府が代行して徴収する制度とは異なり、父親が支払っても母子世帯の所得にはならず、養育費問題を直接解決するものではない。しかし、いったん、行政が父親から費用を徴収する仕組みが整備されれば、それを基盤に、母子世帯のための養育費徴収制度へと発展させる可能性もでてくる。しかし、実際には、1997年に政府内で導入に向けた準備がなされたものの、結局見送られ、以後、検討される兆しはない。

第1章　日本の問題状況

　たしかに、2002年の母子世帯政策の改革で、「養育費の確保」は政策課題としての位置を高めているが、養育費問題の解決に向けた父親への直接的な関与という点からみると、費用徴収制度の導入に失敗して以降、政府の姿勢はむしろ後退している。審議会や国会の議論をみても、養育費の徴収制度の必要性に対する認識は高まっているが、民法の扶養義務との関係が検討課題とされ、福祉と民法を含めた総合的な検討が必要、という段階から踏み出せないでいる。

　そこで、しばしば課題として言及される民法についてみると、1990年代前半に離婚制度の見直しを含む民法改正の議論が本格的に行われており、そこでも養育費が議論になっている。法制審議会の審議の過程では専門家や一般の人々からも広く意見聴取が行われており、そうしたなかからも養育費を確保するための制度の必要性が主張されている。実際、審議の途中段階の報告では、履行確保の方法が検討課題として提示されていた。しかし、最終的な結論としては、現行制度や他の金銭債務との調整が必要という理由から、現実的な検討は先送りされている。このような民法領域の議論の動きをみると、養育費制度の具体的な検討は簡単には進みそうにない。

　ここまで述べてきたとおり、児童扶養手当は政府の財政上の理由から、これまで受給者が増大すると削減されてきた。少子高齢化の進行にともなう社会保障費の財政状況を考えると、児童扶養手当は今後いつ削減されるかわからない。このまま養育費を確保する手段が用意されなければ、母子世帯は私的扶養と公的扶養の間隙に取り残されたままとなる。日本の母子世帯政策の問題状況は、まさに、こうしたことがすでに認識されながら、なんら手が打たれていないことである。『離婚制度等研究会報告書』からすでに20年あまり、明らかに問題は放置されている。

注
1）　ただし、1970年代後半から1980年代前半は6割より高く、1983年のピーク時は7割に達している。
2）　Skinner, Bradshaw and Davidson（2007）のtable2-1で、欧米諸国のひとり親世帯率をみると、アメリカのひとり親世帯率（2000年）は23.9％、イギリスは24.2％（1999年）で、そのうち、男性世帯主世帯がそれぞれ18.1％、10.1％となっている。これに基づくと、アメリカ、イギリスの母子世帯割合は20％

35

前後と考えられる。
3) 「全国母子世帯等調査」では、1983年度の調査から、生別母子世帯の児童扶養手当の受給率が調査されている。それによると、1983年は75.4%、1988年は81.3%、1993年度は84.7%となっている。その後の割合は、調査項目にないため不明である。
4) 当時、全国未亡人団体協議会の事務局参議であった鯉渕鉱子は、「母子福祉年金の公布によって、夫を戦争で失った未亡人にはいささかとはいえ、"福祉"の実が結ぶことになった。しかし、生別（離婚）母子世帯の苦境を傍観していたのでは、"全未協"の名にふさわしくない」と述べている（鯉渕 2000：153）。また、「全国未亡人母子団体協議会25年の歩み」と題する年報をみると、1961年度の冒頭に「本年度の運動において『児童扶養手当制度』が獲得できた」とあり、「『生別母子世帯にも光を』との運動がここに結実をみた」と記されている（山高 2001：144）。なお、全国未亡人連絡協議会は1982年より全国母子寡婦福祉団体協議会と会の名称を変更し、現在に至っている。
5) 1970年の予算折衝で母子福祉年金が200円の引き上げであったのに対し、児童扶養手当はいっきに500円引き上げられている。当時の新聞をみると、「福祉年金200円上げ」の横に「児童扶養手当は500円」との見出しが掲げられ、記事では「受給者から『生別世帯と死別世帯で差をつけるのはおかしい』という不満が強かったが、こんど児童扶養手当が500円アップされたことにより、初めて両者の格差が解消された」と説明されている（朝日新聞1970年1月30日）。この時点では、政策側にも世論にも、死別と離別は同様に扱うべき、という雰囲気があったといえる。
6) 1985年の改正内容とそれに至る経緯については、厚生省児童家庭局編（1988）に関係資料の抜粋も含めて、詳しい記述がある。
7) 認知された婚外子を支給対象外とすることについて、憲法違反を主張する訴訟が起こされるなど、この点をめぐる議論はある。
8) 保育政策、要保護児童政策についての中間報告は、それぞれ「少子社会にふさわしい保育システムについて」、「少子社会にふさわしい児童自立支援システムについて」と題するものである。
9) 中央児童問題審議会児童扶養手当部会第1回会議（1997年9月8日）における、児童家庭局長の発言による（同会議の議事録を参照）。
10) 「母子家庭及び寡婦の生活の安定と向上のための措置に関する基本的な方針」（2003年3月19日厚生労働省子告示第102号）。なお、この「基本方針」は2002年の改正母子寡婦福祉法により政府が策定したものである。「基本方針」ならびに2002年改正法については、母子寡婦福祉法令研究会編（2004）を参照。
11) 具体的には、1992年12月に現行の婚姻制度と離婚制度の問題点を整理したもの（論点整理）が公表され、それに対する意見照会が行われ、1993年6月までに寄せられた意見をまとめたものが1993年10月に公表されている。その後、

1994年7月に、改正を要すると考えられる事項および改正の一応の方向が要綱試案として示され、それについても意見照会が行われ、翌1995年の1月20日までに寄せられた意見をまとめたものが1995年8月に公表されている。そして、1995年9月に審議の中間報告がその説明とともに公表され、最終的に1996年1月の民法部会で「民法の一部を改正する法律案要綱案」が決定され、同年の2月26日の法制審議会総会で原案通りに了承され、同日、「民法の一部を改正する法律案要綱」として法務大臣に答申されている。民法改正要綱成立までの経緯については、小池（1996）を参照。また、本文中で言及した審議関係の公表文書やそれに対する意見の概要等については、法務省民事局参事官室（1992, 1993, 1994, 1995a, 1995b）による。なお、民法改正要綱は選択的夫婦別氏制度の導入や非嫡出子の相続分の変更を含む内容となっていることから、与党内に反対があり、すでに10年以上を経た現在も民法改正には至っていない。

12) 1993年6月末までに、裁判所のほか弁護士や司法書士などの法律専門家の団体、大学および研究者、関係省庁、女性団体や労働団体などの団体や個人などから、142通の意見が寄せられている。参事官室から公表された意見の概要をみると、養育費用の分担義務を明示することについては、裁判所の意見のほかに35通の意見が提出されている。その内訳は消極意見が裁判所20庁ほか5通（大学・研究者等、戸籍事務団体）、積極意見が裁判所62庁ほか25通（弁護士会、法曹団体、大学・研究者等、戸籍事務団体、関係省庁、その他の団体及び個人）、その他の意見が裁判所2庁ほか1通（法曹団体）、併記・留保とする意見が裁判所24庁ほか4通（大学・研究者等、戸籍事務団体）である。

13) 1995年1月20日までに裁判所のほか、782通の意見が寄せられている。

14) 「論点整理」で指摘された養育費用の分担義務の明示化が、「試案」では却下されたが、例示という形とはいえここで復活したことになる。その理由について、「中間報告」と同時に公表された参事官室による説明をみると、「試案」では、離婚後、子の親権者又は監護者にならなかった親も子の養育費の分担義務を負うことは、現行877条（扶養義務者）の解釈上明らかであり、あえて明文化する必要はないとの考えから、特段の手当を設けなかったが、離婚後の子の養育に関する費用の負担についての衡平を図るため、離婚の当事者がそれぞれ養育費の分担義務を負うことを明文化することにも意味があると考えられるに至った、とある。

第 2 章

アメリカ・イギリスの政策との比較

1 日本の母子世帯政策の方向性

　2002年、母子世帯の福祉に関する一連の法改正（以下、2002年改革と略す）が行われたが、このことは戦後の母子世帯政策における「歴史上初めての抜本的な改革」と称されている（母子寡婦福祉法令研究会編 2004：23）。政府もこれを「児童扶養手当中心の支援」から「就業・自立に向けた総合的な支援」への政策転換、と説明している。

　この改革のねらいが児童扶養手当の給付費の抑制にあることは、第１章でも触れたとおりである。1990年代の離婚の増加に伴い、児童扶養手当の受給者数は急増し、1995年度は60万3,534人、改革当時の2002年度は82万2,958人となっている。７年間で約22万人の増加である[1]。他方、生活保護を受給している母子世帯数をみると、1990年代後半以降、増加傾向にあるものの、1995年度は５万2,373世帯、改革当時の2002年度は７万5,097世帯で、受給世帯は児童扶養手当の10分の１以下である[2]（厚生労働省「社会福祉行政業務報告」）。生活保護の受給にあたっては、母子世帯の母親は稼働能力があるとみなされ、しかも、子どもの扶養義務を負う父親が世帯外に存在することから、保護の要件が厳しく審査される（藤原 2004；湯澤 2004）。こうした対処によって、実質的に被保護母子世帯の増加は抑制されている。その結果、母子世帯の増加は生活保護ではなく、児童扶養手当の受給者の増加に直結することになる。

　このような状況から、政府においては、児童扶養手当の受給者増に伴う財政負担が問題とみなされ、将来にわたる制度の維持という観点から、児童扶養手当の抑制が政策課題となったのである[3]。そこで、「児童扶養手当中心の支援」

第2章　アメリカ・イギリスの政策との比較

からの脱却が掲げられるのだが、「就労・自立に向けた総合的支援」の名のとおり、2002年改革によって児童扶養手当以外の支援が進展し、母子世帯の生活状況が好転することになるのだろうか。そうであれば第1章で述べたような、扶養義務を根拠に手当が削減されるという問題状況の深刻さも、いくらか軽減されるかもしれない。

　2002年改革は、アメリカ及びイギリスの母子世帯政策に追随したもの、という見方ができる。アメリカもイギリスも「福祉から就労へ」を掲げて、母子世帯の母親の就労促進を進めており、日本の2002年改革は両国の方向と一致している。しかし、政策の内容を詳細に検討すると、アメリカ・イギリスと日本との間には違いがみられ、むしろ同じ方向に向かっている両国と比較することで、日本の母子世帯政策の特徴が浮かび上がってくる。そこで、本章ではアメリカ・イギリスの母子世帯政策との比較を通して、2002年改革の実像とその意味を探ってみたい。

　以下、まず日本の2002年改革の内容を検証する（第2節）。ついでアメリカ及びイギリスの政策を概観したあと、日本との比較を行い（第3節）、さらに日本の母子福祉政策の特徴とその背景を検討したうえで、日本の政策が向かうべき方向について考えてみたい（第4節）。先取りしていえば、改革後も養育費政策を問うことの必要性は変わっていないことを示すことになる。

2　2002年改革の検証

（1）児童扶養手当の改正内容

①手当額と所得制限の変更

　2002年改革で、まず実施されたのが児童扶養手当の見直しである。2002年8月から児童扶養手当の支給額と所得の関係が変更されたほか、受給期間による支給停止が導入されている。まず、手当と所得の関係については、従来の支給額の二段階制が廃止されている。改正前の手当額は、所得により全額支給と一部支給の二段階となっていた。たとえば、改正前は、母親と子ども1人の世帯の場合、年収が204.8万円未満であれば、全部支給として月額4万2,370円が支給され、年収が204.8万円以上300万円未満であれば、一部支給として月額2万

8,350円が支給されていた[4]。そのため、収入が所得制限の限度額を超えて、全額支給が一部支給になったり、一部支給が支給停止になったりすると、収入が増えても、収入と手当の合計額ではかえって減少することがあった。それは母親の就労の抑制となる、ということから二段階制が廃止され、従来の一部支給の支給額が変更されている。改正後の一部支給は一律の手当額ではなく、収入に応じて手当額が逓減する仕組みになっている。手当額は細かく定められており、就労収入が増えるほど世帯の所得が増加するように設計されている。

たとえば、2002年の改正時では、母親と子ども1人の世帯の場合、年収が130万円までは全額支給とされ、支給額は改正前と同じ月額4万2,370円である。年収が131万円以上365万円未満の場合には、一部支給となり、支給額は収入に応じて4万2,360円から1万円まで、10円きざみで決められた額となる。それは年収が1万円増えるごとに、世帯の総収入が年8,000円程度増加するよう、すなわち、手当が年額2,000円程度減額となるよう設計されている。

このような所得と支給額の関係の変更とともに、所得制限額も変更になっている。まず、全部支給の所得制限が従来の204.8万円から130万円へと大幅に引き下げられている。これにより、受給者のうち全額支給ケースの割合は85％前後から60％代に低下し、実質的に多くの受給者の支給額が減額されたという（阿部 2007:4）。いうまでもなく、全額支給から一部支給となったのは、年収130万から200万程度の低所得の母子世帯である。他方、一部支給のほうは、所得限度額が300万円から365万円に引き上げられている。しかし、すでに1998年改正で一部支給の所得制限が407万円から300万円へ大幅に引き下げられていたという経緯がある。よって、1998年の改正前に比べると、今回の限度額も厳しい所得制限であることに変わりはない。

また、所得限度額の変更と同時に、所得の範囲の見直しが行われている点にも注意が必要である。従来は、寡婦控除（27万円）と寡婦特別加算（8万円）が母親の収入から控除されていたが、2002年改正によりこれが廃止されている。さらに、父親から受けている養育費の8割を所得とみなす、という改正も行われている。実際に支給額を決定する際に用いられる所得限度額の「所得」とは、母親の収入から給与所得控除などを控除し、これに養育費の8割相当を加えた額となる。よって、寡婦控除の廃止や養育費の所得算入という見直しは、実質

的に所得制限を強化するのと同じことになる。

② 5 年受給による一部支給停止

　法改正で最も重大な点は、児童扶養手当に受給期間の制限が設けられ、受給期間 5 年を超えると手当が 2 分の 1 を超えない範囲で減額される、という規定が盛り込まれたことである。削減は改正法の施行 5 年経過後、すなわち2008年 4 月から実施される[5]。これは児童扶養手当の改正が、給付費の削減を目的としたものであることを端的に示している。

　ようするに、2002年改革による政策転換のねらいは、児童扶養手当の削減による母子世帯への経済的ダメージを、母親の就労収入と父親からの養育費の増加によって緩和しようというものである。母子世帯の総合政策として 4 本の柱が立てられているが、柱のひとつとなっている「子育て・生活支援」は、保育所の優先入所の法定化など、母親の就業を支えるためのものであり、結局、児童扶養手当という大きな柱を削り、それを就業支援と養育費確保の 2 本の柱で支えるというのが、総合政策の全体像である。

（2）母親の就労促進

①就労の実情

　2002年改革では自立支援として、母親の就労促進策が重視されているが[6]、母子世帯の母親の就労状況を改善するにはどのような政策が有効なのだろうか。まず、「全国母子世帯等調査（2006年）」から、母親の就労の実態についてみてみたい（以下、記載のない限り、統計数値は同調査による）。

　母子世帯の母親の就労率は84.5％で、過去の調査結果をみても母子世帯の母親の 8 割から 9 割は就労しており（2003年83％、1998年85％、1993年87％）、国際的にもきわめて高い就労率を維持している[7]。このように日本の母子世帯の母親のなかでは、働いていないほうが少ないが、働いていない母親の 8 割は就労を希望しており、就労意欲は非常に高い。働きたいのに働いていない理由をみると、「求職中」が33.3％、「病気（病弱）で働けない」が25.9％となっている。日本労働研究機構が2001年に行った「母子世帯の母への就業支援に関する調査」の分析でも、不就労世帯は遺族年金等の資産があるケースや障害などで働

けないケースであり、就労を必要とする母子世帯の母親は一時的な失業を除き、ほとんどすべてが働いている、と指摘されている（日本労働研究機構編 2003：181）。

このように大半の母親が就労しているものの、その収入は低い。母子世帯の平均収入（2005年）は213万円と低いが、これは児童扶養手当などの福祉給付を含めたものであり、勤労収入に限るとさらに少なく、平均171万円である。勤労収入は、母親の勤務形態による差が大きく、常用雇用者は257万円だが、臨時・パート等は113万円で、常用雇用者の半分以下である[8]。母親の就労率は高いが、就労している母親のうち常用雇用は42.5％、臨時・パートは43.6％で、臨時・パートの方が多くなっている。

つまり、働く必要のある母子世帯の母親はほとんどが働いているが、臨時・パート等の働き方が多く、就労しても十分な所得が得られないのである。こうした実態をみると、臨時・パート等ではなく、安定した正社員・正規職員として就業できなければ、母子世帯の所得の増加は見込めない。したがって、就労支援としては、臨時・パート等の非正規職から正社員・正規職員などの正規職への転換を促すものが中心でなければ意味をなさない。このことは、法改正当時から政府内でも十分に認識されている[9]。

非正規職から正規職への転換においては、日本の女性労働問題全般への対応に加えて、母子世帯の母親については低学歴者が多い、という点への対処が必要である。前述の日本労働研究機構が実施した2001年の調査によると、母子世帯の母の学歴は13％が中卒、49％が高卒となっており、女性一般より低学歴である。藤原千沙による同調査の再分析をみると、とくに貧困・低所得の母子世帯の母親に低学歴が多く、生活保護を受給している母子世帯の母親の42％が中卒、42％が高卒で、受給していない世帯の母子世帯より低学歴者が多くなっている。同様に、児童扶養手当を受けている母親についても15％が中卒、55％が高卒で、過去に受けていた母親や受けたことがない母親より相対的に低学歴者が多くなっている（藤原 2007：12-17）。そして、母子世帯の母親の就業率は学歴が高いほど高く、正規就業の率も高いという（藤原 2005）。こうしたことからも、母子世帯の母親の正規職化を進めるためには、人的資本の向上が不可欠であり、本格的な教育・訓練が最も重要である。

②正規職化に向けた政策の実情

　では、実際の就労支援政策において、正規職化に向けた教育・訓練はどの程度進められているのだろうか[10]。2002年改革により、職業能力開発として「自立支援教育訓練給付金」と「高等技能訓練促進費」が創設されている。

　自立支援教育訓練給付金とは、地方自治体が指定した教育訓練講座を受講した母子世帯の母親に対して、講座修了後に支払った受講料の40％（上限20万円）が支給されるものである。対象となる講座には、情報処理技術者資格、簿記検定、社会保険労務士資格などの資格取得のための講座や、語学やワープロなどのスキルアップの講座など、多彩なものが指定されており、通学のほか通信講座もある。

　この制度を実施している地方自治体は、2003年度は２割であったが、その後普及し、2007年度は８割の自治体で実施されるようになっている。自治体の実施率の上昇に伴い、給付金の支払件数も増加しており、全国の件数をみると（以下、件数はすべて全国総数）、2003年度は186件であったが現在は3,000件を超えている。2003年４月の事業創設から2006年12月までの３年９ヵ月間の支給件数をみると、総数で8,075件となっている。しかし、この間の給付金による就職件数は3,992件と支給件数の約半数にとどまっており、しかも就職したもののうち常勤は1,346件しかない。よって、支給総数を基準にすると、給付金が常勤に結びついたのは17％程度ということになる。

　たしかに、就業に有益な講座も用意されているが、当事者からは、民間の講座は受講料が高く、給付があっても利用できない、という声が聞かれる（中野 2006：27-8）。母子世帯が低所得であることは先にみたとおりだが、1990年代後半からは家計支出が可処分所得を上回っている状況だという（湯澤 2005：101）。こうした経済状況のなかでは、講座を修了すれば後で４割が戻ってくるとはいえ、母親が受講料を負担するのは難しい。

　この自立支援教育訓練給付金より、もう一段専門的な資格を取るための支援として創設されたのが、高等技能訓練促進費である。これは保育士、看護士、介護福祉士、理学療法士、作業療法士などの養成機関で２年以上修業する場合、修業期間の最後の３分の１の期間（上限12ヵ月）に、月額10万3,000円が支給さ

れるものである。

　安定した就業に直結する資格を取得するための支援として期待される制度だが、地方自治体の実施率は自立支援教育訓練給付金よりさらに低く、2006年度で6割強である。近年、急速に実施する自治体が増えているが、自治体の取り組みはまだ十分とはいえない。給付金の支給件数については2005年度と2006年度（4月から12月まで）が公表されているが、それぞれ755件、977件である。給付金による就業実績をみると、2003年4月から2006年12月までの3年9ヵ月間で、就職件数は1,130件、うち常勤が957件である。このように就職したなかでは常勤率が約85％と高く、正規職化を実現する政策として有効といえるが、利用者があまりにも少ない。修業中の生活保障が最後の期間に限られており、支給額も母子の生活を維持するには十分でないため、母親は働きながら通学するしかなく、容易には利用できないのである。

　こうした状況に対し、政府は母子福祉資金貸付金の生活資金と併用することを勧めているが、それも現実的には利用しづらい。母子福祉資金貸付金とは、母子世帯の母親が就労や子どもの就学のために、自治体から無利子あるいは低利子で貸付を受けられる制度である。13種類の貸付金のなかのひとつが生活資金であり、知識や技能を修得している期間（3年以内）に、月額14万1,000円の貸付を受けることができる。しかし、就学中の2～3年間、これを利用すると借入総額はかなり多額になる。先の見通しもつかないなか、無利子とはいえ、簡単には借りられない。なお、2008年度から、これまでの高度技能訓練促進給付金は就学支援手当と名称が変更され、そのなかに入学支援修了一時金が創設されている。これは入学金の負担を考慮した額が一時金として、修了時に支給されるものである。入学金を支援することで修業を促そうという政策だが、これも修了時の支給という点が利用者にはネックとなる。

　そのほか、正規職化を進める政策として、企業に対する「常用雇用転換奨励金」がある。これはパート等として雇用している母子世帯の母親に、必要な職業訓練などを実施したうえで、常用雇用に転換した事業者に対して、母子世帯の母1人あたり30万円が支給されるものである。これも上記2つの政策と同様に、2003年度から実施されているが、実績はきわめて乏しく、支給件数は2003年4月から2006年12月までの3年9ヵ月で92件しかない。たとえば、千葉県に

ついて報道されているところでは、導入している自治体も数少ないが、2007年4月時点で、県下の過去の支給実績は1件もない、という状況である。活用されていない原因は、企業にとってのメリットが薄い、ということのようである（日本経済新聞・千葉版 2007年4月13日）。このように、正規職化のための直接的な政策でも、ほとんど実効性はあがっていない[11]。こうしてみると、政策転換により創設されたこれら3つの政策は、いずれも有効に機能していないといえる[12]。

(3) 養育費の確保
①養育費相談支援センター

養育費の実態については、次章で詳しく述べるが、大半の父親が養育費を支払っていない。そこで、2002年の母子寡婦福祉法の改正により、養育費の支払義務が規定されている。具体的には、父親は養育費を支払うよう努めること、母親は養育費を確保できるよう努めること、国及び地方公共団体は養育費確保のための環境整備に努めること、という内容である。養育費の支払義務が法律に明示化されたとはいえ、あくまで努力義務が母子寡婦福祉法に規定されたにすぎず、実質的な法的効果はほとんどない。

そのほか、2002年改革によって、広報や啓発、法律相談など、従来から実施されてきた支援策がいくらか拡充されている。また、新たな展開としては、2007年10月の養育費相談支援センターの創設があげられる。ただし、このセンターは、主として養育費の相談にあたる人材養成のための支援機関で、養育費に関する個別の問題については、対処方法に関する一般的な情報提供や助言はなされるが、個々の事例の養育費の取り決めや徴収が行われるわけではない。実際の養育費問題は、従来どおり、当事者間の話し合いか、家庭裁判所の利用により解決するしかない。

②養育費の算定表

養育費に関して具体的に進展したのは、養育費算定表が公表されたことである。協議離婚の場合、養育費を取り決めようとしても、双方が納得できる養育費を算定する方法がなく、話し合いがまとまらないことがある。また、取り決

められてもそれが不適切な金額という場合もある。こうした問題状況に対して、客観的で合理的な養育費が簡単に得られる算定方法の必要性が指摘されていた。これまでにも、実用的で合理的な算定方法として、父親の収入と子どもの年齢から標準的な養育費を得られる一覧表が作成され、その利用が提唱されてきた（下夷 1995）。このような一覧表の利用は、ドイツやアメリカなどではすでに定着しているものである。

　2003年、東京と大阪の家庭裁判所の実務家により、父親と母親のそれぞれの収入と子どもの年齢による養育費の算定表が公表されている[13]。これは家庭裁判所の関係者や弁護士などの実務家の間では広く活用されており、すでに、これまでの運用で問題となった点の指摘も行われている。それによると、問題点としては、自営業者の総収入の認定、住宅ローンの扱い、私立学校の学費の扱い（算定表は公立校の学校教育費を考慮している）、父親の収入が算定表の上限を超える場合の対応などがあがっている（岡・平城 2006）。なお、この算定表に対しては、養育費が低額すぎる、子どもの最低生活保障がなされていない、という点からの批判もある（松嶋 2005）。このように算定表は完璧なものではないが、それでもこうした算定方法が利用できるようになったことは、養育費問題の解決に向けた前進といえる。

　厚生労働省もこの算定表を母子世帯に対する相談業務において活用するよう、通知を出している（雇児発第30331021号）。また、この表を含む「養育費の手引き」を作成し、地方自治体に配布している。しかし、家庭裁判所で離婚する場合や、弁護士をたてた協議離婚の場合は別として、一般的な当事者の話し合いによる協議離婚で、この算定表がどれだけ利用されているかは疑問である。

③強制執行の改善

　算定表の公表とならんで、養育費の確保に関して進展がみられるのは、民事執行法の改正により、養育費の強制執行の手続が改善されたことである。序章で述べたとおり、制度が整備されたからといって、給与の差押えが簡単にできるわけではないが、制度改正は長年の懸案であり、これが実現したことは画期的ともいえる。その経緯を少し詳しくみておこう。

　従来から、養育費の支払いのように少額で長期にわたる債務については、一

般の強制執行は実効性に欠けると批判されていた。通常の強制執行では、支払期限が来ていないものは請求債権にならない。そのため、養育費であれば、毎月の支払期限を過ぎて不払いにならないと、強制執行を行うことができない。たとえば、子が20歳に達するまで毎月末日に3万円を支払うという場合、月末の不払いを待って、毎月3万円分を繰り返し、子どもが20歳になるまで申し立てなくてはならない。それでは、手続きが煩雑なばかりか、受け取る養育費より費用のほうが多額になる。つまり、「費用倒れ」ということである。これを避けるには、数ヵ月分の不払いの後、ある程度まとまった金額について強制執行するしかない。しかし、養育費は母子世帯の日々の生活を維持するために必要なものであり、こうした対処では事態は深刻化する。

　また、給与の差押禁止の範囲の定めも障害になっていた。給与債権については債務者の生活を維持するために、給与の4分の3が差押禁止部分として定められている。すなわち、強制執行により差し押さえられるのは給料の4分の1というわけである。したがって、月額3万円の養育費の場合、仮に3ヵ月間9万円の不履行分を給与から差し押さえようとしても、父親の給与が20万円であれば、その月の給与から差し押さえられるのは4分の1の5万円だけとなる。しかし、本来、4分の3の禁止部分には、債務者本人やその扶養義務者の生活の維持のための費用が含まれていると考えられる。そうであれば、子に対する扶養義務である養育費は、差押禁止部分に含まれているはずであり、その分について差押えができないのは不合理ではないか、と批判されていた。

　こうした問題はかなり以前から指摘されており、実は1956年に家庭裁判所の履行確保制度が導入された際にも、国会の附帯決議がなされ、強制執行制度の改善が要請されている[14]（最高裁判所事務総局家庭局 1970）。その後長い間、状況の進展はなかったが、2003年の民事執行法の改正で制度の改善が実現した[15]。政府はこの法改正を2002年改革のひとつにあげているが、法改正の直接の契機は、内閣に設置された司法制度改革審議会の2001年6月の最終意見書である[16]。それを受けて、養育費などの扶養義務に関して、強制執行を行いやすくする法改正が実現したのである。具体的には、次のような改善がなされている。

　まず、養育費のように毎月一定額の支払いとなる扶養義務の債権については、未払い分があれば、その分だけに限らず、支払期限が来ていない将来の分につ

いても差押さえができるようになった。これにより、たとえば、子が20歳に達するまで毎月末日に3万円を支払うという例で、1ヵ月分が支払われなかった場合には、1回の手続きで不払いの1ヵ月分だけでなく、それ以後、子が20歳になるまで給与を差し押さえることができる[17]。また、給与債権の差押禁止部分についても改善され、差押えの範囲は通常は4分の1だが、養育費については、特例として2分の1まで差し押さえることができるようになった。先ほどの例で、3ヵ月分9万円を差し押さえようとする場合も、父親の月給20万円の2分の1まで可能となり、9万円を給与から差し押さえることができる。こうして、長年の懸案であった強制執行制度の改善が実現したのである[18]。

それにしても、家庭裁判所の履行確保制度が導入された時の国会の附帯決議から数えて50年近く、強制執行制度の問題点が認識されていながら、まったく手直しされなかったということは問題である。2003年にこれが実現したのも、裁判員制度や法曹養成制度などの司法制度全般の改革が推進されるなかで、そこに参画した法学者らの努力によって達成された面が大きい。つまり、2002年改革のなかで画期的ともいえる強制執行の改善も、司法制度改革という大きな動きがなければもたらされなかったということである。

こうして2002年改革全体を見渡すと、児童扶養手当の削減という政策は実行されたが、就労促進の政策は不十分で、安定した正規職への転換が期待できるものではなく、養育費の確保に関しても前進したのは算定表と強制執行手続きだけで、一般的な離婚母子世帯の養育費を確保するための実効性のある政策は乏しく、問題状況の改善は見込めない。

3　アメリカ・イギリスの母子世帯政策

（1）アメリカの母子世帯政策
①1996年福祉改革
2002年改革はアメリカの母子世帯政策に追随したもの、とみることができる。アメリカの母子世帯政策は「福祉から就労へ」を掲げて、母親の就労促進政策を進めているほか、父親からの養育費確保についても政策的関与を強めている。母子世帯への福祉給付を削減し、母親の就労収入と父親からの養育費で埋め合

わせようという姿勢は日本が進めている政策と同様である。

　アメリカの母子世帯政策は、1996年の個人責任・就労機会調整法（PRWORA: Personal Responsibility and Work Opportunity Reconciliation Act of 1996）の制定により、「福祉から就労へ」という従来の方向をいっそう強化している。同法の制定はドラスティックな制度改正を含むものであり、福祉改革と呼ばれている（以下、1996年福祉改革と略す）。その主たる内容は、貧困母子世帯に公的扶助として支給されてきた AFDC（Aid to Families with Dependent Children：要扶養児童家族扶助）が TANF（Temporary Assistance for Needy Families：貧困家族一時扶助）に改められたことである[19]。新しく導入された TANF は、受給期間の制限と就労要件の強化を特徴とする厳しい手当である。具体的には、TANF の受給は生涯60ヵ月、すなわち5年までとされ、受給者は受給開始後2年以内に州政府が規定した就労活動に従事しなければならない。これは、いわば罰則付きの就労義務であり、就労要請に応じない場合は、給付の減額や停止措置がとられる。

　このような強力な改革が行われた背景には、母子世帯の増加に伴う福祉給付の増大という財政問題がある。しかしそれだけではなく、母子世帯の福祉依存がアメリカ社会の基盤である「自立」精神を損なうこと、とくに子どもの成長過程で福祉依存が日常化し、福祉依存が継承されることへの危機感が広まったことも大きい（下夷 2000）。

　1996年福祉改革は母子世帯にとって厳しい制度改正といえるが、実際に TANF プログラムを運用する州政府は、連邦規定を緩やかに解釈して運用しており、受給期間5年で機械的に支給を打ち切るものばかりではない。また、受給者に要求される求職活動についても多様な活動が含まれており、OJT や就学などを含む州もある（藤原・江沢 2007）。

　また、連邦政府は TANF 以外の政策で、低所得世帯への支援を拡充しており、それが受給母子世帯の就労促進になっている面もある。就労インセンティブを高めることで、つまり、働いたほうが金銭的に得になるようにすることで、TANF 受給者に就労を促しているのである。低所得世帯への支援として、政府が積極的にすすめているのが勤労所得税額控除（Earned Income Tax Credit）である。これは還付可能な税額控除で、実質的には低所得の子育て世帯に対す

る現金給付である。政府は福祉改革に前後して、勤労所得税額控除を拡充しており、福祉改革によって勤労所得税額控除のための政府支出はむしろ増大している（阿部 2006）。

　こうしてみると、アメリカの母子世帯政策は福祉を削減し、就労を強制することで、「福祉から就労へ」を達成しようとしているのは確かだが、実際には手当の削減や就労の強制だけではなく、働いている母子世帯には支援を厚くしているといえる。

②養育費履行強制制度

　養育費の確保に関しては、アメリカ政府の取り組みはきわめて強力である。詳細は第5章で検討するが、1975年に養育費履行強制制度（Child Support Enforcement Program）を創設し、1984年の法改正で制度を整備・拡充して以来、一貫してその強化を図ってきている。この制度には非監護親の居所探索、法的父子関係の確定、養育費命令の確定、養育費の徴収の4つのプログラムがあり、その内容をみると、養育費は決められた算定方式で算出され、確定した養育費は原則として給与天引きで徴収されるなど、養育費に関する当事者間の紛争を回避し、事務的、合理的に処理する仕組みになっている。また、父親の探索には行政の情報を総動員し、滞納者に対しては免許停止やパスポートの発行拒否など、養育費の確保に対して日本では考えられないほどの公権力が行使されている。

　こうした制度の強化は、連邦政府の主導によって行われてきたが、その背景には父親からの養育費によって、母子世帯への福祉給付を節約しようとする狙いがある。実際、AFDC/TANFの申請者・受給者は制度の利用が義務付けられ、徴収された養育費は給付の償還にあてられる。しかし、連邦政府は財政負担を増大させながら制度を推進しており、単に財政抑制の目的だけでとはいいきれない。そこには父親の無責任な態度を批判し、父親の責任を追及しようとする政府の強い意思がみてとれる。

第2章 アメリカ・イギリスの政策との比較

（2）イギリスの母子世帯政策
①ひとり親のためのニューディール

　イギリスもアメリカと同様に、母子世帯政策では「福祉から就労へ」が掲げられている。1997年に発足した労働党政権は、若者、長期失業者など就労率の低い対象ごとに、ニューディールと呼ばれる就労支援政策を展開している[20]。母子世帯に対しても、1997年から一部地域でひとり親のためのニューディール（New Deal for Lone Parents）を実施し、1998年からはそれを全国展開している。ひとり親のためのニューディールとは、パーソナルアドバイザーによる個別的な相談、援助を中心としたプログラムである（橋爪 2005）。具体的には、パーソナルアドバイザーと参加者との一対一の面接により、就労に向けての個人的な事情についての相談、就労目標の設定、目標達成のための計画の作成、就労によって得られる手当等の説明、利用しうる職業訓練や福祉制度の情報提供、求職活動の援助などが行われる。また、ニューディール参加者は、就職した後もパーソナルアドバイザーの支援を継続して受けることができる。

　当初、制度の対象は、公的扶助である所得補助（Income Support）の新規申請者だけであったが、現在は所得補助の受給にかかわらず、就労時間が週16時間未満のすべてのひとり親が対象となっている。ニューディールへの参加はあくまでひとり親の任意によるもので、所得補助の受給者であっても参加が強制されることはない。

　ただし、所得補助の受給者には、2001年より年1回の就労面接が義務付けられており[21]、正当な理由なく面接を欠席した場合には、給付が減額される。この面接では、就労相談のほか、就労のための支援制度やニューディールの紹介が行われる。これがニューディールへの参加を促す機能を果たしており、実際、面接をきっかけに参加する所得補助受給者も多い。

　政府が「福祉から就労へ」という母子世帯政策を展開する背景には、労働党政権の発足当時（1997年）、母子世帯の母親の就労率が45.6％と、国際的にもきわめて低く、就労せずに所得補助を受給する母子世帯が増大していたという実態がある。また、子どもの貧困率も他のEU諸国に比べて高い水準で、その原因が母子世帯の貧困にあるという認識もひろがっていた。そこで政府は、所得補助を受給している母親の就労率を2010年に70％に引き上げることや、子ども

の貧困率を2020年までに撲滅することを宣言し、それを達成するためにひとり親のニューディールを推進している。

　ニューディールの実施後、ひとり親の就労率は上昇しており、2005年は56.6％と、1997年から11％ポイント上昇している。また、所得補助を受給するひとり親も1997年より23万人減り、78万7千人になっている（DWP 2006）。こうした就労率の上昇を支えているのが、タックス・クレジットという主として低中所得世帯に支給される給付である。政府は1999年にそれまでの家族クレジット（Family Credit）を就労家族タックス・クレジット（Working Families' Tax Credit）に変更したが、さらに2003年にはそれに代わり、児童タックス・クレジット（Child Tax Credit）と就労タックス・クレジット（Working Tax Credit）を導入し、子どもと就労に重点をおいた給付の拡充を行っている。児童タックス・クレジットは子どものいる低所得世帯への給付で、就労の有無にかかわらず適用される。また、就労家族タックス・クレジットは就労する低所得世帯への給付で、子どもの有無にかかわらず適用される。ただし、ひとり親であることや保育費用を支出していることに対しては、加算がある。このようにいずれのタックス・クレジットも、就労する低所得の母子世帯に対しては援助となるものである（衣笠 2005）。

　こうしてみると、イギリスの母子世帯政策は相談を中心とした穏やかな就労促進政策を実施しながら、アメリカ同様、低所得の就労世帯に対する給付を拡充する政策で就労インセンティブを高め、母子世帯の母親の就労を支援しているといえる。

②養育費制度

　イギリスの養育費政策については第6章で論じるが、従来、養育費の支払いに関して父親に寛容な政策がとられてきた。しかし、1980年代終盤の保守党政権下で、母子世帯の福祉依存と父親の養育費の不払いが問題視されるようになり、1991年に養育費法（Child Support Act 1991）が制定されている。これにより、父親の追跡、養育費の査定や徴収などを行う養育費制度が導入され、その運営機関として養育費庁（CSA：Child Support Agency）が設置されている。制度は1993年から実施されているが、ケース処理の誤りや遅れなど、運用上の問

題が大きく、当初から批判されていた。そこで、労働党政権に代わり、養育費の算定方式の簡略化など、制度の利便性を高めるとともに、不払いに対する強制手段を強化する改革が行われているが、それでも運営がうまく進んでいるとはいえない。

このようにイギリスの養育費制度は迷走を続けているが、政府は改正を繰り返しながら、制度の維持・推進を図っている。イギリス政府もアメリカ同様、母子世帯に対する福祉給付の節約をねらいとしており、所得補助の受給者は養育費制度の利用が義務付けられ、徴収された養育費は給付の償還にあてられる。しかし、制度の推進は財政上の理由ばかりともいいきれない。制度の改正においては、父親の責任が繰り返し強調されている。こうしてみると、アメリカとイギリスでは、制度の強度に差はあるが、行財政の負担増にもかかわらず、父親の責任追及を強化しようとしている点は共通している。

(3) アメリカ・イギリスと日本の相違

アメリカ、イギリス、日本のいずれにおいても、母子世帯政策は「福祉から就労へ」という方向で強化されているが、各国の政策の内容には違いがあり、アメリカとイギリスの2国間を比較しても、両国の政策手段や強制力には差がみられる。しかし、日本の政策と比較すると、アメリカ・イギリスの両国と日本との違いはより際立っている。それは、子どもへの関心、母親への支援、父親への強制という3つの点から顕著にみてとれる。

第1に、母子世帯政策が子どもの貧困に関心を示しているか、という点である。すでにみたとおり、「福祉から就労へ」という政策が、福祉給付の抑制を目的としていることは各国に共通しているが、アメリカやイギリスでは財政問題だけではなく、子どもの貧困や貧困の再生産に対する危機感が政策推進の背景にある。それに比べ、日本の母子世帯政策は子どもの貧困に対する認識が低く、2002年改革においても、母子世帯の子どもの貧困問題は政策課題にのぼっていない。

たしかに、アメリカやイギリスの子どもの貧困率は先進国でも非常に高く、その要因が母子世帯の子どもの貧困率にあることから、政策的関心が高いのは当然といえよう。しかし、OECDの報告書で2000年前後の各国の子どもの貧

困率(所得の中央値の50%より下が貧困)をみると、日本は14.3%で、アメリカの21.7%、イギリスの16.2%より低いものの、OECD24ヵ国の平均12.1%より高い水準である。子どもの貧困率は各国とも家族形態による差が大きく、OECD平均でもふたり親世帯では8.7%であるのに対し、ひとり親世帯では32.5%と高くなっているが、日本のひとり親世帯の貧困率は57.3%ときわめて高い。これは、OECD24ヵ国中トルコ(57.7%)に次ぐ高さである。すなわち、ひとり親の子どもの貧困が社会問題として盛んに議論されているアメリカの48.9%やイギリスの40.7%よりも、日本の方が高いのである。さらに、ひとり親世帯の就労の有無で貧困率についてみると、ほとんどの国が無職の場合より就労している方が貧困率は格段に低くなる。就労しているひとり親世帯の貧困率は、アメリカの40.3%を除くと、先進主要国のほとんどが20%より低くなっており、その中で高い貧困率のイギリスでも20.6%である。それに対し、日本では57.9%とアメリカよりも高く、OECD諸国の中ではトルコとともに突出した高い貧困率となっている(OECD 2005)。

このように、親が就労していても子どもが貧困から抜け出せない、というのが日本のひとり親世帯が置かれている状況である。こうした事実にもかかわらず、母子世帯の政策転換と称される2002年改革では、子どもの貧困にいっさい関心が払われていない。

第2に、働く低所得の母親への支援に向かうかどうか、という点である。アメリカとイギリスの就労促進策では、働くことへの経済的インセンティブを高めるために、低所得の就労世帯への支援を拡充している。これに対し、日本は児童扶養手当を削減し、アメリカ・イギリスとは逆に、低所得の就労母子世帯への支援を後退させている。児童扶養手当が母親の就労の抑制要因であり、手当の削減によって就労が促進されるとの見方もあるが、実際には児童扶養手当が母親の就労に与える影響は小さく、手当の受給範囲内に就労を調整する行動はとられていない(阿部・大石 2005)。

アメリカもイギリスも「福祉から就労へ」を掲げているが、両国が実際に行っている政策は、いわば、「公的扶助から就労と低所得世帯給付へ」である。日本の母子世帯の多くは、働く低所得者層だが、生活保護は受給せず勤労収入に児童扶養手当を足して生計を維持している。これは、アメリカ・イギリスの

政策が目指している「就労と低所得世帯給付」を実現したものといえる。では日本の母子世帯政策は、さらに進んで、「就労と低所得世帯給付から就労のみへ」と向かっているといえるだろうか。それにしては、必要とされる正規職化のための就労支援策が十分でない。実施されている政策からみるかぎり、母子世帯をどこに向かわせようとしているのか、政策目標すら明らかではない。

　第3に、養育費の支払いに関して、父親への強制に向かうかどうか、という点である。アメリカとイギリスでは、制度の整備状況や行使される公権力に差があるものの、行財政の負担にもかかわらず、養育費を確保するための制度を整備し、行政が父親に対して養育費の支払いを追求している。

　それに対し日本では、養育費の確保を母子世帯政策の柱のひとつに位置付けながら、実効性のある政策はほとんどなく、行政が父親と対峙して、養育費を確保しようとする姿勢はみられない。第1章でも詳しく述べたとおり、養育費確保のための制度化については、すでに必要性が認識されながら、現実の動きはまったく進んでいない。アメリカ・イギリスのような強い政策態度とは対照的である。

4　家族政策とはいえない日本の母子世帯政策

（1）家族にコミットしない日本の政策

　前節でみたとおり、アメリカ・イギリスの母子世帯政策は、子どもの貧困を視野におさめ、働く低所得の母親を支援しながら、他方、父親に対しては強い態度でその責任追及に向かっている。それとは対照的に、日本の母子世帯政策は子どもの貧困には無関心で、働く低所得の母親への支援は削り、父親には養育費の支払いを強制しない。

　こうしてみると、日本の母子世帯政策は、母子世帯の生活にコミットしようとせず、父親とも対決しようとしない、という点が特徴といえる。逆にいうと、アメリカ・イギリスの政策は、母子世帯と父親に対する公的介入が強い。このことのひとつの解釈として、政策は母子と父はすでに家族ではないと判断して、個人の権利保障のために介入している、とみなすことができる。たとえば、アメリカの養育費の責任追及について、樋口範雄は「すでに自律権あるいはプラ

イヴァシー権の主体としての家族がこわれており、かつ扶養義務の不履行は直接に子どもの福祉に関わるものであるだけに、法による介入が当然視されるのであろう」と解している（樋口 1988：201-2）。

　しかし、これは見方を変えると、父を父たらしめようとする介入、といえるのではないだろうか。このようにとらえると、低所得就労世帯に給付を行い、働きながら子育てをする母親を支援することや、公権力を使って父親から養育費を強制的に徴収することは、家族を家族たらしめようとする、国家の働きかけといえる[22]。それは、まさに藤崎宏子が指摘する家族政策にほかならない。藤崎は「それぞれの時代の家族政策は、『望ましい』家族モデルを明示的・暗示的に想定し、現実の家族生活がこのモデルに近づくよう、さまざまな政策手段を用いて家族集団に働きかけている」と述べている（藤崎 1993：262）。母子と父に働きかけるアメリカ・イギリスの母子世帯政策は、家族政策の一環として理解できる。

（2）家族モデルの不在

　アメリカ・イギリスの母子世帯政策を家族政策とみなすと、「福祉から就労へ」の政策転換は、家族モデルの変更に伴う家族政策の展開ということになる。そこで、従来の政策と転換後の政策について、家族モデルとの関係から説明すると次のようになる。

　従来の家族モデルは、性別役割分業型の近代家族で、母親には子どものケア役割、父親には稼ぎ手役割が期待される。そこで、政策は母親がケアに専念できるよう、母親には就労を要請しない。父親には稼ぎ手役割を期待するところだが、まずは離別後に新たに形成した家族での稼ぎ手役割を優先させ、離別した母子に対する扶養義務の強制は控えめにとどめ、母親に福祉給付を行う。あたかも福祉国家が、父に代わって母子世帯の稼ぎ手役割を引き受けるような形である。

　しかしその後、母子世帯の増加や共働き家族の一般化という変化のなかで、家族モデルと家族の実態との乖離が大きくなり、家族政策を維持するための負担が増大すると、従来の家族モデルは政府にとっての望ましさを失い、家族モデルの修正が行われる。そこでつぎに採用されたのが、新・性別役割分業型の

近代家族、すなわち、父親は一次的稼ぎ手、母は子どものケアと二次的稼ぎ手（家計補助）、という家族モデルである。このモデルに近づくよう、母子世帯政策は母親の就労促進政策を開始するが、母親に期待されている稼ぎ手役割は二次的なもので、ひとりで家計を維持するだけの収入確保は想定されていない。政策は就労インセンティブを与えるため、および母親の二次的稼ぎを補うために、低所得就労世帯への給付を行う。また、父親の代理役を担いきれなくなった福祉国家は、父親に対して離別した家族についても稼ぎ手役割の遂行を求め、養育費の支払いを強制する制度を整備していく。

　このように、アメリカ・イギリスの母子世帯政策は、転換前は母子世帯への福祉給付によって、母子と福祉国家（＝父の代理）という形で性別役割分業型家族を標榜し、転換後は母親への就労支援と低所得世帯給付、および父親への養育費の支払い強制によって、離別した母子と父を擬似的な家族とみなし、新・性別役割分業型家族に近づけようとしている。つまり、アメリカ・イギリスの母子世帯政策は、家族政策として、その基底にある家族モデルの変化に応じて、母子と父に介入し、家族を家族たらしめようとしているのである。

　日本でも、社会保障や税制を通じて家族に働きかける家族政策は行われており、そこにおける家族モデルは、アメリカ・イギリスと同じく、性別分業型家族から新・性別分業型家族へと移行している。しかし、日本の母子世帯政策は、従来の性別役割分業型家族モデルの時期においても、生活保護ではなく児童扶養手当による支援が中心で、事実上、母親を就労に向かわせ、子どものケアに専念することを許していない。2002年の政策転換後は、就労促進策よりも手当の削減が優先されており、子どものケアと二次的稼ぎ手という母親モデルを支える方向には向かっていない。また、父親に対しては、政策転換の前も後も、なんら政策対応はなされておらず、稼ぎ手役割に近づけるための働きかけはみられない。このように日本の母子世帯政策においては、家族モデルに近づけるための介入が行われているとはいえず、家族モデルと政策との関連は見出せない。つまり、母子世帯は家族政策の対象になっていないのである。よって、2002年改革後の政策状況においても、第1章で確認した日本の母子世帯政策の問題状況、すなわち、母子世帯が私的扶養と公的扶養の間隙に取り残されたまま、という事態が打開される見通しはない。こうしてみると、2002年改革を経

た現在も、養育費政策を問うことの必要性、緊急性に変わりはないといえる。

注
1) その後も増加傾向が続き、2005年度は93万6,579人である。なお、2005年度の受給者のうち、全額支給は62％、一部支給は38％である（厚生労働省「社会福祉行政業務報告（2005年度）」）
2) ここでの母子世帯は、現に配偶者がいない65歳未満の女子と18歳未満のその子のみで構成されている世帯である。その後、増加傾向がやや強まっているが、2005年度の被保護母子世帯数は9万531世帯である（厚生労働省「社会福祉行政業務報告（2005年度）」。よって、現在も児童扶養手当受給者の10分の1以下である。
3) 2002年改革に向けて、2002年3月に政府によってまとめられた「母子家庭等自立支援対策大綱」では、児童扶養手当の見直しについて、「受給者が増大する中、合理化、効率化を行い、自立を支援する制度とし将来にわたり機能できるよう」と記されている。
4) なお、子どもが2人以上の場合、第2子については月額5,000円、第3子以降については月額3,000円の加算がなされる。これについては、2002年の制度改正後も変更はない。
5) この減額措置に関しては、衆参両議院で附帯決議がなされ、「改正法施行後における子育て・生活支援策、就労支援策、養育費確保策、経済的支援策等の進展状況及び離婚の状況などを十分踏まえて制定すること。その際には母子福祉団体など幅広く関係者の意見を十分聞くこと。また、児童扶養手当の所得制限については、今後とも社会経済情勢や母子家庭の状況等を勘案しながら、適切に設定すること」（衆議院の附帯決議より引用。参議院も同旨）となっている。そして結局、2007年2月の政省令の改正により、一部支給停止適用除外の届出書を提出し、就業や求職活動中などであることを証明すれば、一部支給停止の適用除外としてそれまでどおりの支給が認められるようになった。
6) 政府もこれを最も重要な課題とみなしており、児童扶養手当の削減が開始されるまでの時限立法として、「母子家庭の母の就業支援に関する特別措置法」を制定している（2008年3月末までの時限立法として、2003年7月に制定）。
7) DWP（2006）のFigure3.1で、2003年のEU諸国のひとり親（25歳から49歳）の就労率をみると、EU平均（推計値）の就労率は60％を越える程度である。データの信頼性を欠くルクセンブルグを除き、最も就労率が高いのはフィンランドとデンマークだが、その就労率をみても約80％である（DWP 2006: 63）。
8) 常用雇用者とは、会社、団体、官公庁など雇用期間について特段の定めがない、あるいは1年を越える期間を定めて雇われる者となっており、正社員や

第2章　アメリカ・イギリスの政策との比較

　正規職員かどうかは明らかでない。臨時・パート等とは、日々または1年未満の期間を定めて雇用されているものである。

9)　衆議院厚生労働委員会（2002年11月7日）において、坂口力厚生労働大臣（当時）は、児童扶養手当の削減に関して、母親の常勤職への転換が政策課題であるとの認識を示している。議事録によると、「すべてとはいきませんけれども、多くの皆さん方が常勤をしていただけるような体制をどうつくり上げていくかということにすべてはかかってくる。もしそれに失敗をするようなことがあれば、5年後に予定はいたしておりますけれども、そう予定をしたからといって、そのままいけるかどうかわからなくなってくる。ですから、その責任はこの5年間にかかっているというふうに自覚をしている」と述べている。

10)　以下、政策の実績についての数値は、特に記載のない限り、「母子家庭及び寡婦の安定と向上のための措置に関する基本的な方針に定められた施策に関する評価書」によっている。同評価書は、厚生労働省ホームページ上で公表されている（2008年4月10日現在）。

11)　実績があがっていないことから、常用雇用転換奨励金は2007年度までで廃止されている。関連の政策として2008年度から新たに設けられる制度に、中小企業事業主が有期契約の労働者を正社員に転換する制度がある。実際に1人以上を正社員に転換させた場合に奨励金が支給されるというものである。これは母子世帯に限定したものではない。

12)　当事者団体等による調査からも、母子世帯の経済状況が特別改善した様子はみられない。しんぐるまざあず・ふぉーらむ等が2006年に実施した調査によると、母子世帯になって3年以上の171人の3〜4年の収入の変化は「増えていない（減った、かわらない）」が65％で、児童扶養手当を受けている114人に限ると7割を超えるという。また、就労支援事業を利用したことがあるのは全体の18％にとどまっている。（朝日新聞2007年3月26日）

13)　算定表は『判例タイムズ』2003年4月1日号に掲載されている。

14)　家庭裁判所の履行確保制度は関係者の強い要望や実情を背景に、1956年の家事審判法の改正により創設されたが、改正法の国会審議では家事債務以外の債務との関係も議論となり、成立の際には国会で附帯決議が行われている。そこには、「家事事件の小額債権（ママ）については、その執行を容易ならしめ、且つ簡易化するため、政府は速やかに適切なる方策をたてること」とある（最高裁判所事務総局家庭局1970：15）。

15)　法改正までの審議会等の経緯については、谷口ほか（2004）に整理されている。

16)　最終意見書である「司法制度改革審議会意見書：21世紀の日本を支える司法制度」（2001年6月12日）では、「家事事件に関する審判・調停により定められた義務（扶養料等）など少額定期給付債務についても、現行法上の方策によっては、その履行を確保するのに十分でないとの指摘がある」との現状認識が

示され、民事執行法の強化の一環として、「家事審判・調停により定められた義務など少額定期給付債務の履行確保のための制度を整備すべきである」と提言されている。
17) 将来分まで差押えができる特例が認められるのは、扶養義務にかかる債権となっており、養育費のほか、婚姻費用の分担金や夫婦・親子など親族関係による扶養料などに限られている。
18) そのほか、2004年の民事執行法改正で、養育費等債権について間接強制が認められるようになった。間接強制とは、裁判所が債務者に対して、不履行の場合に金銭を支払うよう命ずることにより、債務者に心理的強制を加えて、履行を強制することである。ただし、間接強制による弊害が起きないよう、次のような工夫がなされている。債務者が支払能力を欠くためにその金銭債務を弁済することができないとき、又は弁済をすることによって著しく窮迫する場合には、裁判所は間接強制の決定をすることができない。また、間接強制金の額が適切に定められるように、その額の決定にあたっては、債務不履行により債権者が受けるべき不利益、債務者の資力、従前の債務者の履行の態様などを特に考慮しなくてはならない。そして、事情の変更があったときは、申し立てにより、申立時までさかのぼって間接強制の決定を取り消すことができる。
19) 福祉改革の内容や実績については、藤原・江沢（2007）、尾澤（2003）、下夷（2000）を参照されたい。
20) ニューディール政策には、ひとり親のほか、若年者、長期失業者、障害者、中高年者、失業者の配偶者（パートナー）を対象としたものなどがある。
21) 当初は一定年齢（5歳3ヵ月を超える16歳未満）の子どもを持つひとり親で新規申請者が対象であったが、その後対象は徐々に拡大し、現在は新規だけでなく、継続受給も含めた所得補助受給のすべてのひとり親が対象となっている（DWP 2006）。なお、現在は面接回数が年に1回から6ヵ月に1回となっている（橋爪 2005:188）。
22) このような見方は、2002年2月19日の家族政策研究会における筆者の報告「アメリカにおける養育費強制制度の現状」に対する庄司洋子立教大学教授のコメントから示唆を得たものである。

第 Ⅱ 部

養育費問題
実情とその背景

第 3 章

戦後日本の実態

1　離婚の際の養育費をめぐる規定

　離婚しても、親の子に対する扶養義務に変わりはなく、親権や同居の有無にかかわらず、親は子が自分と同程度の生活ができるように扶養する義務を負っている。離婚後、子と離れて暮らす親は、養育費を支払うことでこの義務を果たすことになる。

　このような離婚後の養育費の負担については、民法に明文化された規定はないが、民法766条１項の、離婚の際に「（子の）監護について定めるべき事項」に含まれていると解されている。それは離婚する当事者の協議で定めるが、協議が整わないとき、または協議ができないときは家庭裁判所が定めることになっている。しかし、調停離婚などのように家庭裁判所を経て離婚する場合は別として、離婚の９割を占める協議離婚の場合には、養育費の取り決めが行われる保証はない。実際、協議離婚では離婚届を提出するだけで成立し、協議の内容についてチェックを受けることはない。

　未成年の子どものいる夫婦が離婚する場合、子どもの親権者をどちらの親にするかという決定は義務付けられているが、それ以外はなんら義務付けられていない。親権者については、離婚届に記載欄があり、これを記入しなければ届が受理されないため[1]、事実上、親権者を決定しなければ、離婚できない仕組みになっている。そのほか、離婚届に記載する事項は、離婚の種類や同居を始めた年月、別居した年月、別居する前の住所や世帯の主な仕事など、厚生労働省の「人口動態統計」に必要な情報となっており、親権者以外に子どもに関する事項はない[2]。よって、親権者さえ離婚届に記載すれば、養育費を取り決め

なくても離婚できるというわけである。

そこで、1985年の『離婚制度等研究会報告書』や1992年の日本弁護士連合会の「離婚後の養育費支払確保に関する意見書」では、離婚届に養育費欄を設けることや離婚届に養育費の取り決め届を添付することなどが提案されている[3]。しかし、養育費に関する記載を離婚届の受理の条件とすることは、協議離婚を実質的に制限することになる、との批判もある。結局、現在も養育費に関しては、事実上、当事者の自由に委ねられたままである。

このように養育費については離婚届に記載もなく、他に公的な届出制度もない。また、実態を網羅的に把握できるような調査も実施されていない。そのため、養育費の実情についてはほとんど知られていない。そこで、本章ではまず、最高裁判所の『司法統計年報』や厚生労働省の「全国母子世帯等調査」などの統計から、養育費の取り決め状況と受け取り状況をとらえ（第2節）、ついで、実際の離婚の過程で養育費がどのように扱われているのか、母子世帯の事例から検討していく（第3節）。そして最後に、これらの実態を踏まえ、現在、養育費がどのようなものとして認識されているのか考えてみたい（第4節）。

2　統計にみる養育費の実態

（1）養育費の取り決め状況
①調停・審判離婚での取り決め率

離婚の際、養育費はどの程度、取り決められているのだろうか。養育費の取り決め状況の推移をみることができるのは、『司法統計年報』である。『司法統計年報』では1966年度から毎年、調停・審判離婚の養育費が公表されている。ここで注意が必要なのは、統計が連続的でない点である。1976年からは、母親を子どもの監護者とした場合の父親の支払う養育費に限定されているが、それより前のものには母親が支払う養育費も含まれている。ただし、実際には1975年以前の統計もほとんどは父親が支払うケースとみられるため[4]、ここでは表3-1で1966年から現在までをあわせてみていく。

まず、取り決め率の推移をみると、一貫して上昇しているのがわかる。1966年から1975年では、38.1％から53.3％へと急上昇している。1976年以降につい

第3章　戦後日本の実態

表3-1　調停・審判離婚の養育費の推移

年度	取り決め率	1件あたりの取り決め平均月額（万円）			一時金率
		すべてのケース	子ども1人のケース	子ども2人のケース	
1966	38.1 (%)	0.9	0.8	1.1	9.0 (%)
1967	39.5	0.9	0.8	1.0	8.0
1968	40.9	1.1	1.0	1.3	8.5
1969	41.3	1.2	1.1	1.4	8.6
1970	45.2	1.4	1.2	1.6	8.3
1971	46.3	1.6	1.7	1.7	6.4
1972	47.2	1.7	1.5	1.9	7.1
1973	50.0	1.9	1.7	2.2	6.9
1974	51.5	2.3	2.0	2.6	7.0
1975	53.3	3.1	2.4	3.3	6.4
1976	66.5	3.5	2.8	4.2	5.5
1977	66.8	3.6	3.0	4.2	5.1
1978	67.8	3.8	3.2	4.5	4.2
1979	69.2	4.0	3.3	4.6	4.5
1980	69.9	4.2	3.4	4.8	4.4
1981	69.6	4.4	3.6	5.0	4.0
1982	68.1	4.5	3.6	5.1	4.1
1983	69.4	4.5	3.7	5.1	4.0
1984	70.1	4.6	3.7	5.2	4.0
1985	71.2	4.6	3.7	5.3	3.7
1986	72.2	4.6	3.8	5.2	3.7
1987	72.7	4.7	3.9	5.3	3.3
1988	74.6	4.8	4.0	5.3	3.7
1989	75.3	4.9	4.0	5.5	3.7
1990	76.9	5.1	4.2	5.7	3.8
1991	77.9	5.3	4.3	6.0	3.5
1992	78.9	5.4	4.5	6.0	2.5
1993	80.1	5.3	4.5	6.0	2.2
1994	79.8	5.4	4.5	6.0	1.9
1995	80.6	5.4	4.5	6.1	1.7
1996	81.4	5.4	4.5	6.0	1.6
1997	80.9	5.5	4.5	6.2	1.3
1998	81.0	5.4	4.5	6.2	1.2
1999	82.2	5.4	4.4	6.0	4.0
2000	82.3	5.3	4.5	6.0	4.4
2001	82.1	5.1	4.4	5.9	3.3
2002	82.0	5.1	4.3	5.7	3.7
2003	83.2	5.1	4.3	5.7	3.0
2004	84.5	5.1	4.4	5.5	3.7
2005	84.6	5.1	4.5	5.6	3.3
2006	84.6	5.1	4.5	5.6	3.6

注1）1966～1975年は母親以外の者を監護者とした場合も含む。1976年以降は母親を監護者とした場合の父親が支払う養育費。
注2）平均額は一時金及び月額不定を除き、1966年から1974年までは、3千円以下を0.3万、5千円以下を0.5万、1万円以下を1万、2万円以下を2万、3万円以下を3万、3万円を超えるを4万として算出。1975年以降は、1万円以下を1万、2万円以下を2万、4万円以下を4万、6万円以下を6万、8万円以下を8万、10万円以下を10万、10万円を超えるを12万円として算出。ただし、1981年までは8万円以下のつぎは8万円を超えるとなっているため、10万として算出。
出典）最高裁判所『司法統計年報 家事編』を用いて作成。

ては、母親が監護者であることから、取り決め率は一段高くなり、1976年は66.5％である。以後も上昇を続け、1990年代半ばからは80％を超えており、2006年には84.6％に達している。

　この間、支払方法についても変化がみられる。表3-1の一時金率は、養育費の支払いを取り決めたもののうち一時金払いの占める割合を示している。これをみると、1966年には一時金払いが取り決めの９％を占めていたが、以後その割合は低下し、1990年代後半には１％台にまで下がり、ほとんどみられなくなっている。その後わずかに上昇しているが、その原因は明らかではない。長期の定期払いの履行確保が現実には難しいことから、一時払いで確保しようとするケースが増えているのかもしれない。ただし上昇したとはいえ、現在も一時金払いは４％程度で、ほとんどの養育費は定期払いである。

　こうしてみると、調停・審判離婚では月々の養育費を取り決めることは、かなり定着してきたといえる。しかし、本来、養育費は子どもの扶養料であり、当然、離婚時に取り決められるべきである。そうすると、取り決め率が85％に達したというよりも、現在も15％は取り決められていないことが疑問視される。このように考えると、家庭裁判所での離婚にもかかわらず、そもそも1966年の取り決め率が４割に達していないこと、あるいは、母親が子どもを監護する場合に限っても、1975年時点で３分の２しか養育費を取り決めていないことのほうが問題にみえてくる。家庭裁判所では、養育費は重視されていなかったのだろうか[5]。

②1950年代前半までの家庭裁判所における養育費

　太田武男は、1948年１月から1950年６月までに京都家庭裁判所本庁ならびに支部で受理・既済された離婚調停事件149件を分析している（太田 1952）。そのうち、子どもの引取りについて成立したのは109件である。養育費についてみると、申し立ての時点で、妻からの養育費請求が少ないという特徴があげられる。妻が申し立てた57件のうち、少なくとも41件は本人が子どもの引き取りを希望しているが、養育費の請求があるのは26件だけである。

　最終的に養育費を定めたのは28件となっており、申し立ての内容から、この28件はすべて父親が支払う養育費と考えられる。そうすると、妻が子を引き取

った事例は50件となっているため、その約半数で養育費が取り決められたということになる。しかし、支払方法をみると、28件のうち月払いは14件しかなく、残りは総額を決めて、一時払いか、月賦以外の分割払いである。また、支払期間について合意があるのは16件だが、そのうち最も多いのは、向こう3年や10年といった決め方で、7件となっている。子どもの成長を踏まえた期限ではなく、向こう数年というような当面のおよその期間が設定されているのをみると、定期払いの養育費も、父親の扶養義務としての養育費というより、離婚後、母子の生活が安定するまでの支援金のようなものとなっている。

　湯沢雍彦は、1948年と1949年の水戸家庭裁判所下妻支部の扶養に関する調停事件を分析している（湯沢 1963）。養育費請求事件は17件だが、それによると養育費事件は少額の一時金で打ち切られる事例が多く、本来のあり方である継続的な給付として決められた事例は10件中1件しかないという。湯沢は「これらは過去の扶養料の清算ともみえず、将来の扶養料の一括前払いでも無論なく、ほとんどが子および母に対する"手切金"的な機能を果たすだけのもの」と評している（湯沢 1963：189-9）。

　また、加藤正男は1950年から1954年の京都家庭裁判所本庁の調停離婚について分析している。そのうち、母親が子の監護者になった事件は229件である（加藤 1955）。養育費に関する分析はなされていないが、加藤によると離婚の際の慰謝料と財産分与、子どもの養育費のそれぞれの区別はほとんどなく、「現実にはこの三者は同じようなものとして考えられることが多いし、京都本庁でもまたそのように取り扱われているふしもある」とのことである（加藤 1955：127）。このように1950年代前半の調停離婚においても、子どもの養育費は夫婦間の財産問題と混同して扱われている。

　こうしてみると、家庭裁判所の調停離婚においてすら、当初、子どもの扶養という観点から養育費が重視されることはなく、本来の意味での養育費はほとんど取り決められていなかったといえる。それから徐々に、養育費に対する認識が高まり、現在の取り決め率85％という水準になってきたということである。

③協議離婚での取り決め率

　調停・審判離婚では養育費の取り決めが進んでいるが、離婚母子世帯に対す

る調査をみると状況は大きく異なっている。厚生労働省では、1952年からほぼ5年ごとに「全国母子世帯等調査」を実施しているが、養育費の取り決め状況が調査されるようになったのは、1998年度からである。よって、過去3回分の調査結果しかえられないが、これをみると、離婚母子世帯で養育費の取り決めがあるのは、1998年が35%、2003年が34%、2006年が39%である[6]。近年わずかに上昇傾向がみられるとはいえ、現在も4割程度にすぎない。

　これは、協議離婚での養育費の取り決め率が低いからである。2003年と2006年の「全国母子世帯等調査」では、離婚の種類別に取り決め率をみることができる。それによると協議離婚での取り決め率は、2003年が27%、2006年が31%である。よって、調停・審判離婚で取り決め率が上昇していても、取り決め率の低い協議離婚が全離婚の9割を占める状態が続いているため、離婚母子世帯全体では現在も4割にとどまっているのである。

　ではなぜ、離婚の際に養育費を取り決めないのだろうか。2006年の「全国母子世帯等調査」で「取り決めをしていない理由」をみると、「相手に支払う意思と能力がないと思った」が47%で最も多くなっている。たしかに、取り決めても支払われないとわかっていれば、苦労して取り決めるだけ無駄だと考えるのも無理はない。しかし、父親が低所得であっても離婚しなければ子どもを扶養するわけであり、所得に応じた額で取り決めるべきである。また、失業中の場合であっても、就職してから支払うなど条件付きの支払いを取り決めることもできるはずである。当然のことながら、父親に支払う意思がないからといって、その責任が免除されてよいわけはない。つぎに多い理由が、「相手とかかわりたくない」の23.7%である。これは前回の2003年調査（20.6%）よりやや上昇している。養育費の支払いを介して、離婚後も相手との関係が継続するのを望まない母親は多い。しかし、本来、養育費は親と子の問題であり、夫婦の関係とはわけて考えなければならない問題である。こうした理由をみると、父親の無責任な態度と、母親のあきらめや夫への拒否感が重なって、養育費の取り決めがなおざりにされているのがわかる。

④取り決めた養育費の金額の推移

　つぎに、養育費を取り決めたものについて、その金額をみてみよう。取決額

の推移については、『司法統計年報』が唯一の資料である。そこで、調停・審判離婚で取り決めた養育費の平均月額を算出すると、前出の表3-1に示した額となる[7]。1966年以降の取り決め額は1990年代初頭まで一貫して増加しているが、それ以後、1990年代終わりまではほとんど変化がなく、2000年代に入ると減少している。2006年の平均額をみると、全ての平均では5.1万円、子ども1人のケースでは4.5万円、2人のケースでは5.6万円である。このように平均額では約5万円となるが、表3-2で金額区分の分布状況をみると、「2万円超から4万円以下」が最も多く、子ども1人のケースでは約5割、子ども2人では約3割を占めている。よって、養育費としては、1件あたり3万円から4万円が、いわゆる相場となっているとみられる。

表3-2 調停・審判離婚の養育費の分布：2006年度の取り決め額

	件数[1]	1万円以下	2万円以下	4万円以下	6万円以下	8万円以下	10万円以下	10万円超
すべてのケース	14,441	4.5%	12.7%	39.8%	24.9%	8.1%	5.2%	4.8%
子ども1人のケース	7,441	4.9%	15.2%	48.3%	22.6%	4.7%	2.2%	2.1%
子ども2人のケース	5,628	4.2%	9.9%	32.8%	28.1%	12.2%	7.3%	5.5%

注1）月払いの件数。ただし、額不詳を除く。
出典）最高裁判所『司法統計年報 家事編（2006年度）』を用いて作成。

　過去40年ほどの長期間の金額の推移をみると、調停・審判事件の養育費の金額は上昇しているが、勤労者収入や教育費支出ほどは伸びていない。図3-1は調停・審判離婚の養育費と、勤労者世帯の世帯主収入ならびに教育費支出について、1976年を100とし、2006年までの伸びを示したものである。これをみると、養育費の伸びは緩やかで、勤労者の収入の伸びに追いついていない。父親の収入に比べて、養育費が低く抑えられているのではないか、と懸念される。また、図からわかるとおり、教育費との差はきわめて大きい。ここでの教育費とは、2人以上からなる勤労者世帯が1ヵ月に支出する教育費の平均額であり、そのなかには、学校の授業料、教科書・学習参考教材、補習教育の費用などが含まれる。教育費支出は急激に上昇しており、1976年を基準にすると、1990年にはすでに3倍を超え、ピーク時の2004年には1976年の約3.5倍となっている。

このような教育費の伸びは、世帯主収入の伸びをも大きく上回っている。子どもを取り巻く環境の変化は激しく、子どもに投じられる費用は急激に上昇しているが、養育費にはそうした動きが反映されていない。こうしてみると、取り決められた養育費の金額は上昇しているが、それが十分なものであるとはいえそうにない。

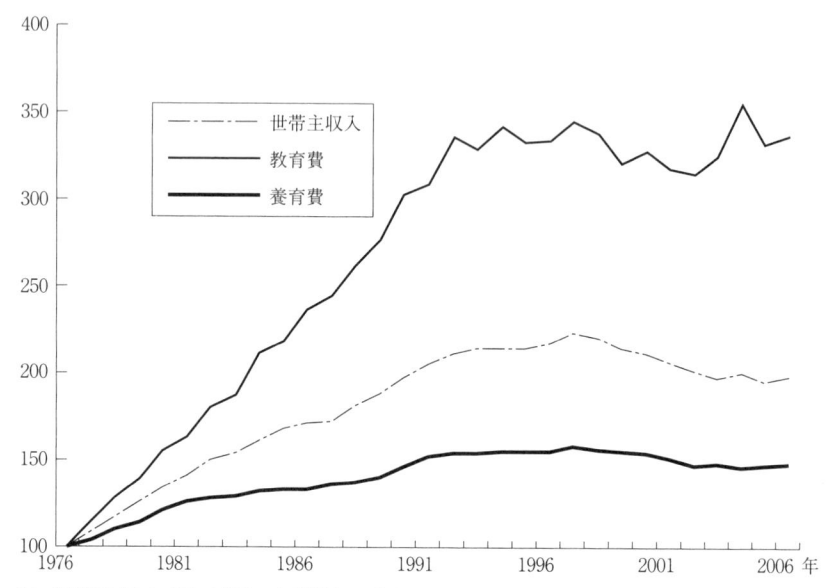

注）養育費は表3-1に示した調停・審判離婚の1件あたりの取り決め平均額。世帯主収入は2人以上からなる勤労者世帯の世帯主の平均実収入、教育費は同様の勤労者世帯の平均支出額。
出典）最高裁判所『司法統計年報　家事編』、総務省統計局『家計調査年報』を用いて作成。

図3-1　養育費・教育費・世帯主収入の伸び（1976年＝100）

（2）養育費の受け取り状況
①「全国母子世帯等調査」の受給率の推移

　養育費の取り決めの有無にかかわらず、実際、どれぐらいの母子世帯が養育費を受けているのだろうか。受給率について時系列でみることができるのは、「全国母子世帯等調査」である。「全国母子世帯等調査」では、1983年の調査から離婚母子世帯の養育費の受給状況が調査されている[8]。表3-3をみると、現在も養育費を受給している割合は1983年は11.3％であるが、1993年には14.9％、

表3-3 離婚母子世帯の養育費の受給状況

(%)

調査年	現在も養育費を受けている	養育費を受けたことがある	養育費を受けたことがない	不詳
1983	11.3	10.1	78.6	―
1988	14.0	10.6	75.4	―
1993	14.9	16.4	68.7	―
1998	20.8	16.4	60.1	―
2003	17.7	15.4	66.8	―
2006	19.0	16.0	59.1	5.9

出典）厚生労働省「全国母子世帯等調査」より作成。

以後変動はあるものの、2006年には19.0％となっており、過去20年程度の長期でみると、受給率は上昇してきているといえる[9]。しかしそれでも、現在約2割しか受給していないという状況は問題である[10]。また、過去に養育費を受けたことがある割合をみると、1983年と1988年は10％程度だが、1993年以後は16％前後になっている。このことは、支払うケースも増えてきたが、途中で支払われなくなるケースもかなり増えていることを示している。

② 1980年代以前の受給状況

このように、受給率は現在でも約2割という低い水準だが、調査がはじまった1983年は約1割しかなく、9割近くの父親は養育費を支払っていない。そうすると、1983年よりさらに前は、いったいどのような状況だったのだろうか。限られた調査結果ではあるが、戦後の養育費の受給状況についてみてみたい。

金田宇佐夫は、和歌山家庭裁判所における子の氏の変更や養子縁組などの審判事件をもとに、1947年から1950年度に成立した協議離婚100件の分析を行っている（金田 1950）。これをみると、子どものいる夫婦の離婚98件のうち51件で母親が親権者となっている。実際は51件以上で母親が子を監護しているとみられるが、子に対する養育費があるのは2件のみで、養育費はほとんど支払われていない。

慰謝料、養育費を含む財産分与がなされているのも3割しかなく、金田は「女性が経済的に不利な条件で協議離婚をしている」と指摘している。そのうえで、「離婚婦の大部分は、やはり里に帰って、父母、兄弟姉妹の援助を受け

ながら、和裁、洋裁、その他の内職をして、ほそぼそと生活している」と述べている（金田 1950:48）。しかし実際は、離婚後に親族から援助を受けられる女性が大部分であったとはいえないようである。そのことは、つぎの大田正之の分析や労働省婦人少年局の調査からもみることができる。

　大田正之は、1953年7月から12月の広島家庭裁判所本庁・各支部における子の氏の変更審判事件から85件の離婚事例を分析している（大田 1955）。その9割以上は協議離婚である。子の監護者が母となっているのは85件中78件で、そのうち養育費の取り決めがあるのはわずか8件である。さらに8件のうち、月々の定期払いは2件のみで、その他は一時払いや分割払い（総額を決めて分割して支払う）である。しかも定期払いの2件のうち、履行されたのは「新制中学卒業まで」の1件のみで、もう1件の「子が成年になるまで」の取り決めは最初の1ヵ月しか履行されていない。つまり、子どもの扶養料として月々の養育費が支払われていたのは、わずか1件ということである。

　しかし、離婚後の状況は、金田（1950）が述べていた「大部分は里に帰って」というのとは異なり、実家の親族扶養を受けられるケースは少なく、母親が実家などで親族と同居し、扶養してもらっているのは8件、母親が自分の兄や父母などから扶助をうけているのは10件（うち1件は母子寮入寮）にすぎない。つまり、多くの事例では養育費は支払われず、それを代替する親族扶養もないということである。

　このように、金田（1950）と大田（1955）の分析から、1950年代前半までは養育費がほとんど支払われていない、ということがわかる。ただし、これらは離婚後に子の氏の変更などを家庭裁判所に申し立てた事例であり、その点では特殊なケースといえる。そこでつぎに1960年の労働省婦人少年局の調査をみてみたい。ここからは一般的な離婚ケースの養育費の状況をみることができる。

　労働省婦人少年局は女性の地位向上の見地から、協議離婚に関する全国規模の実態調査を行っている。調査は、1958年6月から12月に協議離婚した全国の女性1,940人を対象に、1960年7月に実施され、1,032人から回答を得ている（労働省婦人少年局 1961）。これによると、子どもを養育している427人のうち、養育費を受けているのは6.6％（28人）である。そのほか、養育費と妻本人の生活費をかねたものとして受けているのが1.6％（7人）である。これらを合計して

も、わずか8.2％にすぎない。しかもこれは、離婚から約2年というケースを対象とした調査結果であり、やや高めの受給率になっているとみられる。つまり、1960年でも養育費が支払われているのは数パーセントしかないということである。

　この調査で興味深いのは、調査不能となった908事例の追跡調査を実施している点である。同調査の報告書では、「不能票のなかに現在の協議離婚の二、三の問題点や離婚後の婦人の生活の一端を示すものが見られる」として、不能票の内訳が示されている。これをみると、行方不明が35％である。これらは、住民登録されているが、当該住所に居住しておらず、転出先も不明、市町役場、民生委員も把握できず、親元とも音信不通となっているもので、報告書では「離婚後の婦人の生活の暗い一面がうかがえる」と指摘されている（労働省婦人少年局 1962：3）。こうした状況からは、やはり1960年時点でも、養育費は支払われず、親族にも頼れないという母子世帯が実際には少なくなかったといえる。

　その後の調査としては、1968年と1978年の「人口動態統計社会経済面調査」（厚生省）がある[11]。どちらも協議離婚を対象としたもので、そこでは妻が子どもを引き取った場合の養育費の出所が調査されている。結果をみると、養育費の出所が「夫」という割合は、1968年は14.0％、1978年は13.2％である。また、「夫婦双方」という割合は、1968年は4.7％、1978年は7.2％である。「夫」と「夫婦双方」の選択肢については、調査票にも説明がなく、回答者の判断に任されているが、ここで「夫」と「夫婦双方」をあわせたものを養育費の受給率とみなすと、1968年の受給率は18.7％、1978年は20.5％となる[12]。いずれも「全国母子世帯等調査」の1983年の受給率11％より高い結果となっている。それは1968年調査・1978年調査がいずれも、離婚後、6ヵ月以内のケースを対象としていることによると思われる。ちなみに、1983年の「全国母子世帯等調査」の結果から、養育費を現在受けている割合と過去に受けたことのある割合を合計すると21.4％となり、1978年調査で受給率とみなした20.5％はこれに近い。そうすると、1970年代頃から、ようやく1割程度の協議離婚の母子世帯が養育費を受ける状況になってきたものと推察される。限られた調査結果ではあるが、時代をさかのぼってみると、養育費の受給率は現在よりさらに低く、養育費が

③調停離婚の養育費の履行状況

　上記は主に協議離婚の場合の受給状況であるが、では調停離婚の場合はどうだろうか。「全国母子世帯等調査」の2003年調査では、離婚の種類別に受給率が示されている。これをみると、協議離婚の14.6％に対し、調停離婚は37.4％で協議離婚よりかなり高い。また、2006年調査では、取り決めがあるケースに限定して受給率が調査されている。それによると、協議離婚は44.0％、調停離婚等は49.7％で、調停離婚等のほうが高いとはいえ、5割にとどまっている。つまり、現在、離婚の際に家庭裁判所で養育費が取り決められても、実際には半数程度しか履行されないということである。

　調停・審判離婚で養育費の取り決めが進んでいるのは、先に確認したとおりだが、それが実際に支払われているかどうかについては、系統的な調査は行われていない。唯一、養育費の履行状況に関して行われた調査が、2001年の東京家庭裁判所及び大阪家庭裁判所による調査である。これは、2000年1月から6月までの間に、東京家庭裁判所と大阪家庭裁判所で成立した調停離婚で養育費の取り決めがなされたもの各100件に対して、2001年8月に実施されたものである。回答が得られたのは97件（回収率48％）で、その調査結果は公表されている（最高裁判所事務総局家庭局 2002）。

　これをみると、「期限どおりに受け取っている」が48件（50％）、「期限どおりではないが全額受け取っている」が19件（20％）で、あわせて67件（70％）である。そのほか、「一部について受け取っている」が23件で、「全く受け取っていない」は6件ある。このように「全国母子世帯等調査」の調停離婚の受給率よりかなり高い結果となっているが、それは、これが調停成立から1年から1年半程度という、離婚経過年数の短いケースを対象としているためと考えられる。そうすると、この調査の結果からは、調停で決めてから1年半程度のケースでも、取り決めどおりに遅滞なく支払われているのは約半数しかない、という見方になる。

　また、同調査では「期限どおりに支払われていない」ケースについて、その理由（複数回答）が示されている。それをみると、「相手方にお金があるが、支

払おうとしない」が最も多く、総回答51件中21件である。「相手にお金がない」は5件と少なく、「その他」の回答のなかにも「自分勝手で誠意がない」「相手が多忙で忘れていると思う」など、支払意思の問題とみられる理由があげられている。このように調停で双方が合意した取り決めであっても、支払おうとしないケースは少なくない。なぜ、「相手が支払おうとしない」のか、その理由（複数回答）をみると、「嫌がらせだと思う」が最も多く、総回答31件中13件である。これは離婚した妻に対する不満であり、離婚に伴う夫婦間の感情問題が子どもの養育費の不払いという形であらわれているものである。これでは、調停で養育費を定めても意味をなさない。

④支払意思の問題

こうして養育費の受給状況をみてくると、「取り決めもなければ支払いもない」というばかりではなく、「取り決めても支払われない」「支払われていてもいずれ支払われなくなる」という状況も少なくないことがわかる。「いずれ支払われなくなる」という点について、当事者団体のしんぐるまざあず・ふぉーらむが2005年に実施した調査では、実際に支払われなくなるまでの期間が調査されている[13]。これをみると、以前まで養育費が支払われていた26件のうち、取り決めから支払われていた期間は「1年未満」が8件と最も多く、ついで「1年」が6件である。調査対象は少ないが、当初支払われていたものでも、1年も経たないうちに3分の1は支払われなくなり、1年を経過すると約半数は支払われなくなるということである。

また、この調査では養育費が支払われていない56件について、その理由（複数回答）があげられている。これをみると、最も多い理由は「相手にお金がない」で29件だが、ついで、「子どもの生活保障としての養育費という認識がない」「養育費を支払うことが親の義務という認識がない」がそれぞれ26件、24件となっている（しんぐるまざあず・ふぉーらむ 2006:19-20）。このように約半数の事例で、父親の養育費に関する認識の欠如があげられている。先の家庭裁判所による履行状況の調査でも示されていたが、この調査からも養育費の不払いについては、支払能力の問題だけでなく、支払意志の問題が大きな原因となっていることがみてとれる。

3 事例にみる養育費の実態

(1) 事例の概要

　実際の個々の離婚において、養育費はどのように扱われているのだろうか。以下、2003年に家族政策研究会(筆者も参加)が実施した、母子世帯に対するグループ・インタビューの調査結果から、離婚ケース10事例を用いて検討してみたい[14]。

　表3-4は、10事例の概要を一覧にまとめたものである。これらはいずれも離婚母子世帯であるが、調停離婚が事例A、裁判離婚が事例Hで、残りの8事例は協議離婚である。母子世帯になってからの期間は1年から17年と幅があるが、養育費の取り決めがなされているのは事例A、事例B、事例Cの合計3事例である。実際に、養育費を受けているのもこの3事例で、養育費を受けていない7事例はそもそも取り決め自体がなされていない。こうしてみると、ここで取りあげる事例では、取り決めの有無が決定的となっている。そこで以下では、取り決めの経緯に注目しながら、実際の離婚で養育費がどのように扱われているかみてみたい。なお、ここでは離婚前後の記述において、説明の便宜

表3-4　事例の概要

事例	離婚の種類	母子世帯期間	離婚時の年齢 母親	離婚時の年齢 子ども	養育費の取り決め	養育費の受給	養育費の扱い
A	調停離婚	15年	30代前半	5歳 2歳	あり	あり	調停での取決めどおり
B	協議離婚	6年	30代後半	7歳 1歳	あり	あり	強制執行
C	協議離婚	1年	30代後半	10歳 7歳	あり	あり	口約束
D	協議離婚	4年	20代後半	1歳	なし	なし	妻が拒否(不調型)
E	協議離婚	3年	30代後半	9歳 ※父監護の子あり	なし	なし	夫が拒否(不調型)
F	協議離婚	11年	30代前半	3歳	なし	なし	親権と取引(取引型)
G	協議離婚	1年	40代前半	15歳 12歳	なし	なし	家賃と取引(取引型)
H	裁判離婚	2年	40代前半	14歳	なし	なし	離婚成立を優先(不請求型)
I	協議離婚	1年	30代前半	3歳	なし	なし	離婚前に夫の財産を取得(不請求型)
J	協議離婚	17年	30代後半	5歳 0歳	なし	なし	実家の親の助言(不請求型)

上、妻、夫という表記を用いることとする。

（2）養育費を受けている事例
①調停で取り決めたとおりの事例

　養育費を受けている3事例のなかで、支払いが安定しているのは事例Aである。妻が夫の出身地である地方での結婚生活になじめないことから離婚し、5歳と2歳の子どもをつれて、首都圏の実家に戻ったケースである。

> 　すごい私は甘い人間なもんで、家に帰ることしか考えてなかったので。結局、地方になじめなかったというか。7年間いたんですけど、年月がたてばたつほど家が恋しくなっちゃったんですよね。雪国だったものですから。私自身は田舎がなかったんです。だから性格的にはどこでもなじめるかなと思ったんですが、ちょっとそういう自然と接する暮らしをしたことがないもんで、そういう厳しさがだんだんストレスになっていって。夫も仕事が早かったり遅かったりで、全然コミュニケーションがなくなってしまったんです。そういうところから結局ストレスがたまっちゃって、何かもうふっと、子どもがこのまま巣立ったときに、2人して夫婦で向き合ったときに、背中合わせになる状態だなあって感じてしまったんです。そう思ったときに、私の人生はこんなのではたまらないって。結局、わがままなんですよね。自分のためにこの状態ではイヤだと、今ならまだ何とかなるんじゃないかということで、もう帰ろうと思って。

　この事例では、夫の暴力や借金といった典型的な離婚原因はみられない。夫婦間の紛争の度合いが低いことが、離婚時の養育費の話し合いやその後の順調な支払いに影響しているとみられる。調停離婚をしており、調停で子ども2人の養育費と慰謝料を取り決めている。インタビューで本人は慰謝料と述べているが、上記の語りにみられる離婚理由から考えて、夫が妻に慰謝料を支払わなければならないような有責事由はなく、おそらく財産分与として取り決められたものとみられる。なお、他の事例でも当事者が慰謝料と発言しているものの多くは、財産分与の意味で用いられていると思われるが、本章ではとくに必要な場合を除いて、当事者の発言のまま慰謝料という語を用いる。

うちは一応調停してもらったので、そのときに養育費も決めました。月1人3万円ということで、一応18歳の3月まで。そういうふうに決めて、慰謝料も300万円と一応決めて。ただ向こうが経済的に力がないので、養育費は3万円と3万円〈子ども2人〉の6万円で、慰謝料が、調停委員の人にこんな分割の仕方は聞いたことがないと言われたのですが、1万いくらずつ、養育費が終わっても払い続けるという。

　この事例の慰謝料と養育費の取り決め内容をみると、養育費の月6万円を優先して、その余力で慰謝料を支払う形となっており、双方が養育費を優先して取り決めているのがわかる。妻の発言からは、慰謝料の支払いに執着している様子はみられない。また、養育費の金額は、夫の支払能力に即した額に決めており、離婚後、夫は毎月払い続けている。

　養育費も上の子が18歳までだったんですけど、そのときの証書というかコピーを私はもらったんですけど、向こうはもらわなかったので忘れていたみたいで、20歳までくれたんですよね。18歳過ぎても入ったから、毎月「あっ、あっ」と思って。20歳までと向こうは勘違いしたみたいで入れてくれたんですよ。得したんです。20歳の誕生月でなくなってしまったので、「あと2年大学が終わるまで」と思ったんですけれど。今つくづく、調停とかで決めるときは、月々の額プラス小学校へ上がったらいくら、中学校に上がったらいくらって段階をつけるべきだと思います。一律じゃなくて。ちっちゃいうちは安くてもいいですけど、中学・高校ましてや大学とかいうと、高校も私立とか行ったら公立とは一桁ちがいますから、絶対に段階をつけるべきだと。学生の間は欲しいですよ、本当に。

　夫はこれまで15年間、養育費を確実に支払っており、本人が支払期限と認識していた20歳の誕生月まで支払義務を果たしている。妻も「ずっと払い続けてくれていることには、本当に感謝しています」と語っている。調停委員を交えての話し合いで双方が納得した形で合意し、正式な取り決めとすることで、父親にもそのことが重く受け止められ、完全な履行につながっているものと思われる。
　ただし、この事例では子どもが大学に入学しており、20歳に達した後も子どもに教育費が必要であることに変わりはない。そして、夫はそのことを知って

いるが、養育費の支払いを継続する必要があるのかないのか、母親に確認することもなく取り決めた終期で支払いを止めている。たしかに夫は養育費の支払義務を完全に果たしているが、一般の金銭債務と同じような認識で支払っているようにみえる。また、妻も子どもが大学を卒業まで支払いを継続して欲しいと考えているが、子どもを介して、間接的に祝い金などの形で援助を受けようとするのみである。

　　父親は父親、向こうの両親とは両親ということで、〈子どもは〉つき合いはあるんです。ちょっと遠いのでそんなにしょっちゅうは行けないんですけど、娘が高校を卒業して下の子が中学を卒業したときに、春休みに行ったりとか。離婚というのは向こうと私だけの問題で子どもには一切関係ないことなので、それは今でも続いています。私は一切もう電話も何もしていないんですけど。行くときは子どもたちだけで行ってきなということで。大学に入ったときには娘に、「お金がかかる」と入学金の案内を持って行けと言って。そしたら入学祝い金を持って帰ってきましたね。

　本来、子どもの扶養の必要度に応じて、妻は夫に対して養育費の変額を要求することができる。しかし、そのような働きかけは行われていない。すでに妻は夫と電話で話すことも断っており、夫には直接関与したくない、ということである。この事例は養育費の取り決めも支払いも順調なケースであるが、父親にも母親にも子どもの状況を考慮して養育費を調整するなどの積極的な姿勢はみられない。

②強制執行の事例
　養育費を受けている事例Ｂは、強制執行が功を奏したケースである。妻は、「いろいろな戦いの末、今はもらっています」と語っている。この事例は協議離婚で、離婚原因は夫の事業の失敗による多額の借金と女性問題である。養育費の取り決めを正式に行ったのは、離婚１年後である。

　　取り決めしたのが、別れてから１年後だったんですよ。何かどうも「やばいな、これは途中でくれなくなるかもしれない」というのがあって、１年後に一応決め

た証文があるんですけども。やっぱり向こうも途中で彼女との間に子どもができてしまったんです。そうしたらいきなりパタッと、なくなっちゃって。で、「どうしたのよ」って。私には結婚したとかも全然報告がなかったし、そのときは知らなかったんです。「払えない」の一点張りなんですよ。そしたらいきなり向こうの奥さんが〈電話に〉かわって、「こっちは子どもがいてどうのこうの」としゃべり始めて。そこで初めて知ったんです。「払えないって言ったら払えないのよ、ひどいことを言わないで」と向こう〈夫の現在の妻〉から言われたんです。「ひどいのはどっちよ。産まれたのはこっちが先なんだけど」とか言っちゃって。

　この事例では、口約束で取り決めた養育費が支払われていたが、不安を持った妻の主導で、離婚１年後に正式な取り決めが行われている。それは、妻が夫の再婚を知る前であったが、結局、取り決めてからすぐに養育費の支払いは止まっている。この事例では、取り決めを公正証書にしておいたことがポイントで、これによりその後の強制執行が可能となっている。

　〈公正証書を〉作ったらすぐ来なくなっちゃって。勘が当たったんですね、きっと。それでしょうがないので、どこへ勤めているというのはわかりましたので、もう会社に連絡しちゃいました。お手紙で書いちゃいました。こうこうこういうわけでということを。行きましたよ。書類を持って、家庭裁判所でしたっけ。それで給与差押えの手続をしました。調べに調べまくって、どうやるんだとかって。彼も結構大手の会社に入っていたんで、何かあったらヤバイと思ったらしくて、今はきちんと払ってくれているんですけども、取り決めた金額よりは随分減らされました。少なめでお願いしますという感じで、１ヵ月でも滞ったら元の金額に戻していいからと。それも口約束なんですけどね。

　公正証書にしておいたことに加えて、妻が夫の勤務先の情報を得ていたことが給与差押えを可能にしている。この事例の夫婦は学生時代からの知り合いで、しかも、妻は夫と同じ業界で仕事をしており、相手の情報を得やすかったとみられる。一度の差押えの後、夫は支払いを再開しているが、それには夫の側の事情がある。夫は離婚前に事業に失敗した経験があり、再婚後の妻子の扶養もあることから、現在勤めている大手企業を辞めるわけにはいかない。再度、差押えを受けると、会社に居づらくなると考えたとみられる。

また、強制執行の後も、両者はコミュニケーションをとれる関係にあり、再開された支払いについて、妻は養育費の減額に応じている。このような交渉が成立している背景には、妻の経済事情がある。妻は会社勤めではなく個人で仕事を請け負う形であるが、業界の不況の影響で受注が減り、収入も不安定となっている。実家からの援助も受けていないため、低額でも毎月の養育費は重要な収入源である。強制執行を行ったのも、「戦わないと私のほうもやっていけないので」「帰るところがないので」という事情によるものである。このように、事例Bは強制執行による養育費の確保が成功したケースであるが、それは公正証書の作成、離婚後もコミュニケーションが可能な関係、双方の経済状況（会社を辞められない夫と減額に応じざるをない妻）という、この事例特有の事情が重なったことによるものである。

③口約束の事例

養育費を受けている3事例のうち、今後の支払いに不安があるのは事例Cである。夫の傲慢な態度や夫の両親との同居による妻のストレスから、離婚に至っている事例である。インタビューのなかで、妻は「私はもうほとんど奴隷みたいな」「お手伝いさんみたいな」「〈夫の〉実家に私が居候で入っているみたいな」生活であったと振り返っている。

養育費の取り決めは口約束だが、その前に子どもの引き取りで争いとなり、結局、妻が子どもを引き取る代わりに、夫に子どもとの面接交渉を認める形で話し合いがまとまっている。

> 別れるまでは全然子どもの面倒とかをみない人だったんですけど、別れるっていう話をし出すと「おれも父親だ」って。自分勝手な人だった。それで結局別れるときに、月に1度は子どもに会わせるという条件付きで、私に子どもを渡してもらったという形なので、今も別れてからずっと月に1度、金曜日の夜に迎えに来て、それで日曜日の夜につれてくる。私自身はもう完全に全く赤の他人になりたくて、絶対もう二度と話もしたくないし、顔も見たくないし、存在自体もいらないっていうか。でも子どもにとっては父親なので、私の気持ちで子どもから父親を取りあげてしまってはいけないので。私自身はおもしろくないんですけど。

第Ⅱ部　養育費問題

　妻側は子どもを引き取り、夫との関係は一切断ち切りたいと考えていたが、子どもにとっての父親という存在を重視して、不本意ながら面接交渉を認めている。このような子どもの引き取りをめぐるやりとりのなかで、養育費の取り決めも行われている。

　　　取り決めっていうか口約束です。「いくら欲しいんだ」って言うから、「じゃあ、いくらなら払えるの」っていう話で。それで「じゃあ、これだけ」って言われて。いいかげんな人なので、多分そのうちこじつけを出してきて「いま仕事がないから」とか「給料が減っちゃったから」とかって、きっとそのうち振り込みもなくなるんじゃないかなと思っているんですけど。口がうまいので、「子どもが進学するときには、言ってくれれば助けるからね」なんて言うけど、実際そのときになったら「知らない」ってきっと言うんだろうなって思ってはいますけど。ただそう言われても、それだけの人だともうわかっちゃってるんで、多分くれないだろうなっていう感じで今は思っているんで。というか私がそのときのためにお金を貯めなきゃいけないと思って、一生懸命お金を貯めたりはしていますけど。もう〈養育費が〉振り込まれなくなったら、子どもに会わせるのもやめようかなって。そうしたら縁が切れるからいいかなとは思っているんです。ただ、子どもの意思を尊重してあげたくて。今はうちにいるより向こうに行っているほうが楽しくて、帰ってくるのが嫌だとか言い始めているらしいんですよ。

　養育費の取り決め方は、どちらかというと場当たり的に行われたもので、金額の決定についても合理性を欠いている。この事例では夫も妻も、養育費を面接交渉の対価とみなしており、親の扶養義務とはとらえていない。離婚後１年半しか経っておらず、現在は面接交渉が確実に実行されていることから、養育費の支払いも続いているが、今後の状況の変化によっては、支払いが止まることも考えられる。たとえば、子どもの拒否によって面接交渉が行われなくなったり、あるいは、父親が再婚して面接交渉を行わなくなったりすると、養育費の必要性に変化がなくても、支払われなくなる可能性はある。妻も夫を信頼しておらず、養育費の支払いはいずれ止まると予想している。しかし、妻は本心では面接交渉を望んでいないため、支払いが止まることに危機感は持っていない。むしろ、夫と絶縁できる可能性に期待しているようでもある。

　よって、この事例では今後、養育費が支払われなくなっても、妻が支払いを

請求することはないとみられる。それは、夫との関係を切りたいということ以外に、妻の経済状況も関係している。妻は専門職の正社員として安定した収入を得ており、養育費がなくても生活に支障はない。この点は、支払いが止まったことで強制執行をした事例Bとは事情が異なる。両事例を比較すると、支払われなくなったときに、督促や強制執行に向かうか、そのまま受けないことになるかについては、養育費の必要性の度合いと離婚後の夫と妻の関係性が大きく影響しているといえる。

（3）養育費を受けていない事例

つぎに、養育費を受けていない7事例についてみてみたい。これらはいずれも、取り決め自体がなされていない。離婚時に養育費について話し合ったがまとまらなかった事例（不調型）は、事例D、事例Eの2事例で、前者は妻が拒否した事例、後者は夫が拒否した事例である。残りの5事例のうち、事例Fと事例Gの2事例は養育費が他の離婚条件と取引された事例（取引型）で、前者は親権との取引事例、後者は家賃との取引事例である。事例H、事例I、事例Jの3事例は相手と取引する形ではなく、はじめから妻が養育費を請求していない事例（不請求型）である。事例Hは早期の離婚成立を優先させた事例、事例Iは離婚前に夫の財産を取得しておいた事例、事例Jは実家の親の勧めで請求しなかった事例である。

①妻が拒否した事例（不調型）

事例Dは、夫からの養育費の申し出について妻の側が拒否した事例である。そもそも、夫婦の離婚原因は夫が働かないことに妻が愛想をつかしたというものである。

> 出産するまでうち（妻の実家）にダンナも同居していたんです。子どもが生まれて、ダンナの実家に入ったんです。でもうまくいかないというか、働かなくなってしまったので、お金が入れられないんです。ミルクもおむつも買えなくて、仕方なしに私は実家に戻ったんです。「その間に仕事をしてね」と言ったんですけど、毎日飲みに行って朝帰って来て、「仕事がない、ない」と言って飲みに行く生活が続いたんでね。1年間、結局動かずだったので、離婚しました。

この事例の夫婦は、婚姻中から双方の実家に依存した生活をしており、経済的に自立できていない。妻は夫に働くことを求めているが、夫は働こうとせず、夫は自分の親から小遣いを受けている。そのような状態の夫だが、離婚直前に養育費の支払いを申し出ている。しかし、それは父親としての責任感によるものではなく、子どもに会いたいために思いつきで言い出したようなものである。

> 月1万円養育費を払うから、毎週〈子どもに〉会わせろと言われたんですね。1万円だったら悪いけど、内職で私が稼げますから。離婚届を出しにいくときにも、区役所でずっとそれを。「1万円払うから」って。「2週に1回でいいから」「月に1回でいいから」と。

このように夫は養育費をあたかも子どもとの面会料のように考えている。その申し出を拒否する際、妻は金額の低さを理由にあげているが、実際には子どもに会わせたくない、という気持ちが強かったようである。

> 父親としてしっかりして欲しかったので。それを言ったつもりだったんですが、相手にはわからなかったんですね。〈子どもは父親のことは覚えていないので〉いずれ戸籍を見て、名前が書いてあるじゃないですか。子どもが見て「会いたい」と言って会ったときに、子どもの理想どおりじゃないですけど、幻滅させたくないんですね。立派になれとは言わないので、一般レベルというか。子どもには、一応、父親はいると言っています。アメリカに仕事に行っていると言っています。だから、幼稚園でも私が母子家庭だということは知らないんです、皆。「僕のパパはアメリカにいるんだよ」って言って。知らないお母さんから、「アメリカに仕事に行っているの？」と。

妻は、自分の子どもの父親として夫に幻滅している。妻の望む父親としての水準に夫は到達していないのである。それで、子どもには現実の父親ではなく、アメリカで活躍するビジネスマンという妻が理想とする父親像を与えている。養育費の申し出を断り、夫と子どもの面会を拒否したのも、他の事例でみられるような、夫にかかわりたくないという夫婦間の感情によるものではない。

たまに電話がくるんですよ。やっぱり1日も忘れたことがないって、子どものことを。「元気？」という感じで。もう昔のことなんで、私もケンカしたころのことは忘れちゃって普通に話すんですけど。「18歳までは養育費はさかのぼって請求できるみたいだから、もらうからね」と言って笑いましたけど。いずれもらえれば。

　夫は離婚後5年経っても、妻に甘えるように電話で仕事の愚痴をこぼしたり、子どもの様子を聞いたりしている。そして、妻もそれに応じており、夫との関係を断ち切ろうとする様子はみられない。また、妻は養育費の請求についての知識も得ており、子どもに会わせていなくても、夫に養育費を請求できることは知っている。現在、妻にはわずかなパート収入しかなく、子どもをつれて実家で暮らしているが、妻の父（子どもの祖父）の子どもに対する暴言などもあり、家賃さえ支払えれば実家を出て母子で暮らしたいと考えている。そうであれば、わずかでも養育費を請求して受けたほうが、生活のうえでは望ましいはずである。しかし、妻は現在のところ、養育費を請求しようとはしていない。
　こうしてみると、離婚の際に妻が養育費の申し出を拒否したのは、1万円という金額が不満だったからでもなく、夫とかかわりたくないからでもない。また、養育費を受けたら子どもに合わせなくてはならないと考えていたからでもない。妻は、養育費を受けることは夫を父親と認めることになる、とみなしているのである。よって、父親として不適格な夫からの申し出には応じないのである。

②夫が拒否した事例（不調型）
　事例Eは、離婚時に第三者を交えた話し合いがもたれているが、夫が養育費の支払いを拒否した事例である。3人の子どものうち、長男と次男を夫が引き取り、三男を妻が引き取っている。離婚時、夫は大手企業の役職についており、妻は離婚直前に就職したばかりで、両者の収入差は大きい。よって、夫にも三男に対する養育費の支払義務があるとみられるが、夫は一切の金銭給付を拒否している。この事例の離婚原因は、夫の威圧的な態度に妻が我慢できなくなったことであり、そうした夫婦の関係性が離婚時の話し合いにも反映されて

いる。

　　〈自分の〉兄に立ち会ってもらいました。〈夫からは〉慰謝料は自分がもらいたいと言われて。社宅に住んでいたので、自分のメンツもつぶれる、と。運送会社なんですが、まあまあ偉い役職だったので。自分の顔に泥を塗られたから、自分が欲しいくらいだと言っていて。

　自己中心的な夫の言い分に妻は強く抗議することもなく、養育費の請求をあきらめている。しかし、そこには夫に対する妻の意地もある。とはいえ、妻は生活費を稼ぐために、平日は派遣労働者として会社で働き、土日はコンビニエンスストアでアルバイトをしており、経済的に苦しい事情から、養育費を受けたいという心境にもなっている。

　　夫婦生活をしていたときに、ばかにされるというか、「おまえに何ができるか」って。暴力は振わないのですが、主人の両親も田舎のほうの人なので、男を立てる家庭に育ったので、主人も、女は下がって、みたいな。そうだったので、養育費は欲しいんですけど、1人でもきちんと育ててみたいなとも思います。でも、私の収入にも限りがありますし、こちらが頭を下げて、もらったほうがいいのかなと。同僚にも母子家庭がいて、私がお休みの日に働いていることを知っているので、「○○さん、もらったほうがいいよ」と言うんですが。頭を下げなければいけないということが情けないな、と。あちらに子どもが2人いても、私には養育費をもらう権利はあるんですか。

　このように妻は、結婚生活のなかで夫に見下されてきたことへの反発から、意地でも自力で育てたいと思っており、夫から金銭を受けることには抵抗がある。しかし、現実的に厳しい生活状況の中で、妻には養育費を受けたいという気持ちも生じている。子どもの扶養義務として請求してよいケースだが、妻がそうしていないのは、養育費に関する知識不足以上に、妻にとって養育費を請求することは、夫に「頭を下げること」であり、それは「情けないこと」だからである。つまり、養育費を受けることは夫へ依存すること、いいかえれば、養育費を受けないことは自分が自立していることを示すものなのである。先の

事例Dの妻は、養育費を夫の父親としての評価からみていたが、この事例Eの妻は、養育費を自分自身の評価と結びつけてとらえている。

③**親権と取引された事例（取引型）**
　事例Fは、夫が親権を主張したために、子どもを引き取りたい妻が養育費を放棄したケースである。離婚は子どもが３歳のときだが、すでに妊娠したころから夫婦関係は悪化しており、離婚時の話し合いも十分には行われていない。

> はじめは向こうが子どもをとるっていうことだった。親権は渡さないっていうことだったんですけど、「養育費も慰謝料もいらないから」って言ったら、〈夫は〉子どもを手放しました。だからそれと引きかえ。長引いちゃうし、もうイライライライラして、時間もかかるし気分があんまりよくないので。

　夫の親権の主張に、妻が養育費を断念した形だが、妻は早く離婚したいという気持ちも強く、また、インタビューのなかで「『ないものはない』という人に養育費など言っても無駄だと思った」とも話している。よって、仮に夫が親権を主張しなくても、妻が養育費を放棄した可能性も高い。その意味では、取引型というより、実質的には不請求型ともいえる。妻は養育費や財産分与のほか、自分が夫に用立てた資金の返済も求めずに離婚している。このように、妻はすべての金銭給付を放棄しているが、それは妻の実家の経済的な支えがあるからである。妻はひとりっ子で、離婚後、子どもをつれて実家に戻り、その後10年以上実家で暮らしている。数年前に妻の父親は他界しているが、経済的に困窮している様子はない。また、離婚後すぐに、子どもは妻の両親（子どもの祖父母）と養子縁組をしている。

> 私が離婚したときにある弁護士さんに相談したら、子どもを〈おじいちゃんとおばあちゃんの〉養子に入れるといいっていうことで養子に入れたんです、戸籍上。〈子どもと〉私とは、戸籍上はきょうだいなんです。それで〈子どもは〉私の父のことを父親だと思って。相手にはもう新しく家庭があるかもしれない。そのへんはわからないです。

子どもは養子縁組した祖父を父親と思って成長しており、別れた父親とは一度も会っていない。子どもは養父母である祖父母が扶養しており、別れた父親が扶養する必要もない。父親からもなんら子どもへの接近はない。妻も夫の住所は知っているが、まったく交流はない。こうしてみると、この事例は妻の実家が子どもを囲い込む形で、子どもの人生から父親の存在が消されているともいえる。よって、養育費が問題になることもない。

④家賃と取引された事例（取引型）

　事例Gは、養育費と家賃が取引された事例である。この事例は管理職であった夫が会社の負債を負い、行方不明となったという特殊なケースで、養育費の話し合い自体も十分には行われていない。

　　会社が負債を出したんです。だから、それでもうブラックリストに載ってしまって。事業のあれで離婚という、嫌いでいがみ合って別れたわけじゃないから。ただ、どうしようもなく。結局いなくなってしまった状況なんですけど。全然連絡もとれなくて、携帯もつながらない、会社もわからない。住所もいまだに知らないくらい。自分の負債のために、やくざも結構大挙して来るから、私たちに迷惑かけちゃいけないっていうことで、自分1人で出ていったんです。

　妻は約1年間、夫の携帯に「絶対離婚したくない」というメールを送り続けたが、夫からは「本当に別れたほうがいい」「〈離婚届に〉ハンコを押してくれ」という返信メールが届くばかりで、結局、妻の気持ちも夫から遠ざかり、離婚に至っている。夫の支払能力に問題があることは妻も承知しており、母子が住む民間住宅の家賃を夫が支払うことを条件に離婚している。

　　住宅のほうは向こうが出してくれるってことに話し合いで。そのかわり養育費は一切出てないんです。あと、別れるときの慰謝料とかは一切もらわないで、ただ住むところの家賃を出してくれるっていうことで別れたんです。離婚のときに、最初家賃を払ってくれるっていう条件で出たんですけど、あとすごい滞納がいっぱい出てきたんですよ。通知が来て、電話が来たときに初めて知るんですよ。「ああ、これも払ってなかったんだ」って。結構そういうのが、保険料とかたくさん出てきて、今までの貯金を取り崩しちゃったんですよ、それで。今回やっぱ

第3章　戦後日本の実態

り〈子どもの〉受験のとき大変だった。それはもうびっくりして。国民保険が滞納になってたんですよ。その金額がすごい莫大なものなんです。もう払えなくて、どうにもこうにも動けない。月々払っても払えないぐらいの金額だったので、とりあえず区役所に相談しようってことになって。

　夫からの支払いとして取り決めた唯一のものが、なぜ養育費ではなく家賃なのか、その理由は明らかではない。しかし、子どもに限定した費用ではなく、妻子の生活を支える住宅費用を定めている点からは、妻への慰謝料・財産分与、あるいは離婚後の配偶者扶養料という意味が込められているようにみえる。そうすると、この事例は養育費と妻への離婚給付との取引ともいえる。ただし、実際に家賃は支払われていない。それどころか、それまでの公共料金や社会保険料の多額の滞納があり、妻はその返済に追われている。
　このように、この事例は明らかに夫の支払能力に問題があり、取り決めても支払われない可能性が高いといえる。そこで注目されるのは、このような限界的な状況の中で、当事者が離婚条件として何を決定したのか、という点である。離婚当事者が最も重視した事項が選択されたと考えられるからである。そうすると、この事例の場合、父親の義務としての養育費より、妻への離婚給付を含めた妻子の扶養が重視されたということになる。

⑤妻が離婚成立を優先した事例（不請求型）
　事例Ｈは、長年の夫の暴力に耐えかねて、「命の安全を得るのが一番、もう出なきゃ」ということで、子どもをつれて荷物ひとつで地方から上京し、離婚したケースである。直接的な離婚原因は夫の暴力だが、依存的な夫を支え続けることに妻が我慢できなくなったという要因もある。

　　収入も常に私の方が多いし、子育てに手を出さないし、近所づきあいはまるでやらないし、親戚づきあいも学校も何もやらないんだから、それを全部自分でやってきた。家も〈私が〉買いました。

　妻は20年以上の結婚生活の中で、何度も離婚を考えては思い直している。し

89

かし結局、夫への期待は裏切られ、「自分が相手にできることは全部やっちゃった」という心境に達し、離婚している。離婚は裁判になっているが、妻は養育費を請求していない。

> うちは離婚そのものが裁判離婚だったんです。調停とかはもう不調で。だから〈地方から〉出てきて2年にはなったけども、実際に離婚ができたのは去年なんです。離婚調停に出てこないんだもの、向こうが。それで結局、〈裁判をして〉親権もこっちで全部できた。そのかわり養育費も慰謝料も何もありません。いや、ないっていうか請求しなかった。それが一番早く決着つけられる。そう。早く他人になりたかった。

離婚までの経緯をみると、調停は夫が出席しないため不調に終わり、妻は弁護士をたてて裁判離婚を申し立てている。夫も弁護士を依頼したが辞任され、結局、夫側は本人も弁護人も出席せず、離婚が成立している。こうした夫の態度からも、話し合いができる状況ではなかったといえる。妻は、「話になるぐらいだったら、離婚なんかしなくてすんだかも」と話している。

妻は養育費を含めてすべての金銭給付を放棄しており、妻の稼ぎで購入し、夫婦の共有名義となっている自宅の権利も主張していない。このように自分が形成した財産の清算まで含めて一切を放棄しているのは、早く離婚して夫から自由になりたいからであり、結婚生活のすべてと決別したいからである。夫は収入が低いとはいえ、養育費の支払能力はある。というのも、夫は離婚後も妻が購入した自宅に住み続け、残りの住宅ローンを支払っているのである。妻もそのことを銀行に確認して知っている。しかし、養育費を請求しようとはしていない。他方、妻は子どもには父親との交流をすすめている。

> 「いつでも会いたきゃ、会いに行っていいよ」〈と子どもに言っている〉。それ〈離婚〉は、私たちの問題であって、子どもにはやっぱり父親であるというのは、これはもうどうすることもできないことだし、慰謝料や養育費も払わないような人であっても、それはあなたの父親なんだから…しょうがないわけです。私はいつもそう言っているんだけど〈子どもは〉父親に会いたいとは言わないです。

「養育費を払わないような人でも」と発言していることからもわかるとおり、

妻は夫に養育費の支払義務があることを認識している。それでも養育費を請求していないのは、夫との関係を完全に切断したいからである。こうして自分の人生から夫の存在を排除しようとしているのだが、子どもの父親としての夫の存在は認めており、子どもが父親に会うことには寛容である。それは、すでに子どもは中学生であり、子どもが父親と会うことは、自分がかかわらなくても可能だからである。

⑥離婚前に妻が夫の財産を取得した事例（不請求型）

　事例Ｉも十分な話し合いがなく、妻は養育費を請求していない。この事例でも事例Ｈ同様、夫は妻に経済的に依存している。

　　　仕事を辞めちゃったんです。私に何も言わずに。何かいろいろごたごたが社内で起きたらしくて。もう、私が社長に頭下げに行ったりだとかいろいろして。その前に主人の母が亡くなったんですね。それで精神的におかしくなっちゃったりとか。でも、私には何も一言も言わないで会社をすぱっと辞めちゃった。おまえは働いておれは家に入るって言われたんです。もう辞めた時点で開き直っちゃったんです。もう仕事も探さないし、ずっと家にいて、掃除洗濯、家事をやってるんですよ。ちょっと待て。ヒモは勘弁だぞと。

　こうした夫の態度に愛想をつかした妻は、離婚を決意し、別居している。そして、別居中に着々と夫の財産を自分名義に移しかえた後、離婚を申し出ている。

　　　預金とかそういったものも一切〈夫に〉伏せといて、あなたからはいらないからとかいうような形にして。知らない間に全部名義を変えたんですよ。で、自分のほうに全部わけて入れて、わからないようにして、「これしかない」って。あと残ってる分は渡して。

　こうして事実上、財産分与を先に取得するような形で、養育費も請求せずに離婚している。子どもの監護に関しても、「私が産んだんだから私が責任をとります」と言い渡して、子どもを引き取っている。養育費も財産分与も一切請

求しないという条件を提示するほうが、離婚がスムーズに進むことを見越した妻の戦略的行動といえる。妻がこのような行動をとったのは、結婚生活のなかで、夫の意思や能力を熟知したうえで、夫に養育費の支払いを期待することはできないと確信していたからである。見方を変えれば、この事例は妻が、養育費の不払いによる子どもの不利益を未然に防御した事例と考えることもできる。

⑦実家の親の助言で請求しなかった事例（不請求型）

　事例 J も不請求型の上記２事例と同じく、夫が妻に依存的である。妻は子どもの看病のために５年間病院に付き添っていたが、「子どもを放って、俺の面倒をみに帰ってくれ」という夫に見切りをつけて離婚した事例である。養育費については、当初、妻は請求する考えも持っていたが、自分の父親からの助言を受けて請求していない。

　　　〈養育費は〉なかったですね。慰謝料もなかったし。私は〈養育費を要求〉したかったですけどね。でも実家の父が「いろんなものを書いてもらったって紙は紙だから、さっぱりと自立しろよ」と。「証文を書いてもらって、ただの証文だったらもっと悔しいだろ」と。「なきゃあ頑張るだろう、お前」という感じです。そこからゼロのほうがいいかなと思いまして。

　離婚にあたり、地方に住む妻の両親は娘が子どもをつれて実家に戻ってくるものと考えており、離婚後は自分たちが娘と孫を扶養するつもりでいた。よって、親として、娘が夫との関係をすべて切って、早く離婚したほうが良いと考えて、このような助言をしたものとみられる。しかし、妻は実家に帰るつもりはなく、助言をきっかけに自分自身を奮起させ、養育費を含む一切の金銭的請求を行わずに離婚している。結局、離婚後も妻は実家に帰っていない。また、この事例では養育費は受けていないが、子どもと父親との交流は長期間続いている。

　　　夫婦が別れたのであって、子どもたちの父親はあくまで一生父親だと思っていますので、つき合いはさせています。相手も結婚していませんので、連休で寂しいときなどは、「貸しますよ」と。「貸し出ししますけど、帰りにはちょっとお小

遣いを」と。「〈小遣いが〉ついてこなければ次は貸しませんよ」と。だから「親戚の結婚式とか何か催し物があって、男として立ててほしいときには、いくらでも貸し出ししますよ。ただ手ぶらは困ります」と、それぐらいは言っています。ですからいい父親関係はしていられると思います。

　妻は離婚後2年間、生活保護を受給しており、養育費の必要性は高かったはずである。夫は再婚しておらず、支払能力もあるとみられ、請求すれば支払いが実現したケースである。妻は生活保護受給中に現業の公務員の採用試験に合格し、その後は経済的に困窮していないが、離婚後17年間、養育費は支払われないままである。この間、父と子の交流は続いており、夫も子どもが進学し教育費がかかることは知っているはずだが、子どもに小遣いを渡す程度である。妻から養育費を請求することもなければ、夫から支払いを申し出ることもない。上記のやりとりのように、妻も夫も電話で話す程度の関係は維持しているが、養育費によってそれ以上の関係性を持つことは拒否しているようにみえる。

4　養育費に対する認識の問題

(1) 取り決められない・支払われない養育費

　以上、本章では統計と事例から養育費の実態についてみてきた。統計から、全体的な取り決め状況と受け取り状況をみると、いずれについても調停・審判離婚に比べて、協議離婚では低調となっている。取り決め率は、調停・審判離婚では現在8割を超えるが、協議離婚では3割程度でしかない。ただし、調停離婚についても時代をさかのぼってみると、1950年代はほとんど取り決められておらず、その後徐々に取り決めが進んできたものである。このように家庭裁判所での離婚についても、長い年数をかけてようやく現在の取り決め水準に達したという実情をみると、社会全体の養育費に対する認識はかなり低いものと考えられる。

　取り決め率に比べて、養育費の受給率はさらに低く、現在も2割程度である。とくに協議離婚では、歴史的にみても、戦後から1960年代初めまではほとんど養育費が支払われておらず、その後も状況が急激に変わるということはなく、

現在も低い水準である。また、調停離婚でも定めたとおりに支払われるとは限らず、現在でも約半数程度は不履行となっている。協議離婚であれ、調停離婚であれ、取り決めても支払われないケースは多く、また、支払われていてもいずれ支払われなくなる傾向も強まってきている。そして、養育費が支払われないのは、父親の支払能力だけでなく、支払意思がないことも大きく影響している。いうまでもなく、親が無責任な態度で、子どもの扶養が実現されないという状況は問題である。

　また、実際の離婚事例からは、養育費の取り決め過程に着目してみたが、取り決めがなされた事例も、取り決めに至るまでの経緯や取り決めの時期はそれぞれである。不払いになることを予感した妻の主導で離婚1年後に公正証書を作成した例や、子の引き取りや面会の議論のなかで場当たり的に口約束がなされた例など、十分な話し合いのもとに決定されたとはいえない例もある。また、離婚調停で双方合意のもとに行われた事例であっても、話し合いはその1度きりで、大学進学などで子どもの状況に変化があっても、養育費の取り決めを見直す話し合いは行われていない。

　取り決めがなされていない事例も一様ではない。本章の分析事例では、妻が夫の申し出を拒否、あるいは夫が請求を拒否するという「不調型」、養育費を親権や家賃と取引する「取引型」、あえて妻側から養育費を請求しない「不請求型」がみられた。本来、父親は子どもを扶養する義務を負っているのであり、たとえ父親に養育費を支払う能力や意思が欠けていたとしても、話し合いを不調のまま終えたり、養育費を他の事項と取引をしたり、そもそも請求しなかったりということは問題である。しかし、個々の事例をみると、妻が養育費に無関心だったわけではない。養育費を取り決めないまま離婚に至っているのは、結婚生活のなかで夫の意思と能力を見極めた妻たちの、現実的な選択の結果である。これらの事例の多くは、夫が安定した就労収入を得ていなかったり、精神的に未熟で妻に依存的であったりで、離婚前から主として夫ではなく妻のほうが子どもを扶養している。ただし、このような事情は、養育費を取り決めた事例にもみられ、それが取り決めない要因とはいいきれない。

　本章で取りあげた事例では、養育費の支払いのある事例には取り決めがあり、支払いのない事例には取り決め自体がなく、取り決めが支払状況に直結してい

た。しかし、取り決めた事例と取り決めなかった事例を詳細にみても、前者でとくに養育費が重視され、後者で軽視されているといったことはなく、養育費の扱われ方に軽重はない。

（２）母親の養育費に対する認識

　取り決め過程の検討からみえてくるのは、そもそも養育費がどのようなものとしてとらえられているか、という点が事例により異なっているということである。各事例の養育費の扱いは、養育費を請求する側である母親の養育費に対する認識がもとになって決まってくる。

　母親の養育費に対する認識は、大きく３つのタイプにわけられる。１つのタイプは、養育費を「母子の生活費」としてとらえるものである。事例G、事例B、事例I、事例Fがこれにあたる。このタイプの場合は、生活費として養育費が必要であるかどうか、という点から養育費への対処がなされる。生活費として必要性が高いとみなしながら、夫に支払能力がなく取り決められなかったのが事例Gである。生活費としての必要性が高いとみて、離婚後と離婚前に対処したのがそれぞれ事例Bと事例Iで、離婚後に強制執行をしたのが事例B、離婚前に夫の財産を取得したのが事例Iである。逆に、生活費としての養育費の必要性は低いとみなし、取り決めなかったのが実家に資力のある事例Fである。これらの事例では、親の扶養義務や子どもの扶養を受ける権利としてではなく、離婚後の生活という現実問題から養育費がとらえられ、母親側の経済事情で養育費の扱いは決まっている。

　２つ目のタイプは、養育費を母子の生活費や扶養料といった金銭給付という視点からではなく、「夫や妻の評価の指標」ととらえているものである。事例D、事例E、事例Jがこれにあたる。このタイプの場合は、養育費の申し出を受けるか拒否するか、養育費を請求するかしないか、という判断が、相手に対する評価や自分自身の評価と結びついている。事例Dは、養育費を父親としての夫の評価を示すものととらえている。それで、養育費を受け取ることは、夫を子どもの父親として認めることになるとの認識から、養育費の申し出を拒否している。また、事例Eと事例Jは養育費を自分自身の評価を示すもの、すなわち、養育費を受けることは夫に依存することであり、養育費を受けない

ことは自立の証ととらえられている。こうした認識のもとで、事例Eは見下されてきた夫への意地から、養育費を受けない決意で離婚している。また、事例Jは親族の助言をきっかけに、養育費を受けないことを自立のばねにしようとして、養育費を請求せずに離婚している。

3つ目のタイプは、養育費を父親の扶養義務として認識しているものの、それ以上に、「自分と夫とのかかわり」ととらえているものである。事例H、事例C、事例Aがこれにあたる。事例Hは暴力をふるう夫とは早く離婚し、以後も関係を持ちたくないために養育費を請求していない。事例Cと事例Aは養育費が支払われているが、事例Cは支払いが止まり、夫と自分の関係が切れることを期待している。また、事例Aは夫とかかわりたくないために、養育費の支払いの延長を申し入れていない。いずれも、養育費を通じて夫が自分の人生にかかわってくることを拒否したいとの考えが強い。ただし、これらの3事例はいずれも子どもにとっての父親の存在は重視しており、子どもが父親と会うことは認めている。それは、養育費は自分にもかかわりが生じるが、父と子の交流は自分がかかわらなくても可能だからである。つまり、養育費の問題は自分と夫の二者関係でとらえざるを得ないが、父子交流は子どもと夫の二者関係で完結しうるということである。

こうしてみると、養育費は父親の子どもに対する扶養義務であり、養育費を受けることは子どもの権利の実現である、という視点でとらえている事例はひとつもない。厳密にいえば、父親だけでなく、子どもを養育する母親にも養育費に対する認識が十分でないということである。しかし、それはこれらの離婚した母親だけに限ったことではない。養育費の取り決めや支払いに対する社会的関心の低さや制度の不備、さらに不払いに対する社会の寛容な雰囲気は、社会全体にわたって養育費に対する認識が低いことを意味している。つまり、養育費に関する社会規範が確立していない、ということである。そう考えると、社会規範の基礎をなす民法に養育費の明文規定がなされていない、ということが根本的な問題として浮かびあがってくる。

注
1） 戸籍法の76条1項の規定による。

第3章　戦後日本の実態

2) 親権者以外の記載事項については、戸籍法76条2項で「その他法務省令で定める事項」となっており、具体的には、戸籍法施行規則の57条に「離婚届出事項」として定められている。
3) 筆者も同じ趣旨の指摘を行ったことがある（下夷 1989）。
4) 1966年と1967年については、『司法統計年報』の該当する表の注に、総数のうち妻が支払う件数が記載されている。これを用いて、支払いを取り決めたケースに占める妻が支払うケースの割合を計算すると、1966年は5.3％、1967年は5.1％となる。1968年以降は不明だが、1968年から1975年についてもほとんどは夫が支払うケースとみなされる。
5) 家庭裁判所は1949年に設置されている。その前身の家事審判所は1948年に設置されている。
6) しかも、取り決めたもののなかで、それを文書にしているのは3分の2程度で、その文書自体も法的な効力を持つ公正証書とは限らない。
7) 具体的な計算方法は、表の注に示したとおりだが、これはやや高めの算定額となる方法である。
8) それ以前の調査のなかには、収入源の選択肢に「親、親戚、知人等の仕送り」や「仕送り」という選択肢があったり、「学費または養育費の仕送りの有無」という項目に「親族の援助」の選択肢があったりするが、いずれにおいても父親からの養育費を把握することはできない。
9) 受けている養育費の1件あたりの平均額は、1998年は5万3,200円、2003年は4万4,660円、2006年は4万2,008円である。先にみた、調停・審判離婚の取り決め平均額より、低めの金額となっている。なお、近年、平均額が下がってきているが、勤労者世帯の世帯主収入も下がってきていることから、こうした経済情勢が反映されたものとみられる。
10) 日本労働研究機構が2001年に全国の母子世帯を対象に実施したアンケート調査でも、離婚母子世帯1,199世帯のうち、子の父からの養育費が世帯収入に含まれる割合は21.8％となっている（日本労働研究機構編 2003：46, 426-7）。
11) 「人口動態統計社会経済面調査」は、出生、死亡、婚姻など人口動態事象について、1962年から毎年テーマを定めて実施されているが、離婚については、1968年、1978年、1997年の3回しか実施されていない。1997年調査は「離婚家庭の子ども」をテーマに離婚後の生活状況に関する詳細な調査がなされているが、養育費については「離婚後に定期的に取得する金銭（養育費を含む）」という形で把握されているのがほとんどである。それには離婚後の財産分与の分割払や妻に対する扶養料なども含まれており、養育費を区別して把握することができない。
12) 割合は、1968年度と1978年度のそれぞれの調査報告書に掲載されている統計表の実数から算出した。なお、1978年度の『人口動態社会経済面調査報告』では、図2.20「妻が未成年の子どもをひきとった場合の養育費の出所別分布」

として、1968年度と1978年度の養育費の出所の割合を示した円グラフが掲載されているが、図中に示されている割合の数値は、どちらの年度も報告書に掲載されている統計表の実数と合っていない。他の統計表の数値から勘案し、円グラフの数値に問題があるとみなし、本章では統計表の数値を用いている。

13) 調査はNPO法人・しんぐるまざあず・ふぉーらむが2005年8月から10月に会員、元会員に対して実施したアンケート調査である。養育費の取り決めをしていると回答したのは156人で、離婚・非婚回答者287人の60％である。詳しくは、しんぐるまざあず・ふぉーらむ（2006）を参照されたい。

14) 調査は、2003年10月から11月に、首都圏在住の母子世帯の母親16人と父子世帯の父親9人の合計25人を9グループ（母子と父子別に1グループ3人程度）にわけて、東京都内の大学会議室で実施された。1グループの平均時間は約2時間である。グループ・インタビューは、司会者により調査の柱となる項目にそって進められたが、グループの雰囲気や出席者の自由な発言を尊重して行われたため、養育費について多く語られたグループとそうでないグループがある。本章では、離婚母子世帯の事例のうち、養育費について語られたと筆者が判断した10事例を取りあげた。分析は筆者の責任において行ったものであり、研究会としての見解ではない。なお、家族政策研究会は、主任研究者・庄司洋子、委員・石田浩、藤原千沙、湯澤直美、下夷美幸からなる。調査は2003年度厚生労働科学研究費補助金（子ども家庭総合研究）を得て行われた。調査結果全体については、『ひとり親家族の自立支援施策のあり方に関する実証的研究2003年度報告書』（2003年度厚生労働科学研究費補助事業・子ども家庭総合研究事業）にまとめられている。

第 4 章

「離婚後の子の監護」規定の歴史的変遷

1 明治初期の慣習

　日本の養育費問題の根底には、養育費に関する社会規範が確立していない、ということがある。社会規範の基礎となるのは法律であり、離婚後の養育費の支払義務については民法ということになる。しかし、日本の現行民法にはその明文規定がない[1]。現行民法は第二次世界大戦の終戦後、戦前の明治民法を抜本的に改正して成立したものである。その明治民法は、施行されなかった旧民法が改正されたものである。さらに、旧民法が成立するまでにはいくつもの草案が作られている。いったい、これまでの日本の民法の歴史のなかで、法は離婚後の養育費にどれだけの関心を払ってきたのだろうか。本章では明治初期の旧民法の編纂過程までさかのぼって、法の態度を検証してみたい。
　その前に、民法編纂の作業が始まる明治初期、離婚についての法律が存在していないなかで[2]、実際に離婚後の子の監護はどのようになっていたのか、1877（明治10）年の『民事慣例類集』と1880（明治13）年の『全国民事慣例類集』からみてみよう[3]。このふたつの慣例類集は司法省が、民法編纂の材料にするために、広く全国の慣習を集めて上辞したものである（青山・有地編1989:19）。なお、以下、引用部分の下線は筆者によるものである。
　『全国民事慣例類集』の「財産分割子女養育」の冒頭には、離婚後の子の監護について「男児ハ夫ニ付シ女子ハ婦ニ付シテ養育スルノ義務アルコト一般ノ通例ナリ」とある。これに従えば、一般的には男児は夫、女児は妻ということで、夫婦それぞれが子どもを引き取って監護していたということになる。このように子どもを双方でわけている場合の養育費については、唯一、「養育ノ手

当等ハ其ノ時親類媒介人等ノ所分ニアリ（信濃国佐久郡）」という例がある。つまり、養育費は離婚の際に親族等の媒介人によって決められる、ということである。たしかに、慣例類集には結婚の媒介人が離婚時には夫側と妻側の条件の調整を任務としていた例が記載されており、そのような媒介人による一種の離婚調停のなかで子どもの監護者や養育費の負担も決められていた、とみることもできる。ただし、このようにケースごとに養育費を決定する慣例が他の地方にもあったのかどうか、明らかではない。

上記のような男児と女児をわける場合は、夫と妻それぞれが子を養育することから、養育費の負担が問題になりえなかったとも考えられる。というのも、「婦ヘ付セシ子ハ其夫タリシ者終身子視セサルコトニテ、其子ノ身上総テ婦タリシ者ノ存意ニ任スコトナリ（相模国鎌倉郡）」という例があり、当時の離婚においては、いったん妻方に渡した子どもと父親はその後一切、関係を持つことはなかったと推測されるからである。離婚により親子関係を完全に断絶するというのであれば、別れた親が子どもの養育費を負担するとは考えにくい。

慣例類集には、男児と女児をわけるのとは異なる例も多数集められている。そのなかでは、「子はすべて夫方」が監護する例が多くみられるが、その場合の養育費負担について記載されている例はない。当時は妻が子をおいて家を出る、という形での離婚が多いとみられ、夫の家が子どもの扶養責任を果たしていたと考えられる。

また、このような「子はすべて夫方」という慣習のもとで、例外的に妻方が子を監護する例もある。そのひとつのパターンは、一時的な監護で、主に子どもが乳幼児の場合に妻方が養育するものである。このような場合には、夫から妻へ養育料が支払われる例もみられる。たとえば、「何歳マテ婦ニ預ケ、其季限中養育料夫ヨリ遣ス事モアルナリ（信濃国小縣郡）」「若シ子女幼稚ニシテ其婦ヘ二三年附託スレハ養育料ヲ興ル事アリ（越中国射水群）」などである。まさに夫方の子どもが一時的に妻方に委託されるという形で、養育費はあたかも委託料のようである。こうした一時的な監護以外でも、夫が死去の場合に妻を子と一緒に実家に戻す場合もあったようである。「夫死去子女アリ其子女ヲ里方ヘ連レ返ラサルトキハ、田畑等ヲ幾分カ付シ遣ス事アリ（周防国玖珂郡）」とあるように、その場合は、夫方から妻へ土地などの財産が分与されており、夫方

第4章 「離婚後の子の監護」規定の歴史的変遷

からの養育料の一括払いという様相である。

そのほか、夫が健在の場合でも、妻の強い希望により、子の監護がみとめらえる例がみられる。ただし、その際は妻が監護する子どもに制限が課されることが多い。たとえば、「婦ノ望アルトキハ嫡男ヲ除キ弟妹ヲ付与スルコトモアルナリ（羽前国置賜郡）」というように、跡取りの男児以外の子どもに限る場合や、「母子ノ恋情ニ出テ連子セン事ヲ希望スルトキハ女子ニ限リ許諾スル事アリ（信濃国水内郡）」「婦ヨリ強テ講フ時ハ女子ノミハ差添ヘ戻ス事アリ（周防国吉敷郡）」など女児に限定する例がみられる。なかには、「夫家貧ニシテ里方富メル如キハ女子ハ婦ニ属スルモアリ（加賀国石川郡）」というように、夫方が貧しく妻方が裕福という双方の家の経済格差が明らかで、夫方での養育は困難と思われる場合でも、妻方には女児のみとしている例もある。

これらの例からは、妻が監護者になることが許される場合でも、跡取りや男児は必ず夫の家に残すというルールが広く浸透しているのがわかる。そうした場合の妻方の子どもに対する養育費については明らかではないが、前述のとおり、一時的な監護の場合にあえて夫から妻への養育費の支払いが記載されていたところをみると、通常は夫側からの支払いはなく、監護する妻側で負担していたと考えられる。監護者の決定を含め、離婚の問題は実質的に夫方と妻方のそれぞれの「家」の事情により処理され、そのような「家」の存在が養育費の負担においても重要な役割を果たしていたとみられる。

こうした状況の中で、民法の編纂作業は開始される。以下では、現行民法の「離婚後の子の監護」に関する規定である766条（協議離婚の場合）および771条（裁判離婚の場合）について、明治初期の編纂時から現行民法までの変遷を跡付けてみたい[4]。その際、「監護者」と「養育費の負担」の2点に着目する。いうまでもなく、離婚後、母親の監護が認められていなければ養育費の問題も生じない。母親が監護者となる可能性はあるのだろうか、あるとすればその際の養育費はどのように定められているのだろうか。そこで、民法制定過程の草案や審議会資料等を用いて[5]、民法編纂の開始時から、明治11年の民法草案まで（第2節）、旧民法の成立まで（第3節）、明治民法の成立まで（第4節）、人事法案の編纂作業の終盤まで（第5節）、戦後の改正民法の成立まで（第6節）、と区切って検討していく。そして最後に、監護規定の変遷を通観し、それと現在

の日本の養育費問題とのかかわりについて考えてみたい（第7節）。

2　旧民法の前史

(1) 皇国民法仮規則

　明治政府は江戸幕府崩壊につづく版籍奉還の後、直ちに民法典の編纂に着手している。それは全国統一の民法典を編纂して、富国強兵を目指そうという対国内的な理由と、国内体制を整備して、治外法権の屈辱的な条約を改正しようという対国外的な理由の2つの理由による。明治政府で民法制定に最も熱心であったのは江藤新平であり、彼は1870（明治3）年頃より、太政官制度局において民法編纂に着手している。それは箕作麟祥がフランス民法を翻訳し、それを順次検討するという形式で進められ、1871（明治4）年7月頃には、民法決議（太政官制度局）が完成している（石井 1979:3-23）。ただし、その内容はフランス民法第1巻「私権の享有および喪失」と第2巻「身分証書」に相当する部分のみで、身分証書の部分をみても離婚に関するものはない[6]。

　1871（明治4）年8月に太政官制度局は左院に合併され、江藤が左院副議長となったことから、民法編纂は左院で継続されていたが、1872（明治5）年4月に江藤が司法卿に転じてからは、司法省で行われている（石井 1979:24）。そして、1872（明治5）年4月から7月にわたり、司法省明法寮にて民法会議が開かれ、「皇国民法仮規則」が成立している。これは条文数が2085条にわたる大法典で、わが国で起草された総合的な民法草案の最初のものである[7]。内容はフランス民法典に倣っており、とくに財産編はわずかな修正や些細な新規条文があるだけで、ほとんど全部がフランス法を継受している。しかし、人事編については日本の現実にあわせて修正が行われており、フランス民法の条文数が524条であるのに対し、皇国民法仮規則の条文数は140条と少なくなっている（川島・利谷 1958:7-9）。

　皇国民法仮規則では協議離婚と裁判離婚が認められており、子の監護については以下のとおり、裁判離婚の場合が70条、協議離婚の場合が76条に規定されている[8]。

皇国民法仮規則

第70条　夫婦ノ間ニ生レシ子離縁ノ後ハ其父之ヲ引受クヘシ
但シ事情ニヨリ其母又ハ親族引受ルモ亦妨ナシ

第76条　双方ノ承諾ニテ離縁セント欲スル夫婦ハ其間ニ生レシ子ヲ何レノ
方ニ於テ引受ク可キヤヲ契約書ニ記ルシ置クヘシ

　まず、協議離婚について76条をみると、協議離婚の場合は夫婦のどちらが子どもを引き受けるかを契約書に記載すること、となっている。皇国民法仮規則には本文の上にナポレオン民法典の条数が記されており、76条の上には280と記されている。箕作訳のフランス民法280条をみると、「夫婦ハ左ノ三件ニ付テハ其合意ヲ書面ヲ以テ証明ス可シ　第一　其婚姻ニ依リ生レシ子ハ予試ノ期間若クハ離婚ノ宣告ノ後之ヲ何人ニ委託ス可キヤノ事（以下略）」（箕作 1883：173）となっている。これは裁判所が関与する離婚の規定であるため、76条はこれを日本の協議離婚にあわせる形で、「予試ノ期間若クハ離婚ノ宣告ノ後」という部分を省いたものと思われる。

　一方、70条で裁判離婚についてみると、子の監護者は原則として父と規定されており、事情により母または親族も可能となっている。フランス民法では離婚後の子の監護者について302条に規定があるが、70条の上にはこの条数が記されていない。その理由は不明だが、70条がフランス民法302条と大きく異なっているのは確かである。箕作訳の302条は「子ハ離婚ヲ得タル夫又ハ婦ニ委託ス可シ但シ裁判所ニ於テ親族又ハ検事局ノ求ニ依リ其子ノ最大ノ利益ノ為メ其子全員又ハ其中ノ或者ヲ其配偶者若クハ第三ノ人ノ管照ニ委託可キ旨ヲ命令シタル時ハ格別ナリトス」（箕作 1883：180）となっている。つまり、フランス民法では離婚後の子の監護者は、原則として離婚を獲得した配偶者（無責配偶者）となっているのである。皇国民法仮規則ではこれを日本の実情にあわせて、あえて原則父親に修正したものと思われる。

　養育費については、協議離婚の場合も裁判離婚の場合も規定はみられない。その点、フランス民法では規定されており、303条で「其子ヲ委託シタル人ノ如何ヲ問ハス父母ハ相互ニ其子ノ保育教訓ヲ監視スルノ権利ヲ保存シ且ツ其資産ニ准シテ之ヲ分担ス可シ」（箕作 1883：180）とある。つまり、監護者が誰で

あれ、父母には子の養育・教育を監督する権利があり、かつ、その資力に応じてこれを分担する義務がある、ということである。これも日本の慣習にあわせて、あえて取り入れなかったものと推察できる。

このように、日本の民法の編纂作業はフランス民法に即して進められたことから、作業が開始されて間もない明治初期の草案から、離婚後の子の監護に関する規定がおかれている点は注目される。ただし、皇国民法仮規則はフランス民法に倣っているとはいえ、日本の慣習や実情にあわせてかなり修正されており、養育費の分担規定は盛り込まれていない。

（２）左院の民法草案

1872（明治5）年10月から司法省にて、皇国民法仮規則および箕作訳フランス民法を基礎に審議が行われている。そして、1873（明治6）年3月10日に民法仮法則が完成し、12日に正院に提出されている[9]。しかし、その内容は88条の身分証書に関する規定のみである。その後、江藤が司法省を去り、民法審議は左院で行われている。ここでは皇国民法仮規則が再検討され、1873（明治6）年後半から1874（明治7）年前半にかけて草案が成立したと推定されている（川島・利谷 1958:6-13）。これが「左院の民法草案」と呼ばれるものである。ただし、左院の草案というより左院民法課の原案であり、のちに院議を経て左院草案となるべきものといわれている（石井 1979:95）。

左院の民法草案で離婚後の子の監護についてみると、以下のとおり、42条に協議離婚の場合、58条に裁判離婚の場合が規定されている。また、皇国民法仮規則にはみられなかったが、ここでは59条に父母の監護の権利・義務に関する規定が入っている[10]。

左院の民法草案
　第42条　双方ノ熟談ニテ離縁セント欲スル夫婦ハ、其間ニ生レシ子ヲ何レノ方ニ於テ引受ク可キヤヲ定メ、其旨ヲ届書ニ記載ス可シ
　第58条　訴訟ニテ離縁ヲ得タル原告ノ夫又ハ婦ハ、其ノ子ヲ養フ可シ、但シ親族ノ求メニ因リ其子ノ便利ノ為メ、之ヲ被告ノ夫又ハ婦又ハ他人ニ托スベキコトヲ言渡シタルトキハ格別ナリトス

但シ、姦通ノ子ハ其姦夫ニ責付シテ養ハシム可シ
第59条　何レノ人ニ子ヲ托シタルヲ問ハズ、父母ハ各其子ノ教育ヲ管督資助スルノ権ヲ保ツコトヲ得可シ

　これをみると、42条の協議離婚の場合は皇国民法仮規則とほぼ同様である。すなわち、子の監護者は父母のいずれかということである。しかし、58条の裁判離婚については皇国民法仮規則と決定的に異なっている。皇国民法仮規則では監護者は原則夫となっていたが、ここではフランス民法302条に倣って離婚裁判の原告となっている。これに従えば、妻からの離婚請求で離婚が認められれば、妻が子どもの監護者ということになる。また、裁判離婚では「子ノ便利」、つまり子の福祉の観点から、裁判所による変更を認める規定もおかれている。

　しかも、59条では監護者が誰であれ、父母は子の教育を監督・資助する権利がある、と規定されている。この「資助」とは、子の教育のために親が資金を負担することと解される。とすれば、これは日本の民法草案において、離婚後の養育費の負担について、初めて規定された条文といえる。ただし、前述したとおり、この基となっているフランス民法303条では養育費の負担は親の権利ではなく義務とされ、さらに、父母の「資力に応じた」という負担基準も明記されている。その点、左院の草案では資助が義務ではなく権利と構成され、資力に応じた負担という点も入っていない。これは親の権利を重視する形で、日本的に修正したものと考えられる。こうした修正が入っているものの、左院の民法草案は皇国民法仮規則に比べて、フランス民法により近いものになっている。その理由は明らかではないが、これが民法課の原案で院議を経ていない段階の案であることによる可能性もある。

（3）明治11年民法草案

　1875（明治8）年の官制改革で左院が廃止されて後、民法編纂の作業は司法省民法課で行われ、1878（明治11）年には草案が完成し、民法編纂委員の箕作麟祥と牟田口通照から司法卿の大木喬任に提出されている。これは「明治11年民法草案」とよばれるもので、フランス民法の直訳に近い内容といわれている

(石井 1958a:96-97)。

　明治11年民法草案で離婚後の子の監護をみると、下記のとおり、251条に協議離婚の場合、273条に裁判離婚の場合が規定されている。さらに、274条に父母の監護に関する権利義務が規定されている[11]。

明治11年民法草案
　第251条　又左ノ三件ニ付テハ双方ノ契約スル所ヲ書面ニ記シテ之ヲ定ム可シ
　　第1　其婚姻ニ因テ生レシ子ハ<u>訴訟ノ時間又ハ離婚ノ言渡ヲ受ケシ後何レノ方ニテ引受ク可キヤ</u>ノ事
　第273条　子ハ離婚ヲ為セシ訟求者タル夫又ハ婦ニテ引受ク可シ但シ裁判所ニ於テ<u>親族又ハ検官</u>ノ申立ニ因リ<u>其子ノ利益ノ為</u>メ訟護者タル其配偶者又ハ他ノ人ニ托ス可キ旨ヲ言渡シタル時ハ此ノ限ニ非ズ
　第274条　何レノ人ニ子ヲ托シタルヲ問ハス父母ハ其子ノ教育訓練ノ事ヲ監督スルノ権ヲ保チ且ツ<u>其家産ニ准シテ其ノ資助ヲ為ス可シ</u>

　これらは左院の民法草案とほぼ同じ内容で、協議離婚については、離婚後どちらの親が子を引き受けるかを書面に記載する、裁判離婚については、子の監護者は原則として離婚訴訟の原告を原則とし、子の福祉の観点から裁判所による変更も認める、となっている。また、養育費の負担の根拠となる、親の監護に関する権利義務の規定もおかれている。

　このように左院の民法草案と同じようにみえるが、よくみると明治11年民法草案のほうがフランス民法の直訳により近い規定となっている。明治11年民法草案ではフランス民法に倣って、協議離婚の場合にも裁判所の審査を義務付けていることから、251条の協議離婚の子の監護についても、フランス民法のように「訴訟ノ時間又ハ離婚ノ言渡ヲ受ケシ後」の子の監護となっている。また、273条の裁判離婚については、子の監護者の変更を裁判所に訴えることができる者として、左院の民法草案では親族となっていたが、ここではそれに検官が加えられている。これもフランス民法に即したものである。

　さらに、274条では監護者が誰かにかかわらず、父母には子の教育訓練を監

督する権利があり、かつ、父母はその家産に応じて子の教育訓練に要する費用を支援しなくてはならない、と規定されている。つまり、左院の民法草案とは異なり、養育費の負担に関する部分が親の権利ではなく義務として構成され、しかも、家産に応じてという分担基準も条文上で明記されているのである。

　すでにみてきたとおり、日本の民法の編纂作業は当初からフランス民法を手本に行われており、作業が開始されて間もない明治初期の民法草案から、離婚後の子の監護に関する規定がおかれている。ただし、それらはフランス民法そのままではなく、日本的に修正されたものであった。しかし、この明治11年民法草案は、双方の資力に応じた負担という養育費の分担基準も明記されており、フランス民法に倣った進歩的なものとなっている。ただし、それが先に慣例類集で確認した日本各地の慣習と大きく隔たったものであることは明らかである。実際、司法省ではその後、明治11年民法草案の修正作業が始まるが、結局、この草案は日本の慣習がほとんど考慮されておらず、修正・補足した程度では施行できないとの判断がなされ、明治11年民法草案は廃棄されている（石井1958b:68）。

3　旧民法の成立

（1）民法人事編第一草案

　1880（明治13）年4月に元老院内に民法編纂局（大木喬任総裁）が開設され、ボアソナードを中心とする起草作業が開始される。民法編纂局は1886（明治19）年に閉鎖され、編纂事業は司法省民法編纂委員に引き継がれ、のちに外務省法律取調委員会へと移っている。その後、1887（明治20）年10月に司法省に新たに山田顕義司法大臣を委員長とする法律取調委員会が組織され、起草作業の本格的最終段階に入っている。

　人事編については、1888（明治21）年10月より少し前ごろに「第一草案」が完成したとみられている。起草したのは日本人であり、ボアソナードによるものではない。ボアソナードが起草したのは財産法のみで、人事編については日本の習俗慣習に基づいて制定されるべきという考えから、日本人が担当している[12]。ただし、完成した「第一草案」は近代西洋民法に近いもので、進歩的

なものとなっている（手塚 1991：220-224）。

　第一草案の子の監護規定は以下のとおり、121条に協議離婚の場合、143条に裁判離婚の場合が規定され、145条に親の権利義務が規定されている。そのほか、これまでみられなかった規定として、144条に監護と親権の関係が規定されている[13]。また、第一草案については理由書から、各条文についての起草理由をみることもできる[14]。

民法人事編第一草案
　第121条　協議ヲ以テ離婚セント欲スル夫婦ハ豫メ證書ヲ作リ左ノ諸件ヲ定ム可シ
　　1　離婚ノ豫試中夫婦ノ一方移居スヘキ家屋
　　2　夫又ハ婦ノ資力缺乏スル時ハ豫試中其配偶者ヨリ支給ス可キ養料
　　3　<u>豫試中及ヒ離婚ノ後其子ニ関スル處置</u>
　　4　財産ニ関スル夫婦互相ノ権利ノ分定
　第143条　夫婦ノ中離婚ノ裁判宣告ヲ得タル<u>直者</u>ハ子ノ監護ニ任ス可シ
　　然レトモ裁判所ハ親族又ハ検事ノ請求ニ依リ<u>子ノ利益</u>ヲ慮リ之ヲ他ノ一方又ハ第三者ノ監護ニ付スル事ヲ得
　第144条　夫婦ノ中子ノ監護ニ任スル者ハ親権ヲ行フ（以下略）
　第145条　何人ニ子ノ監護ヲ付シタルヲ問ハス父母ハ其子ノ養成及ヒ教育ヲ検視スルノ権利ヲ有シ<u>各其資力ニ應シテ費用ヲ負擔ス</u>

①監護者
　まず、監護者についてみると、協議離婚の場合は121条で、別居中や離婚後の「子に関する処置」を協議で決定し、届けに記載することが規定されている。子に関する処置として、具体的にどのような事項が想定されているのか明らかではないが、監護者のみならず、養育費も含めた決定ととらえられる。裁判離婚の場合は143条で、監護者は原則として離婚宣告を獲得した直者、すなわち無責配偶者となっている。また、裁判所による変更も認められている。この点について理由書をみると、不良の配偶者といえども不良の父母とは限らないと説明されている。そして、夫からの裁判離婚が認められた場合、すなわち、妻

側に離婚原因があるとしても、「乳児ノ如キハ之ヲ其母ノ監護ニ付スヘキカ如シ」として、乳児の場合は母親の監護を適当とする例が示されている。

　これらの規定の内容自体は、明治11年民法草案とほぼ同様であるが、ここで注目されるのは、「監護」という文言が使用されていることである。これまでの民法草案では、「引受」「監督」などと表現されていたが、この第一草案で初めて「監護」という語が用いられている。理由書をみると、143条で監護者の適性に関して「教育ヲ為スニ適当」とあり、また、つづく144条でも監護の任務に関して「其養成及ヒ教育ヲ負担ス可シ」とあることから、単に子どもを引き取るというだけではなく、より子どもに手をかけて、その心身を教育し育成するという意味が込められているとみられる。つまり、近代子ども観に基づいて、「監護」という言葉が採用されているということである。

　さらに第一草案の144条には、監護権と親権の関係が規定されており、子の監護者となった親が親権を行うとある。これは、これまでの草案にはない新設の規定である。理由書をみると、フランス法には監護者の規定はあるが、監護者の権利に関する規定がないことが問題であると指摘され、ベルギーの新案にそって監護する親が同時に親権を行うべきとした、と説明されている。この規定と143条の監護者の規定をあわせると、たとえば無責配偶者である妻からの離婚請求が認められて裁判離婚が成立した場合は、妻が子どもの監護者となり、同時に親権者となる、ということである。

②**養育費**

　つぎに、養育費についてみると、145条で親の監護に関する権利義務が規定されている。そこでは、監護者が誰であれ、父母はその資力に応じてその費用を負担すべきことが明示されている。これも内容は明治11年民法草案と同じだが、「家産に応じて」が「資力に応じて」へと改められている。理由書をみると、離婚後も父母はその子に対し、育成・教育の権利を有し、その資力に応じてその入費を負担する義務を有することに変わりはないとあり、この規定はフランス民法から採用したと説明されている。

　また、理由書の147条（離婚後扶養）に関する説明には、監護の権利義務に関連して、注目される記述がある。その1点目は、親子関係の永続性という観点

から親子の権利義務を強調している点である。そこでは、まず「今日離婚ノ実況」として、夫婦間で特約がなければ、子は当然、夫に属し、子の養成及び教育を夫が担当するものとし、妻はその子を産み棄て、さらに他家に嫁ぎ、その前婚の子どもとはほとんど親子の関係を絶つものとなっている、また、仮に特約があっても、夫婦が互いにその子を遺棄し、親子の情誼を絶っている、と述べられている。そのうえで、このような親子関係の断絶を「悪風」と指摘し、「親子は天倫」であって、父母はその子の養成及び教育に任じその費用を負担すべき義務を免れるべきではない、と主張されている。これはまさに、近代家族的な親子観である。

2点目は、養育費の分担規定を、妻が監護権を獲得するための基盤とみなしている点である。理由書では、妻は離婚後、その実家に復帰し、その父兄の厄介になるため、その子を同伴することは甚だ不都合だが、この草案によれば、妻は財産分与により共通財産の半分を取得するし、あるいは自己の財産によってその子を監護することができるし、仮に財産がない場合でも、「前配偶者ヨリ子ノ養成及ヒ教育ノ入費ヲ弁済セシムルヲ得ル」ことができ、さらに前配偶者に資力がない場合はその父兄から扶養料を得ることもできる、と説明されている。つまり、夫への養育費請求の根拠規定をおくことで、妻による子の監護の可能性が高まる、ということである。ここにも、近代家族の扶養原理や母子一体を希求する近代家族観が示されている。ただし、そのための養育費の支払いについては、夫の父兄にもその義務を負わせるなど、近代家族の扶養原理を追求しながら、同時に、伝統的な大家族の扶養慣習を当然視している面もあり、草案が西欧の近代家族観で貫かれているわけではない。

とはいえ、母親の監護を実現するための基盤として、養育費の支払義務の規定がおかれ、しかもそこに「資力に応じて」という負担の基準も記されていたことは特筆すべきことである。そこには、離婚によって近代家族が解体した後の女性と子どもの保護、という視点が鮮明にあらわれている。明治半ば、日本の制定民法の第一草案において、経済的な事情から母親が子を監護することが難しいという現実問題への認識があり、その解決策として養育費の分担規定が導入されていたということは、現在、そのような明示的規定が求められている状況からみても大変興味深い。

第4章 「離婚後の子の監護」規定の歴史的変遷

（2）民法草案人事編再調査案

　第一草案は1888（明治21）年10月6日付けで各裁判所に送付され、地方官や司法官に意見が求められている[15]。寄せられた意見をみると、離婚に関するものは主に協議離婚の手続きに対する反対意見や修正意見で、離婚後の子の監護規定についての意見はほとんどない[16]。そうしたなかで、盛岡始審裁判所検事の中西盾雄が提出した「民法草按意見」には、子の監護規定に対する反対意見が示されており注目される[17]。中西は前述の121条、143条、144条、145条の監護規定すべてを削除すべきという意見を提出している。その理由は「<u>夫婦中ノ子ハ夫ノ子ト爲ス可キモノナレハナリ</u>」、すなわち、夫婦の子どもは夫の子、というものである。中西は人事編第4章「婚姻」のなかの夫婦の別居に関する102条と103条に対する意見でも、「婦ハ其夫ニ歸シ<u>其子ハ又其父ニ歸ス</u><u>ルコト吾國古來ノ風俗ニシテ</u>即チ不文ノ大法律ナリ」と述べ、妻は夫に属し、子どもは父に属することが日本古来の風俗である、というきわめて家父長的な見解を示している。

　これらの提出された意見を参照しつつ、法律取調委員会では草案の修正が行われ、1890（明治23）年はじめに「民法草案人事編再調査案」が成立している（青山・有地編 1989：22）。

　再調査案における子の監護規定は、以下のとおり、88条が離婚時に証書に記載すべき事項、102条が離婚後の子の監護、103条が監護と親権の関係、104条が離婚後の親の権利義務である[18]。

民法草案人事編再調査案

　第88条　離婚セントスル夫婦ハ豫メ證書ヲ作リテ左ノ諸件ヲ定ム可シ
　　第1　<u>子ニ関スル處置</u>
　　第2　夫婦ノ財産ニ関スル處置
　第102条　離婚ノ後子ノ監護ハ<u>夫ニ属ス</u>但入夫及ヒ婿養子ニ付テハ婦ニ属ス
　　　　然レトモ裁判所ハ親族又ハ検事ノ請求ニ因リ<u>子ノ利益</u>ヲ慮リテ之ヲ他ノ一方又ハ第三者ノ監護ニ付スルコトヲ得

第Ⅱ部　養育費問題

第103条　父母ノ一方ニシテ子ノ監護ニ任スル者ハ親権ヲ行フ（以下略）
第104条　子ノ監護ノ何人ニ属スルヲ問ハス父母ハ子ノ養育及ヒ教育ニ付テ検視ノ権利ヲ有シ且各自ノ資力ニ應シテ其費用ヲ負擔ス

　これをみると再調査案に至る過程で、離婚後の子の監護者の規定が変更されている。再調査案では、102条で協議離婚と裁判離婚のいずれについても子の監護者は原則として父となっている。第一草案では協議離婚の場合は父母の何れか、裁判離婚の場合は離婚請求者である無責配偶者となっていたので、どちらについても家父長的な規定となっている。再調査案の形成過程は明らかでないが、先にみた中西のような保守的な意見の影響であろうと推察される。

　ただし、中西が主張したような、子の監護規定をすべて削除するということはなく、監護者は原則父に変更されているが、それ以外の、子の福祉を理由とした裁判所による変更規定、父母のうち子の監護者となったほうが親権者になるという規定、離婚後の親の子の監護に関する権利義務の規定は残されている。原則として監護者を父としたことで、父が親権者となり、事実上、監護費用が問題になることはないとみなされ、監護者以外の規定が維持されたのかもしれない。ただし、監護者以外は第一草案の内容が維持されたことから、親族又は検事の請求を受け、子の福祉の観点から、裁判所が母親を監護者と定めた場合には、母親が監護者・親権者となり、父母の資力に応じた養育費の負担となる可能性も残されている。

（3）民法人事編

　再調査案はさらに修正され、法律取調委員会の最終案として「民法人事編」が完成し、1890（明治23）年4月1日に法律取調委員長から内閣に提出されている。内閣はこれに修正を加えて、5月に元老院へ提出している。元老院でかなりの修正が行われ、元老院を通過した後、枢密院の議を経て、1890（明治23）年10月7日に民法中財産取得編・人事編として公布されている（青山・有地編 1989：23）。なおこれは、旧民法と呼ばれている。

　旧民法は再調査案より子の監護に関する条文が少なく、80条で協議離婚の際の証書、90条で離婚後の監護者に関する規定のみである。

民法人事編（法律第98号）
　　第80条　夫婦ハ離婚協議書ニ左ノ書類ヲ添ヘテ身分取扱吏ニ届出ツ可シ
　　第1　婚姻証書
　　第2　離婚ノ許諾ヲ与フ可キ者ノ許諾書（以下略）
　　第90条　離婚後子ノ監護ハ夫ニ属ス但入夫及ヒ婿養子ニ付テハ婦ニ属ス
　　　然レトモ裁判所ハ夫、婦、親族又ハ検事ノ請求ニ因リ子ノ利益ヲ慮リテ
　　　之ヲ他ノ一方又ハ第三者ノ監護ニ付スルコトヲ得

　子の監護者については、90条で協議離婚、裁判離婚とも夫を原則としている。ただし、裁判所による変更を認めている。これは再調査案の内容と同様であるが、80条で協議離婚の際に提出する証書をみると、ここでは再調査案に規定されていた「子に関する処置」の証書が削除されている。また、第一草案から再調査案に至るまで残っていた監護者を親権者とする規定も削除されている。さらに、離婚後の親の子に対する権利と義務の規定も完全に削除されている。どのような議論を経てこのような大幅な規定の削減が行われたのか、その経緯は明らかではないが、再調査案からの修正過程で、人事編全体として第一草案の進歩的構想はほとんど残っておらず、「家族制度」的要素が強化されている。とくに元老院においては、「慣習にないこと」「美風に損しますること」を徹底的に削除するという立場から、大幅な修正がなされたという（手塚 1991:281-2）。子の監護規定についても、進歩的な規定はいずれも削除され、先にみた第一草案に対する中西検事の保守的な意見に近い形で成立している。

　こうして最終的に、民法制定を前にした元老院の審議において、第一草案にみられた近代的規定はことごとく変更あるいは削除され、結局、日本に初めて誕生した民法における、離婚後の子の監護の規定は、協議離婚も裁判離婚も監護者を原則父とする家父長的なものとなっている。元老院の審議で削除されたなかでもとくに、左院の民法草案で登場し、以後の草案で維持されてきた養育費の分担規定が削除されたことは、きわめて重大である。「資力に応じた負担」義務という明確な規定は、以後現在に至るまで日本の民法にはなく、ここでこの規定が消えたことは決定的な問題であったといえる。

4 明治民法の成立

(1) 民法修正案

旧民法は1890(明治23)年に公布され、1893(明治26)年に施行予定であった。しかし、いわゆる民法典論争を経て、民法修正のために施行が延期されることになり、1892(明治25)年に民法商法施行延期法律が公布された。そこで、1893(明治26)年に修正作業を行う目的で法典調査会が設置され、起草委員として梅謙次郎、富井政章、穂積陳重が任命されている(青山・有地編 1989:23-25)。

法典調査会では、はじめに民法目次案が主査委員会および総会で審議されたあと[19]、親族編の法案審議は1895(明治28)年から始まっている(小柳 1998:15-19)。法案審議の原案は甲号議案とよばれ、離婚に関しては富井政章が担当している(福島編 1956:53)。

この民法修正案をみると、子の監護規定については以下のとおり、822条で協議離婚の場合、830条で裁判離婚の場合が規定されている[20]。

民法修正案(甲第53號)
 第822條 前二條ノ規定ニ依リテ離婚ヲ爲シタル者ガ其<u>協議</u>ヲ以テ子ノ監護ヲ爲スヘキ者ヲ定メサリシトキハ其監護ハ夫ニ屬ス
  夫カ離婚ニ因リテ婚家ヲ去リタル場合ニ於テハ子ノ監護ハ妻ニ屬ス
  前二項ノ規定ハ監護ノ範圍外ニ於テ<u>父母ノ權利義務ニ變更ヲ生スルコトナシ</u>
 第830條 第822條ノ規定ハ<u>裁判上ノ離婚ニ之ヲ準用ス</u>
  但裁判所ハ<u>子ノ利益</u>ノ爲メ其監護ニ付キ之ニ異ナリタル處分ヲ命スルコトヲ得

①協議離婚の場合

まず、822条で協議離婚の場合についてみると、夫婦が子の監護者を協議で決定することを前提とし、協議で決定されない場合には監護者を夫とする、と

なっている。旧民法では協議離婚でも子の監護者は原則父となっていたので、これは大きな前進である。ただし、旧民法と異なり、裁判所による監護者変更は規定されていない。また、第3項に監護と監護以外の父母の権利義務との関係を明記した条文がおかれており、誰が子の監護者になろうとも、監護を除いて父母の子に対する権利義務に変更は生じないとある。これは旧民法にはないもので、これまでの草案にもみられない新しい規定である。

822条は1896（明治29）年1月8日の第149回法典調査会で審議されており、起草者の富井は提案理由を次のように述べている[21]。

第822条の提案理由（第149回法典調査会）
　本条ハ子ノ監護ニ関スル規定テアリマス協議離婚ノ場合ニ於テハ子ノ監護ハ先ツ其協議離婚ヲ為ス所ノ<u>父母ノ協議ヲ以テ定メルノガ最モ比種類ノ離婚ノ性質ニ適ツタ方法テアラウト思ヒマス</u>夫レテ原則ハ父母ノ協議ヲ以テ定メルコトカ出来ルト致シマシタ若シ父母ニ於テ子ノ監護ヲ為スヘキ者ヲ定メヌ場合ニ於テハ誰レカ其監護ヲスルト云フコトヲ本条ニ於テ極メタノテアリマス是ハ先ツ普通ノ場合ニ於テハ<u>夫ニ属スルトスルカ一番今日實際ノ有様ニ適ツテ當ヲ得タモノト考ヘマシタノテ既成法典ニ倣ツテ監護ハ夫ニ属スト致シマシタ外國ノ法律ヲ見ルト必スシモ斯ウ為ツテ居ラヌ乍併我邦ニ於テハ、ドウモ原則ハ斯ウナクテハ不都合テアラウト考ヘマス</u>（略）
　第三項は（略）<u>親権ノコトテアル又子カドノ家ニ属スル或ハ扶養ノ義務トカ然ウ云ウ事ハ此皆公益規定テアリマス監護ヲ定メルニ付テサウ云ウ事ニマテ変更ヲ及ホスコトカアツテハ為ラヌト考ヘマシタ夫レテ此第三項ハ是非置カナクテハナラナイ</u>（略）

　ここで富井は、協議離婚に関しては、子の監護者はまず父母の協議で定めるのが協議離婚の性質に最も適するとしている。その上で、協議で決定できない場合には監護者を夫とすることが、日本の実情に最も合致しているとの考えを示し、旧民法に倣ってこのように規定したと説明している。そして、これが諸外国の法律とは異なっていることを指摘したうえでなお、日本においては父を原則としないと不都合であろうと述べている。

115

また、第3項の父母の権利義務との関係については、親の権利義務として、親権、子どもの家の帰属、扶養義務をあげ、これらは公益規定であって監護の決定により変更されるべきではない、と述べている。そうすると、母が監護者となった場合でも、親権者である父は、子どもの教育・懲戒、子の婚姻の同意権、訴訟行為の代表権など、監護以外の親権を行使できるということになる。同時に、親権者としての扶養義務にも変わりはないということになるが、この規定はどちらかというと親権者の権利面を強調したものとみられる。旧民法の第一草案や再調査案では、監護者に親権を与えるという規定があり、監護者の権利拡大が志向されていたが、それとは考え方が逆で、ここでは監護者には親権の中の監護権だけを与える、ということである。このように監護権を他の親の権利義務から分離しているが、その場合の監護費用の負担についての明示的規定は示されていない。

　法典調査会では、このような富井の提案説明に続いて質疑が行なわれたが、質問は鳩山和夫によるものだけである。その発言内容も、すでに離婚してしまったものを夫や妻と呼ぶよりも父や母としたほうが適切ではないか、といった敬称の修正を提案したものである。協議離婚の手続きなどに比べて、子の監護については委員の関心が低く、実質的な議論は一切行われていない。そして、敬称などの文言を修正しただけで、第151回法典調査会で提案され可決されている[22]。

②裁判離婚の場合

　裁判離婚については830条に規定があるが、それは822条の協議離婚の規定が裁判離婚にも適用されるという内容である。よって、裁判離婚でも父母間の協議で子の監護者を決定することとし、それができない場合は監護者を夫とするということである。ただし、協議離婚と異なり、裁判離婚については、子の福祉の観点から裁判所はこれと異なる決定をすることができるとある。このような裁判所による変更規定は、旧民法では協議離婚と裁判離婚の両方にかかっていたが、修正案では裁判離婚についてのみとなっている。

　830条は、1896（明治29）年1月10日の第150回法典調査会で審議されており、そこでの富井政章の提案理由は次のようなものである[23]。

第4章 「離婚後の子の監護」規定の歴史的変遷

第830条の提案理由（第150回法典調査会）

　　原則ハ822条ヲ準用ス併シ裁判所ハ子ノ利益ノ爲メニハ別ノ人ニ監護ヲサセルコトガ出来ルトシテ置カネバ不便デアラウト思フ、場合ニ依テハ夫ガ酷イ扱ヒヲスルカモ知レヌ坊主ガ憎ケレバ袈裟迄デ妻ガ憎イ爲メニ子迄酷イ目ニ合ハスト云フヤウナコトガアルカモ知レヌ夫レカラ子ガマダ稚ナイ母ガ乳ガ出ナイヤウナ場合ハ夫ノ所ニ連レテ往ツテ乳母ヲ置カウガ牛乳ヲ飲マセテモ宜イデセウガ乳ノ出ル場合ニハ母ノ所ニ置テモ宜イデセウ或場合ニハ夫ニ屬ストスルノモ危險デアル妻ニ過失ガアツタ爲メニ子迄ガ不利益ヲ蒙ルコトガアルカモ知レヌ然ウ云フヤウナ點ハ裁判所ガ其事情ヲ酌ンデ極メルト云フコトニシタ方ガ宜カラウト云フノデ但書ヲ置キマシタ

　富井は、裁判所による変更規定について、夫が妻を憎いばかりに子どもを不当に扱う危険があることや、乳幼児では母乳の出る母親のもとにおいてもよいといった例を示して、子どもの福祉の観点から裁判所の介入が必要であると述べている。たしかに、富井は離婚における子どもの福祉を重視しており、823条（裁判離婚の離婚原因）の理由説明でも、離婚が当事者夫婦だけにかかわることならまだしも、「罪ノナイ子ニマデ非常ナ不幸ヲ蒙ラセルカモ知レマセヌ」と述べている[24]。しかし、こうした事態は協議離婚の場合にも考えられる。なぜ、裁判離婚にだけ裁判所による監護者の変更規定をおいたのか、その理由は述べられていない。この点は後で再度、検討する。

　法典調査会では、830条の提案説明に対して2つの質問がなされている。ひとつは議長の箕作麟祥によるもので、「其監護ニ付キ」は不要ではないかという質問である。それに対して、富井は裁判所の関与を監護に限定する必要があると説明している。もうひとつの質問は長谷川喬によるもので、「子ノ利益ノ爲メ」ということは不要ではないかという質問である。それに対して富井はあってもなくてもよいが、あれば規定の性質がよくわかるという回答をしている。子の福祉のためというのは、裁判所による監護者変更の根拠として、明治初期の民法草案から「子ノ便利」「子ノ利益」という表現で一貫して明記されてきたものである。提案説明から、富井自身も子の福祉を重視していると思われる

117

が、なぜ質問に対して、その重要性を主張していないのか、その真意は明らかではない。830条についてはほかに質問もなく、ほとんど議論もなされないまま原案どおり決定している。

③裁判所の関与の違い

さて、すでにみたとおり、旧民法では子の監護者に対する裁判所の変更規定が協議離婚と裁判離婚の両方にかかっていたが、この修正案では裁判離婚に限定されている。前述の富井の提案理由では、なぜ裁判離婚にだけ裁判所の関与を認め、協議離婚では関与をはずしたのか明らかではない。起草委員のひとりである梅謙次郎の1912（明治45）年版『民法要義』で、制定された同条に関する説明をみても、品行の良くない親を監護者とする協議がなされる場合があるといった理由が示されているだけで、なぜそのような子の福祉に反する協議が裁判離婚に限定して想定されるのか、述べられていない（梅 1984:236-237）。このように富井も梅も子の福祉に留意していながら、協議離婚の場合には子の監護についての裁判所の関与を一切排除している。協議に委ねて子の福祉が確保できる、と考えていたのだろうか。

協議離婚の場合に裁判所による変更規定がないことは、その後、民法学者から批判されている。たとえば、末弘厳太郎は「民法の甚だしき欠点」、青山道夫は「裁判離婚の場合と取り扱いを異にし、裁判所の関与を排斥したことは理由に乏しい」、我妻栄は「裁判所の干渉を為す途を開かなかったことは欠点」と断じている（末弘 1926:336；青山 1937:256；我妻 1938:81）。法典調査会での812条と819条のいずれの審議において、この点にまったく異論が出されなかったのは理解しがたい。

（2）明治民法

法典調査会の審議を経て、1897（明治30）年12月に民法中修正案（後2編）が第11帝国議会に提出されたが、翌日に衆議院が解散されたことから審議には入っていない。そのため、1898年（明治31）に整理会で再度修正された後、1898年（明治31）の第12帝国議会に「民法中修正案」が提出され、一部修正のうえ可決している。こうして、民法の親族編・相続編は6月21日に公布、7月

16日に施行されている（小柳 1998：19）。これは、旧民法に対し、明治民法と呼ばれている。

　子の監護については、若干の文言の修正がある程度で、ほぼ民法修正案どおりに制定されている。制定法における子の監護規定を改めて記すと、下記のとおりで、812条で協議離婚について、819条で裁判離婚について規定されている[25]。

民法第4編・第5編（法律第9号）
　第812条　協議上ノ離婚ヲ爲シタル者カ其協議ヲ以テ子ノ監護ヲ爲スヘキ者ヲ定メサリシトキハ其監護ハ父ニ属ス
　　父カ離婚ニ因リテ婚家ヲ去リタル場合ニ於ケル子ノ監護ハ母ニ属ス
　　前二項ノ規定ハ監護ノ範囲外ニ於テ父母ノ権利義務ニ変更ヲ生スルコトナシ
　第819条　第812条ノ規定ハ裁判上ノ離婚ニ之ヲ準用ス但裁判所ハ子ノ利益ノ爲メ其監護ニ付キ之ニ異ナリタル處分ヲ命スルコトヲ得

　明治民法に関しては、『民法修正案理由書』にて各条文についての提案理由をみることができる。812条と891条については以下のとおりである[26]。

第812条の理由
　本条ハ人事編90条ニ修正ヲ加ヘタルモノナリ同条ノ規定ニ依レハ　第一　夫婦ノ協議ヲ許サス是レ現行法ニ反シ実際ノ便利ヲ顧ミス且協議離婚ノ性質ニ悖レルモノト謂フヘシ故ニ先ツ夫婦ノ協議ヲ許シタリ
　　第二　協議離婚ノ場合ニハ力メテ裁判所ノ関与ヲ避クヘキコト我邦ノ慣習ニ照シテ尤モ必要トナル所ナリ（略）
　　第三　本条ノ規定ハ単ニ子ノ監護ノミニ関スルモノニシテ親権ノ他効力其他親子間ノ権利義務ニ及ホササルモノトセサルコトヲ得ス（略）

第819条の理由
　本条ハ人事編90条ト殆ト異ナル所ナシ（略）

これをみると、819条については旧民法とほぼ同様、ということであるが、812条については3つの理由が記されている。その第1は、旧民法人事編90条は夫婦の協議を許していないが、これは実際の便利を顧みないものであり、かつ協議離婚の性質に悖るということである。第2は、協議離婚の場合には、つとめて裁判所の関与を避けるべきことが日本の慣習に照らして最も必要であるため、90条の2項を削除したということである。第3は、この条文は単に子の監護に関するものであり、親権その他の親子間の権利義務に影響を及ぼすものではないという理由から3項は必要、ということである。このように、先の修正案の審議で示された提案理由と同じく、当事者間の協議を最優先することが日本の慣習に合致するという考え方が強調されている。

こうして、旧民法が改正され、明治民法が施行されるが、そもそも旧民法に対して民法典論争で批判が噴出したのは、人事編と財産取得編の相続の部であった。それで修正作業がなされたわけだが、子の監護規定については、監護者を原則父とする旧民法の規定を原則協議に変更する修正案が、ほとんど議論されることなく成立しており、民法典論争の影響を受けて、規定が反動化・保守化したとはいえない。それは、前節でみたとおり、旧民法の規定がすでに元老院の審議段階で、著しく家父長的なものに修正されていたためと考えられる。

しかし、離婚の際の協議が合理的、民主的に行われる保障はない。それにもかかわらず、協議離婚については、旧民法でも置かれていた裁判所による監護者の変更規定が、とくに議論されることもなく削除されており、結局、子の監護は妻方と夫方の協議に完全に委ねられている。このように起草者は協議に対する期待が大きいが、実質的に夫専制で決定される可能性も高く、協議離婚への公的関与を一切なくしたことは、事実上、妻による子の監護の可能性を制限するものであり、子どもの福祉の観点からも問題といえる。

5　人事法案の編纂

(1) 大正要綱
①保守派からの反動

1919（大正8）年7月9日に臨時法制審議会が設置され、明治民法の施行後、

初の本格的な改正作業がなされている[27]。その直接的契機は、同年1月17日の臨時教育審議会の「教育ノ効果ヲ完カラシムヘキ一般施設ニ関スル建議」である[28]。この建議では、着手実行すべき事項として23項目があげられており、その第2項目に「我国固有ノ醇風美俗ヲ維持シ法律制度ノ之ニ副ハサルモノヲ改正スルコト」とある（海後編 1960）。これは日本の醇風美俗の維持に反する法律は改正すること、という簡単なものだが、建議の理由をみると、「諸般ノ法令ニ於テ我家族制度ト相矛盾スルノ条項著シキ者アリ教育ニ於テ我家族制度ヲ尊重シ立法ニ在リテハ之ヲ軽視スルカ如キハ撞着ノ甚シキモノト謂ハザルヘカラス当局者ノ速ニ調査機関ヲ設ケ我国俗ニ副ハサル法規ノ改正ニ著手セラレムコトヲ望ム」とある（碓井 1960:1014-5）。つまり、法令の中には日本の家族制度と著しく矛盾する条項があり、教育において家族制度を尊重しながら、法律でこれを軽視するという事態になっているので、至急、法改正に着手するよう望む、ということである。まさに、教育分野の保守層から提起されたきわめて直接的な民法改正要求である。たとえば、臨時教育審議会委員の江木千之は、教育ではどこまでも父母の命令に従うよう教えているにもかかわらず、民法では男性30歳、女性25歳以上は父母の許可を必要とせずに結婚できる、と規定されている点を指摘し、修身の書で教えていることと民法が矛盾しているとして、民法改正を主張している[29]（碓井 1960:988-9）。

　この建議を受けて、臨時法制審議会（総裁：穂積陳重）が設置され、「政府ハ民法ノ規定中我邦古来ノ醇風美俗ニ副ハサルモノアリト認ム之カ改正ノ要綱如何」という諮問がなされている[30]。そして、主査委員会、小委員会での審議を経て、親族編については1925（大正14）年4月30日の臨時法制審議会第22回総会から第27回総会（5月19日）にかけて審議・採決が行われ、1927（昭和2）年12月に「民法親族編中改正ノ要綱」として、相続編の改正要綱と同時に公表されている（堀内 1976:132-154）。これは大正要綱と呼ばれている。

②主査委員会での調査項目

　大正要綱の審議にあたり、まず、1919（大正8）年10月24日の臨時法制審議会の第2回総会で、「諮問第一號ニ関スル調査項目（其一）」48項目が配布されている。そこでは「民法ノ規定中考究ヲ要スルモノ」として次の項目があげら

第Ⅱ部　養育費問題

れている[31]）。

諮問第一號ニ関スル調査項目：其一（臨時法制審議会第2回総会）
第11　家ノ観念ト家族ノ共同生活トヲ結合スルヲ可トセハ離婚又ハ離縁及婚姻又ハ養子縁組ノ取消ノ場合ニ於テ監護ヲ要スル子ヲ父ノ家ニ入ルヘキヤ将タ母ノ家ニ入ルヘキヤハ父母ノ協議ヲ以テ之ヲ定メシムルヲ可トセサルヤ又家族カ現ニ監護スル庶子及私生子ヲ其ノ家ニ入ルル為戸主ノ同意ヲ得ルヲ要セサルモノトスルヲ可トセサルヤ（民法第743条第812条第819条第735条）

これは家の観念と実際の家族の共同生活を一致させるために、離婚後の子どもの家籍についても協議で決定できるようにしてはどうか、という提案である。離婚後、妻側が子を監護しながら、子どもの家籍が夫側に残っているという不整合を解消しようとしたものとみられる。この条項は1919（大正8）年12月13日の第6回主査委員会で審議されているが、その審議状況を示した日誌をみると、幹事は、監護と子の入る家を一致させるのが適当であり、子の監護が協議で定めるのであれば、子をどちらの家に入れるかということも協議で定めるのが良いのでないか、と説明している[32]）。それに対し、家督相続との関係を懸念する意見がでているが、審議では条文の後段にある庶子、私生児の入家に関する意見が多く、離婚後の子の監護についての議論らしい議論は行われていない。

③小委員会での決議
主査委員会で審査の後、小委員会で審査要項が審議のうえ決議されている。子の監護に関しては、1923（大正12）年4月23日の第34回小委員会で次のようになっている[33]）。

審査要項（第34回小委員会）
審査要項第13ニ付キ左ノ決議ヲ為ス
　2　民法第812條ヲ左ノ趣旨ニ改ムルコト

（1）子ノ監護者ハ夫婦間ノ協議ヲ以テ之ヲ定メ且親族会ノ同意ヲ要スルモノトスルコト
（2）前項ニ依リ監護者ヲ定ムルコト能ハサルトキハ家事審判所ノ定ムル所ニ依ルモノトスルコト

　先にみた子の家籍についてどのような議論になったのかは明らかではないが、小委員会での決議をみると、家籍についての記載はなく、協議離婚の子の監護者に関する明治民法812条の改正案が示されている。その内容は、離婚後の子の監護者については夫婦間の協議だけではなく、親族会の合意を必要とするというものである。また、監護者を定めることができない場合は家事審判所が決定する、となっている。ここで親族会の合意が要件に加えられたのは、この前項で、協議離婚の成立に親族会の同意が要件とされたためである。しかし、この協議離婚の要件に関しては、第35回の小委員会で修正意見がだされ[34]、1923（大正12）年5月7日の第36回小委員会で修正決議がなされたため、それにあわせるように、子の監護の協議についても、次のように変更されている（堀内 1976：96-7）。

審査要項（第36回小委員会）
　審査要項第13ニ関スル第34回ノ決議ヲ左ノ如ク改ム
　2　民法第812条ヲ左ノ趣旨ニ改ムルコト
（1）子ノ監護者ハ夫婦間ノ協議ヲ以テ之ヲ定ムルコト但父（父カ離婚ニ因リテ婚家ヲ去ル場合ニ於テハ母）以外ノ者ノ監護ニ属スル場合ニ於テハ其者ノ属スル家ノ戸主ノ同意ヲ要スルコト
（2）前項ニ依リ監護者ヲ定ムルコト能ハサルトキハ家事審判所ノ定ムル所ニ依ルモノトスルコト
（備考　監護ハ教育ヲ包含スル趣旨ナルコト）

　これをみると、親族会の合意要件が削除され、代わりに、監護者が父以外になる場合はその者の家の戸主の同意が必要、と修正されている。つまり、妻が子の監護者となる場合は、妻の家の戸主の同意が必要ということである。これ

は前項の協議離婚の成立要件について、親族会の同意が、婚姻の同意者の同意、すなわち父母の同意へと変更されたため、それにあわせて子の監護規定も修正されたものとみられる。

裁判離婚の場合については、1923（大正12）年5月21日の第38回小委員会で次のような決議がなされている（堀内 1976：98）。

審査要項（第38回小委員会）
1　協議上ノ離婚ノ場合ニ於ケル子ノ監護ニ関スル第36回ノ決議ハ申立ニ因リ家事審判所カ離婚ヲ許ス場合ニ共通ノモノトスルコト

ようするに、裁判離婚の場合も、協議離婚の場合と同じということである。明治民法では裁判離婚については、子の福祉の観点から裁判所による監護者変更の規定があったが、ここではそのような規定はない。その意味では、明治民法より後退しているともいえる。

④小委員会での整理

さらに、1924（大正13）年7月14日の第59回小委員会では、それまでの決議が事項別に33項目に類別整理されている[35]。子の監護に関しては、次のようにまとめられている。

諮問第１號小委員会整理案（第59回小委員会）
第14　協議離婚ノ同意及ヒ子ノ監護
　　2　子ノ監護者ハ夫婦間ノ協議ヲ以テ之ヲ定メ協議成ラサルトキハ家事審判所ノ定ムル所ニ依ルモノトスルコト
第15　離婚原因及ヒ子ノ監護
　　3　子ノ監護ニ付テハ「第14ノ2」ニ準スルコト

ここでは先の小委員会での決議が変更されており、妻が子の監護者となった場合には妻の家の戸主の同意が必要という点が削除されている。この前項にある協議離婚の成立要件には、父母の同意が要件として残されているため、子の

監護についてのみ削除されたことになるが、その審議の過程は明らかではない。また、裁判離婚については協議離婚と同じということであり、結局、協議離婚も裁判離婚もまず夫婦間の協議とし、協議が成立しない場合には家事審判所が決定する、という規定になっている。親族会の合意や戸主の同意が削除された理由は明らかではないが、夫婦間の協議あるいは家事審判所による決定ということで、家的な要素が後退したものとなっている。ただし、協議離婚も裁判離婚も、裁判所による監護者変更の規定はない。また、養育費に関してもなんら規定はない。

⑤大正要綱の決定

その後、さらに修正されたものが小委員会報告として主査委員会に提出され、そこでの審議を経たものが、1924（大正13）年12月8日付で、諮問第一號主査委員会の決議「民法親族編相続編改正要綱」として、主査委員長の富井政章から臨時法制審議会総裁の穂積陳重に報告されている。子の監護については、次のようになっている。

民法親族編相続編改正要綱
　　第14　協議離婚ノ同意及ヒ子ノ監護
　　　2　民法第812条ノ規定ニ依ル監護者ヲ不適当ナリトスルトキハ家事審判所ノ定ムル所ニ依ルモノトスルコト
　　第15　離婚原因及ヒ子ノ監護
　　　3　子ノ監護ニ付テハ「第14ノ2」ニ準スルコト

これをみると、それまでの決議では、子の監護者は「原則協議、協議ができなければ家事審判所」となっていたが、明治民法のとおりと修正されている。つまり、「原則協議、協議がなければ父」ということである。度重なる修正によってまとめられた改正案が、最後に現行どおりに逆戻りした形だが、その審議過程について知ることはできない。ただし、今回の要綱では家事審判所による変更規定が新たに加えられており、裁判離婚だけでなく、協議離婚についても、公的介入による変更が可能となっている。この点は明治民法で批判のあっ

た点を改善したものであり、前進した内容といえる。なお、この要綱でも養育費については取りあげられていない。

　この条項については、1925（大正14）年1月19日の第20回臨時法制審議会で審議されている。そこでは提案理由として、「現行法では子の監護者について協議できない場合は父、又は家に残る母となっている。すなわち、将来家に残る父又は母が監護者となることになっており、その趣旨は必ずしも不可ではないが、必ずしもすべての場合において適当ともいいがたいので、もし不適当な場合は家事審判所において定めるように改正したい」と説明されている（臨時法制審議会 1925:127-130）。これに対する質問はまったくでていない。それで、条数の番号が変更されただけで、このままの文言が第26回総会で「民法親族編中改正ノ要綱」として決定されている。

（2）人事法案

　要綱を受けて、これを条文化するために、1928（昭和3）年10月に民法改正取調委員会が設置されている。委員長は富井政章で、親族編の起草は穂積重遠が担当している。委員会の活動は1929（昭和4）年から本格化し、戦局の悪化によって1944（昭和19）年10月に中止されるまで改正作業が続けられている。この間にまとめられた草案は人事法案と呼ばれ、唄孝一と利谷信義により第一草案から第五草案までに整理されている[36]。そのうち、1941（昭和16）年に整理された第四法案は、正式に印刷されたものとしては一番新しいものといわれている（唄・利谷 1975）。そこでは子の監護は次のようになっている[37]。

人事法案（仮称）昭和16年整理　（司法省民事局）
　　第90条　父母ガ離婚シタルトキハ子ノ監護ハ父ニ属ス
　　　父ガ離婚ニ依リテ婚家ヲ去リタルトキハ子ノ監護ハ母ニ属ス
　　　父母ハ其ノ協議ニ依リ前二項ノ規定ニ拘ラズ子ノ監護ヲ為スベキ者ヲ定ムルコトヲ得
　　第91条　子ノ利益ノ為必要アリト認ムルトキハ家事審判所ハ前条ノ規定ニ拘ラズ子ノ監護ヲ為スベキ者ヲ定メ又ハ其ノ監護ニ付相当ノ処分ヲ命ズルコトヲ得

第92条　前二条ノ規定ハ子ノ監護ニ関スルモノヲ除クノ外父母ノ権利義務ニ影響ヲ及ボサズ

　これをみると、大正要綱と実質的な内容は同じだが、規定の順番が異なっている。大正要綱では、子の監護者について、まず協議を原則とし、協議がない場合に父とするという構成であった。しかし、ここではまず原則として父と規定されたあと、これにかかわらず協議による決定も認められる、となっている。規定の最初に原則父とあげられていることで、家父長的な印象が強まるが、このような順番になった理由は明らかではない。また、裁判所による変更の規定があるのも大正要綱と同様である。そのほか、この法案には、監護が親の権利義務に影響しない、という明治民法と同じ規定もおかれている。

　当初、教育界の保守的な立場からの要請により、法改正の作業は開始されたが、まとめられた人事法案の子の監護規定についてみると、第1項が監護者を父とする家父長的な規定から始まる形になっているものの、協議離婚にも裁判所による監護者の変更規定が加えられており、明治民法を前進させたものとなっている[38]。ただし、明治民法と同様、養育費についての規定はない。この点は大正要綱の審議段階でも議論になっていない。従来どおり、夫方あるいは妻方の「家」による扶養が前提になっていると考えられるが、明治半ばからの急速な産業化の進展で、すでに「家」の生活保障機能は低下していたとみられる。そうすると、離婚後の子の扶養に関しては、規定の根底にある理念と現実との乖離は大きいといえる。

6　改正民法の成立

（1）民法改正要綱
①成立までの過程

　新憲法の公布を踏まえ、1946（昭和21）年7月2日、臨時法制調査会が設置され、「憲法改正に伴い、制定または改正を必要とする主要な法律についてその法案の要綱を示されたい」との諮問を受けている。臨時法制調査会の第3部会が司法部会となり、この第3部会を兼ねるものとして、司法省に司法法制審

議会が設置されている。そのなかの第2小委員会が民事法関係である。起草委員は我妻栄、中川善之助、奥野健一で、そのほかに幹事が8人おり、幹事はA班（家、相続、戸籍法）、B班（婚姻）、C班（親子、親権、後見、親族会、扶養）にわかれている。離婚はB班で扱われており、B班の幹事は判事の堀内新之助と大学教授の来栖三郎である[39]。

来栖は後の座談会で、「B班原案は、堀内さんが作成して下さって、ぼくはそれに目を通し、多少質問したという程度だったので、原案がどういう趣旨であったか、記憶が殆んど残っておりません。ただ、大正の臨時法制審の改正要綱を非常に参考にしたことは確かです。それと同時に、改正要綱に基づいて作成された人事法案をも参照したと思います」と回想している（我妻編 1956:27-8）。したがって、この民法改正は戦前からの改正作業を継承、発展させたものとみることができる。

起草委員会で要綱案が作られ、それが第2小委員会、司法法制審議会で決定され、最終的に1946（昭和21）年10月11日の臨時法制調査会の第3回総会で決定されている。なお、通常は要綱の決定の後に民法案の作成が行われるが、後述のとおり、このときは要綱案の審議と並行して民法案の検討も進められている[40]。

②幹事案

要綱案の作成にあたり、あらかじめ、1946（昭和21）年7月20日に幹事案が作成されている。そのなかで子の監護については、次のようになっている。

民法改正要綱案（幹事案）
 第7　子の監護
 1　（甲）父母が離婚したるときは子の監護を為すべき者は父母の<u>協議</u>に依りて定め、<u>協議調はざるときは父</u>に属するものとすること
  （乙）父母が離婚したるときは子の監護を為すべき者は父母の<u>協議</u>によりて定め、<u>協議調はざるときは次項</u>に依るものとすること
 2　<u>子の利益の為必要とあるときは裁判所は前項の規定に拘らず子の監護を為すべき者を定め又は其の監護に付相当の処分を命ずることを得る</u>

ものとすること

これをみると、甲案は実質的に大正要綱・人事法案の内容に即したもので、協議を原則とし、協議で決まらないときは父となっている。乙案は協議で決まらないときの扱いが甲案と異なり、父ではなく裁判所による決定となっている。乙案は男女平等の観点から父を削除したものと思われる。また、子の利益のために裁判所による監護者の変更を認めている点は、大正要綱・人事法案を継承している。

③起草委員第一次案・第二次案

その後、1946（昭和21）年7月27日に「民法改正要綱案」起草委員第一次案がまとめられている。子の監護に関しては、以下のようになっている。

民法改正要綱案（起草委員第一次案）
　第13　父母が離婚したるときは子の監護を為すべき者其の他監護に付必要なる事項は協議に依り之を定め、協議調はざるときは裁判所之を定むるものとすること。
　前項に依り子の監護を為すべき者は親権をも行ふものとすること。

ここでは、上記幹事案の乙案が採用された形だが、注目されるのは、離婚の際に定める事項として子の監護者だけでなく、そのほか監護に必要な事項、という文言が第一次案から入っている点である。これは人事法案にも、それまでの民法案にもみられないものである。この文言がどのような議論を経て挿入されることになったのか、監護に必要な事項にどのようなことが想定されていたのか、などは明らかではない。しかし、その後の国会での議論などからみて、起草委員には当初から養育費に関する問題意識があったものとみられる。その後、この点がとくに議論された様子はなく、最終的にこの表現が改正法に引き継がれ、現在の監護規定となっている。

また、この案には監護者を親権者とするという規定もおかれている。これは旧民法の第一草案と再調査案にあったものである。前述の座談会で来栖は、原

案は監護者のみであったが、親権者はどうするかとの疑問がでて7月27日案で一致させた、と発言している。その意図は語られていないが、ここで監護者と親権者の同一化をはかる規定がおかれたのは、監護権者たる母親の権限を向上させることが意図されていたのではないか、と思われる。

つづいて、起草委員第二次案が7月30日の第2小委員会で審議され、決議されている。そこでは子の監護に関する事項は次のようになっている。

民法改正要綱案（第2小委員会第2回決議）
　第15　父母が離婚するときは子の監護を為すべき者其の他監護に付必要なる事項は協議に依り之を定め、協議調はざるときは裁判所之を定むるものとすること。

これをみると、子の監護については第一次案と同じだが、第一次案の第2項におかれていた監護者と親権者を同一化する規定が削除されている。なお、親権者については第28の第2項に「父母が離婚するときは子に対し親権を行ふ者は父母の協議に依り之を定め、協議調はざるときは裁判所之を定むるものとすること」とあり、監護者と親権者はそれぞれ別に協議されることになっている。しがたって、第一次案でみられた監護者と親権者を同一とする意図は放棄されたことになる。

この点について、座談会で中川は「第15で父母が離婚した場合の子の監護だけを定め、その場合の親権者をこれと分離して別に第28の第2項としたのです」（我妻編 1956:39）と述べているが、その理由は説明していない。

④民法改正要綱

その後、8月15日の司法法制審議会第2回総会では、以下のような決議となっている。

民法改正要綱案（司法法制審議会第2回総会決議）
　第16（第15）　父母が離婚するときは子の氏及子の監護を為すべき者其の他監護に付必要なる事項は協議に依り之を定め、協議調はざるときは

<u>裁判所之</u>を定むるものとすること。

これをみると、離婚時に定めることとして、「監護者」「監護に必要な事項」に加えて、「子の氏」が入っている。そしてこれと同じ規定が、臨時法制調査会総会に原案として出され、議論されている。8月22日の臨時法制調査会第2回総会議事速記録をみると、我妻が「子の氏」を入れた理由を説明している。そこでは、「我々の家族共同生活が或る場合に集まり、或る場合に分かれるというのを、氏を変更するという、そういう観念で現していこう、そうしてそれを基礎として、親が子供に対して親権を行使する場合には氏を同じうする親といういき方でいこう、又離婚をすれば氏を異にする親ということになる、又扶養というようなことも、氏を同じうするかしないかという所を一つの拠り所として之を考えていこう、かように氏というものを頭の中に考えまして、その氏を同じうするか、しないかということが現実の共同生活が一緒になる、ならぬという所を抑える一つの拠り所にしようというふうに考えている」と述べている（我妻編 1956：251）。これは氏によって共同生活の実態と戸籍とのずれを解消しようとするもので、たとえば、母親が監護する場合は子の氏も母方にあわせようという意図だと考えられる。「氏」をめぐっては、後の民法改正案で議論となり、「氏」は「家」の代わりに用いられたもの、と批判されるなど、大きな問題となった点である。しかし、ここではこの規定がそのまま審議を通過し、司法法制審議会での決定を経て、10月24日の臨時法制調査会第3回総会で「民法改正要綱」42項目の第16として成立している。

（2） 応急的措置法の審議

民法改正要綱の審議と並行して、民法案の作成も進められていた。しかし、民法案の審議を1947（昭和2）年5月3日の憲法施行に間にあわせることができないとのGHQの判断から、憲法施行から改正民法が施行されるまでの間の応急措置として、「日本国憲法の施行に伴う民法の応急措置に関する法律」（以下、応急措置法と略す）が制定されることになった。立案作業は1947年3月に始められ、4月19日に法律が成立している（我妻編 1956：5-8）。これは全10カ条からなる短いもので、離婚後の子どもに関しては、親権の規定はあるが、子

第Ⅱ部　養育費問題

の監護についての規定はない[41]。

　このように法案には監護に関する規定は入っていないが、国会審議においては、離婚後の子の監護や養育費問題について取りあげられている。1947（昭和22）年3月18日の衆議院本会議における質疑応答で、山下春江は「離婚の場合、子供はいずれが引取るのでありましょうか。もちろん協議によってきまるものではございますけれども、<u>女子の経済上の地位</u>という点から、十分御考慮せられるべきであると思いますが、御所見は如何でございますでしょうか」と質問している。それに対して国務大臣の木村篤太郎は、「離婚の場合の子供の処置についてはどうするかということでありまするが」「ただいまのところ、応急処置にはこの点に触れていないのでありますが、この点も、民法の全面的改正について十分考慮を払うつもりであります」と答えている（最高裁判所事務総局編 1953：7）。

　また、1947（昭和22）年3月22日の衆議院特別委員会の質疑応答では、米山文子が「離婚した場合、母が親権を行うことになりましたときに、<u>その子供の養育料については</u>、やはり今の同じようなお考えでございましょうか（筆者注：応急措置法にはその点をふれていないが、改正時にはこの点について規定するという考え）」と質問しているのに対し、政府委員の奥野健一は「離婚になりましても父はやはり子供の父でありまする関係上、父と子供との間においては、やはり扶養の義務が父にあるわけでありますから、父母離婚して子供が母とともに生活しておりましても、母に生活の十分な資力がないというような場合においては、父から養育費を出すということは扶養の関係からして当然父にそういう義務があると考えております」と応答している。さらに、米山の「アメリカでは18歳まで養育料を支払っておるそうでございますが」との質問に対し、奥野は「日本の民法におきましては、別に年齢の制限なく、生活ができない場合におきましては扶養の義務者は扶養しなければならないということになっておるわけであります」と答えている（最高裁判所事務総局編 1953：29-30）。

　こうした議論を踏まえて、1947（昭和22）年3月28日の衆議院本会議における委員長報告においても、小林鋳委員長は「父母が離婚をし、<u>子供が母とともに家を去った場合に、子供の養育費</u>はどうなるのであるかという質疑に対しまして、父母がともに子に対しては扶養の義務を負担する、すなわち<u>養育費は父</u>

母が出すことになるが、もし母が資力をもたないときには、父が全部これを負担しなければならないという政府の見解でございました」と養育費問題についての議論を報告している（最高裁判所事務総局編 1953：33）。

このように、応急措置法には直接の規定はないものの、国会では女性議員の質問により、離婚後の子の監護と女性の経済的地位の関係や、母親が子どもを監護する場合の父親の養育費の負担について議論されている。そして、政府も父親の養育費の支払義務について当然のことと認めている。ここにみるとおり、戦後の民法改正前の国会の審議において、養育費問題が明確な形で議論され、養育費の負担義務が確認されていたことは、きわめて重要であり、その後の民法の展開を考えるうえで重視すべきことである。

（3）改正民法
①沼津案・山中案

前述のとおり、民法条文の立案作業は要綱案の審議と並行しておこなわれており、1946（昭和21）年7月30日には着手されている。まず幹事案が作られ、それをもとに起草委員会で第一次案をまとめ、以後、第八次案まで順次改定されている[42]。そのうち、1946（昭和21）年8月20日の第二次案と、同年10月18日の第三次案はそれぞれ沼津案、山中案と呼ばれ、全体の骨子が確定した重要なものとみなされている。子の監護規定について、それぞれの条文は次のとおりである（山中案については、沼津案と異なる条文のみ）。

民法の一部を改正する法律案（沼津案）
第812条　父母カ協議上ノ離婚ヲ為ストキハ子ノ監護ヲ為スヘキ者其他監護ニ付キ必要ナル事項ハ其協議ヲ以テ之ヲ定メ協議調ハサルトキハ裁判所之ヲ定ム

子ノ利益ノ為メ必要アリト認ムルトキハ裁判所ハ前項ノ規定ニ依リ定マリタル子ノ監護ヲ為スヘキ者ヲ変更シ其他監護ニ付キ相当ノ処分ヲ命スルコトヲ得

第812ノ2　婚姻ニ因リテ氏ヲ改メタル妻又ハ夫ハ離婚ニ因リテ婚姻前ノ氏ニ復ス

前項ノ場合ニ於テハ当事者ノ協議ヲ以テ其子ヲシテ自己ト同一ノ氏ヲ称
セシムルコトヲ得但子カ満15年以上ナルトキハ其同意ヲ得ルコトヲ要ス
前項ノ協議調ハサルトキハ裁判所ノ許可ヲ以テ之ニ代フルコトヲ得協議
ヲ為スコト能ハサルトキ亦同シ
第819条　第812条乃至第812条ノ4ノ規定ハ裁判上ノ離婚ニ之ヲ準用ス

民法の一部を改正する法律案（山中案）

第812条ノ2　婚姻ニ因リテ氏ヲ改メタル妻又ハ夫ハ離婚ニ因リテ婚姻前
ノ氏ニ復ス
前項ノ場合ニ於テハ妻又ハ夫ハ当事者ノ協議ヲ以テ其未成年ノ子ヲ引取
リテ自己ト同一ノ氏ヲ称セシムルコトヲ得
前項ノ協議調ハサルトキハ裁判所ノ許可ヲ以テ之ニ代フルコトヲ得協議
ヲ為スコト能ハサルトキ亦同シ

　民法改正要綱の第16では、協議事項として、子の氏と監護者と監護に関する事項の3つが並べられていたが、ここでは子の氏については812条の2として別になっている。この812条の2以外は、両案は同じ内容で、812条では監護者と監護に関する事項を協議で決め、協議で決められないときは裁判所が決定することになっている。また、協議による決定であっても、子の福祉のために裁判所はそれを変更できる規定もおかれている。また、819条ではこれが裁判離婚にも適用されることになっている。これらの子の監護に関する規定については、以後、問題となることはなく、最終案まではとんど変化していない。
　812条の2に関しては、沼津案と山中案で違いがあり、山中案では協議で決める子の氏が未成年の子の氏に限定され、15歳以上の子ども本人の同意が削除されている。子の氏をめぐってはGHQからの批判もあり[43]、結局、812条の2は第七次案で包括的な子の氏の規定（791条）に吸収されている。

②国会審議

　最終的に第八次案が1947（昭和22）7月22日、第1回国会に上程され、ほぼその内容で12月9日に可決している。成立した「民法の一部を改正する法律」

では、子の監護は766条と771条に規定されている。それは次のとおりである。なお、国会に提出された第八次案との相違点は、家事審判所が家庭裁判所に修正されたほかは、細かい字句の修正のみである。

改正民法（法律第222号）
　第766条　父母が協議上の離婚をするときは、子の監護をすべき者その他監護について必要な事項は、その協議で定める。協議が調わないとき、又は協議をすることができないときは、家庭裁判所が、これを定める。
　2　子の利益のため必要があると認めるときは、家庭裁判所は、子の監護をすべき者を変更し、その他監護について相当な処分を命ずることができる。
　3　前2項の規定によっては、監護の範囲外では、父母の権利義務に変更を生じない。
　第771条　第766条から第769条までの規定は、裁判上の離婚について準用する。

　法案は司法委員会に付託され審議されている。766条に関する議論は少ないが、衆議院の司法委員会における質疑応答のなかに、次のようなやりとりがある。
　1947（昭和22）年8月9日に、北浦圭太郎が「私はこと離婚の場合、子供のことを考える。この点は日本のこの改正としてどういう方針をとられたか。子供があるのに離婚する。夫婦わかれる。子供の幸福のためにどういうことを考えておるか。この点をお伺いしたい」と質問したのに対し、政府委員の奥野健一は「未成年の子の場合におきましては、離婚の際に必ずだれが親権者になるかということをきめて離婚の届けをしなければならない。また裁判上の離婚では、その際にだれが親権者になるかを裁判所がきめるということにいたし、なお親権者の問題のみならず、子の看護（ママ）、事実上の養育、看護（ママ）を負担するものはだれであるかということについても、同様離婚の際、あるいは、離婚の判決の場合にきめなければならないということにいたしまして、子供の養育、あるいは親権の関係において、遺漏のないように配慮したつもりであります」と述べ

ている（最高裁判所事務総局編 1953:122）。ここで奥野は、子の福祉のために親権のほかに、監護規定を置いていることを強調している。

そして、同年8月11日には、安田幹太が「協議上の離婚の場合に、この819条で親権者を定めれば、その親権者となったものが親権の効力として監護権を有するということになるのではないか」「しかるに766条で、特に監護権だけを親権の中から引抜いて、別個にここで協議せしめるということにしておるのでありますが、何ゆえかようなことが必要であるか」「766条は監護権の問題ではなくて、むしろ監護に要する費用の負担をだれにするかということを定めさせる問題としてだけに意義がある。それだけで十分ではないかというふうに考えられるのであるが、それともとくに監護権だけは、教育権あるいは懲戒権その他の親権と別個に引き離さなければならないという意味で766条を御規定になったのでありましょうか」と質問しているのに対し、奥野は「実際はおそらく親権者と監護権者と監護者が、あるいは別になることもほとんどないかと思いますが、もしそういう必要があった場合においては、監護者と親権者が分離することも考えられる。現行法（筆者注：明治民法812条）の建前がそういう建前をとっておるのでありまして、その趣旨を踏襲いたしたわけであります。御説のように、おそらく<u>これは監護費用の分担というようなことがおもなことになるかと考えます</u>が、法制上の建前として、親権の中で監護権のみを分離する必要のある場合を予想いたしまして、こういう規定を設けておるのを、そのまま踏襲したというわけであります」と答えている（最高裁判所事務総局編 1953:164-165）。このように子の監護権と親権との関係を問われた質問に対し、奥野は766条の監護規定の意義は養育費の分担を決定することにある、と明確に述べている。

前述のとおり、応急措置法の国会審議においても、母親が監護者となった場合の経済問題が指摘され、政府委員は民法改正時にその点を規定したい旨発言していた。そして、民法改正案の国会審議において、監護規定の存在を強調し、離婚後の子の養育については「遺漏なく配慮した」と発言している。そしてここで、その監護規定の主たる中身は「監護費用の分担」にあると明言している。こうしたことから、766条が養育費の負担を意図して規定されたものであることは明らかである。そのように考えると、離婚後の養育費問題の解決に向けて、

重要な役割を担って規定されたものといえる。

　こうして、「監護について必要な事項」が改正民法に新たに盛り込まれたが、これは民法改正要綱案の第一次案から登場している文言である。上記のとおり、「監護について必要な事項」として、起草者が想定していたのは養育費の負担ということである。当初から起草者は、離婚母子世帯の養育費問題を認識していたとみられる。しかし、そうであれば、より明示的に監護費用の分担という文言を規定する工夫がなされても良かったのではないだろうか。国会審議でも明らかなとおり、すでに養育費問題については認識が共有されており、監護費用の負担を明示した民法案が提示されれば、それが制定された可能性もあったといえる。

　結局、「監護について必要な事項」という具体性に欠ける表現にとどまったために、養育費の負担という766条の意図がまったく浸透しなかったというのが、その後の現実である。「監護について必要な事項」という包括的な表現ではなく、旧民法の第一草案や再調査案にみられたような「資力に応じた負担」義務といった直接的、具体的な文言が用いられていれば、戦後の養育費の状況も違った展開を見せたのではないか、と考えられる。

7　国家非関与型の家族政策

　明治初期の民法草案から1947年の改正民法まで、離婚後の子の監護に関する規定をみてきた。監護者と養育費、ならびに監護と親権等との関係について、その変遷をまとめると表4-1のようになる。日本の民法の編纂作業はフランス民法に倣って進められたことから、すでに明治初期の民法草案の段階から、離婚後の子の監護に関する規定がおかれている。

　監護者についてみると、協議離婚の場合、旧民法の前史にあたる明治11年民法草案までは「何れか」となっているが、旧民法では「夫」、明治民法では「原則協議」、人事法案では「夫または協議」、改正民法では「協議」と変化している。ただし、「夫」とする場合でも監護者の変更は認められており、妻が監護者となる可能性も残されている。裁判離婚については、明治初期から旧民法の第一草案まではフランス民法の影響から「原告」「直者」などの無責配偶

第Ⅱ部　養育費問題

表4-1　主な草案・制定法における「離婚後の子の監護」に関する想定

	年	草案・制定法	子の監護者 協議離婚	子の監護者 裁判離婚	養育費	親権との関係等
旧民法前史	1872（明5）	皇国民法仮規則	何れか	父 変更規定あり	—	
	1873（明6）	左院の民法草案	何れか	原告 変更規定あり	資助の権利あり	
	1878（明11）	明治11年民法草案	何れか	訟求者 変更規定あり	家産に応じた分担	
旧民法まで	1888（明21）	民法草案人事編（第一草案）	（子に関する処置1) ）	直者 変更規定あり	資力に応じた負担	監護者＝親権者
	1890（明23）	民法草案人事編再調査案	夫 変更規定あり		資力に応じた負担	監護者＝親権者
	1890（明23）	民法人事編	夫 変更規定あり		—	—
明治民法まで	1896（明29）	民法修正案（第一議案）	協議（定めなければ夫）	協議（定めなければ夫） 変更規定あり	—	父母の権利義務に変更なし
	1898（明31）	明治民法	協議（定めなければ夫）	協議（定めなければ夫） 変更規定あり	—	父母の権利義務に変更なし
人事法案まで	1924（大13）	小委員会整理案	協議（定めなければ裁判所決定）		—	—
	1924（大13）	大正要綱	協議（定めなければ夫） 変更規定あり	協議（定めなければ夫） 変更規定あり	—	—
	1941（昭16）	人事法案（昭和16年整理）	父または協議 変更規定あり		—	父母の権利義務に変更なし
改正民法まで	1946（昭21）	起草委員第一次案	協議（定めなければ裁判所決定）		監護について必要な事項を協議	監護者＝親権者
	1946（昭21）	民法改正要綱	協議（定めなければ裁判所決定）		監護について必要な事項を協議	子の氏を協議
	1947（昭22）	応急措置法	—	—	—	—
	1947（昭22）	改正民法	協議（定めなければ裁判所決定） 変更規定あり	協議（定めなければ裁判所決定） 変更規定あり	監護について必要な事項を協議	父母の権利義務に変更なし

注1）協議離婚の際に証書に記載すべき事項に、「子に関する処置」とある。
出典）本論で記した草案等の各出典を用いて作成。

第 4 章 「離婚後の子の監護」規定の歴史的変遷

者とする規定となっている。それが旧民法では「夫」となり、それ以後は「原則協議」が多くなっている。「原則協議」とはいえ、通常は協議が整わずに裁判離婚に至るのであり、裁判離婚では協議することは困難である。その場合については、人事法案までは「協議がなければ夫」とするものが多く、その後は「協議がなければ裁判所が決定」という規定が多くなっている。ただし、「原則夫」あるいは「協議がなければ夫」の場合でも、監護者の変更規定があり、裁判離婚の場合も妻が監護者になる可能性がある。このように、協議離婚でも裁判離婚でも、民法においては、協議や裁判所の決定によって、妻が子どもの監護者となることが認められている。

　では、妻が子を監護する場合の養育費の負担についてはどうだろうか。養育費に関する規定をみると、旧民法前史の草案だけでなく、旧民法の第一草案や再調査案にも「資力に応じた負担」義務という、分担基準を明記した具体的な規定が盛り込まれている。とくに、旧民法の第一草案では、母親の監護を実現するための基盤として、この養育費規定がとらえられている。すでにこの段階で、経済的な事情で母親による子の監護が困難になっている状況が認識され、その解決策として養育費の分担規定が草案に導入されていたということは注目される。しかしその後、元老院の審議でこの規定は削除され、以後、旧民法から人事法案まで、養育費に関する規定は一切みられない。

　戦後の民法改正においては、改正要綱の起草委員第一次案から、子の監護者だけでなく、「監護について必要な事項」を定めることが規定に加えられ、1947（昭和22）年の改正民法にもこれが盛り込まれている。国会における法案審議では、子の監護の規定が養育費分担を企図したものであることが示されており、「監護について必要な事項」とはまさに養育費の分担を意味するものととらえられる。しかし、法文上、監護費用という直接的な文言がなく、ましてや旧民法の草案にみられたような「資力に応じた負担」といった具体的な表現もなく、「監護について必要な事項」という包括的な文言であったため、その意図が浸透せず、養育費の規範として意味をなさなかったといえる。

　こうしてみると、養育費規定に関しては、元老院で削除される前の、旧民法の草案がその意図と条文の具体性という点で、最も進歩的であったと考えられる。しかし、明治民法や人事草案の起草者たちが、離婚後の子どもの問題に無

139

関心であったとは思われない。ではなぜ、養育費規定が議論されなかったのだろうか。その理由は明らかではないが、明治民法以後、「協議」が重視されていることと関係があるように思われる。表4-1で子の監護者についてみるとわかるとおり、監護者の決定は原則協議となっている。明治民法の審議で起草者の富井が説明していたように、とくに協議離婚の場合には裁判所の関与もすべて排して、協議に委ねることが望ましいと考えられている。

　このような協議による離婚問題の解決は、私事に対する公的介入の抑制という、公私二元論に基づくものである。近代的な公私二元論の思想から、起草者たちは協議を中心とする解決を支持し、養育費に関しても離婚時の協議による解決に期待していたと考えられる。他方、このような協議に対する法の不介入は、「家」を重視する保守層の意向にうまく合致したものと思われる。こうした近代的・進歩的な思想と家父長的・保守的な思想の奇妙な結合により、養育費規定は議論される場を持ち得なかった、ということができる。しかし、このように養育費規定を欠くことは、実際には「家」による協議や「家」による扶養に問題を委ねるということである。これを民法の「家」制度とあわせて、民法領域における家族政策としてみれば、「『家』時代の国家非関与型の家族政策」と位置づけられる。

　戦後の民法改正においても、起草者たちは離婚母子世帯の養育費問題を認識していたとみられるが、起草案は明治民法以来の協議を重視した大正要綱や人事法案を基礎にしたものであり、養育費に関しても、規定に「監護について必要な事項」を盛り込むだけで、養育費の負担という規定の意図を積極的に明示しようとしていない。あたかも、「監護について必要な事項」の内容は、家族の自由の領域とする方針がとられているかのようである。しかし、民法の「家」制度の廃止という方向とあわせてみれば、これは「『家』なき時代の国家非関与型の家族政策」とみなされる。こうした家族政策が現在に至るまで継承されてきたことが、離婚母子世帯の養育費問題の根本にあるといえる。

注
1）　1996年の民法改正要綱（法制審議会 1996年2月26日決定）では、離婚後の子の監護に関して定めるべき事項として、監護費用の分担が例示されている。

第 4 章　「離婚後の子の監護」規定の歴史的変遷

そこに至るまでの過程については、第 1 章を参照されたい。
2)　太政官布告に、妻からの離婚請求を初めて認めた第162号と、離婚訴訟に関する手続きを示した第247号があるのみである（高柳 1951）。司法省や他の行政官庁への「伺い」とそれに対する「指令」のなかには、その家の推定家督相続人の地位を有する子以外の子は妻の実家に連れ帰ることを認めているものや、子が家督相続人であっても、孫が代位相続者となっているとみられる事例では、親族協議の上、廃嫡して行政庁に願い出れば妻が実家に連れ帰ることができるとした指令もあるという（高柳 1958:136-139）。
3)　『民事慣例類集』は司法省原編／手塚・利光編（1969）、『全国民事慣例類集』は司法省蔵版／法務省大臣官房司法法制調査部監修（1989）を用いた。以下、引用した事例のうち、相模国鎌倉郡の事例は『全国民事慣例類集』にのみ掲載されている。それ以外の事例はすべて、『民事慣例類集』と『全国民事慣例類集』の両方に掲載されている。
4)　規定の変遷に関しては、離婚給付に関する高野（1964）、水野（1983）、本沢（1998）の研究が大変参考になった。
5)　資料のうち、後述の旧民法および明治民法に関する法典調査会の議事速記録等の資料については、日本学術振興会の謄写本を写真版で収めた「法典調査会記録」のマイクロフィルム（雄松堂書店製作、マイクロリール全62巻、以下マイクロフィルム版と略）のほか、商事法務研究会刊行の法務大臣官房司法法制調査部監修『日本近代立法資料叢書』がある。本章ではその 6 巻、12巻、13巻、16巻を用いる（法務大臣官房司法法制調査部監修1984・1988a・1988b・1989、以下、商事法務版と略す）。広中俊雄は、商事法務版の問題点として、写真版による複製ではなく組み版による複製のため、編集時に濁点や半濁点が付されていること、および誤字脱字などが訂正されていることの 2 点を指摘し、商事法務版は研究上の検索に用い、論文等での引用には日本学術振興会謄写本を用いるよう促している（広中 1996:160-163）。これに従い、本章でも「法典調査会記録」にある資料については、はじめに商事法務版で関連する文書を検索し、そののちにマイクロフィルム版を利用した。その他の資料はそれぞれに記した出典によっている。ただし、本章では説明に必要な条文等の一部分のみを抜粋して引用してある。また、印刷の都合上、旧字体は一部、新字体に改め、条文数などの数字は原則算用数字に改めて記してある。
6)　「民法決議」は石井（1979）に全文が掲載されている。これをみると、「民法決議」の身分証書の部分は、「 1 章　身上証書」「 2 章　出産ノ書」「 3 章　婚姻ノ書」「 4 章　死去ノ書」「 5 章　氏名更改ノ書」「 6 章　身分証書ヲ改ル事」という構成である。
7)　ただし、1099条の次が2000条となっており、実際の条文総数は1184条である（川島・利谷 1958:7）。
8)　東京大学法学部所蔵の「皇国民法仮規則」が、東京大学社会科学研究所よ

り「日本近代法資史研究資料集　第一」として写真版で復刻されている（利谷編 1970）。
9)　「民法仮法則」は石井（1979）に全文が掲載されている。
10)　「左院の民法草案」は石井（1979）に全文が掲載されている。
11)　「明治11年民法草案」は星野（1944）に全文が掲載されている。
12)　人事編は熊野敏三、相続編は磯部四郎と井上正一が担当している（青山・有地編 1989：21）。
13)　「民法草案人事編（完）」として「民法草案人事編九國對比」がマイクロフィルム版41巻、商事法務版16巻に掲載されている。
14)　「民法草案人事編理由書（上）（下）」が石井（1959）に掲載されている。
15)　これらの意見は「民法編纂ニ關スル裁判所及司法官意見書」（マイクロフィルム版39巻・商事法務版16巻）および「法律取調委員會民法ニ關スル諸意見書綴込」（マイクロフィルム版44巻・商事法務版16巻）にまとめられている。なお、前田陽一は「民法編纂ニ關スル裁判所及司法官意見書」のうち、「法例并ニ人事編及ヒ獲得編ニ關スル意見書」は第一草案に対する意見だが、「民法草案人事編ニ關スル意見」「法例並人事編ニ關スル諸意見」「民法草案人事編意見追加」は法律取調委員会が1890（明治23）年4月1日に政府に提出した人事編最終案（元老院提出案になる）に対する意見であろうと推察している。また、「法律取調委員會民法ニ關スル諸意見書綴込」については、「民法草案人事編獲得編諮問意見具申」（大阪控訴院長 兒島惟謙）から「民法人事編意見書」（大審院 刑事第一局）までは第一草案に対する意見がやや遅れて具申されたものとみられるものが含まれており、それ以外は再調査案に対する意見であろうと推察している（前田 1998：16）。
16)　第一草案では協議離婚に関して、裁判所の審査を義務付け、離婚手続きを慎重に進めるための規定（たとえば6ヵ月の熟慮期間など）がおかれている。そのため、裁判官からはこのような手続きの厳格さが人々の履行を妨げ、事実上の離婚、再婚を招くという意見や、煩雑な提出書類を作成させ、無益の費用を浪費させるなどの理由から反対意見や修正意見が多く出されている。
17)　中西は1889（明治22）年5月付で「民法草按意見」を提出している。これは「法律取調委員會民法ニ關スル諸意見書綴込」（マイクロフィルム版44巻・商事法務版16巻）のなかにある。
18)　「民法草案人事編再調査案 完」はマイクロフィルム版41巻、商事法務版16巻に掲載されている。
19)　まず、法典調査会主査委員会で民法目次案が審議されており、離婚に関しては、1893（明治26）年6月30日の民法主査会第8回で議題となっているが、子の監護についての議論はない。つづく7月には法典調査会総会で目次案が審議されており、離婚を含む第4編全体が1893（明治26）年7月4日の第3回法典調査会総会で議題となっているが、離婚に関する議論はみられない。「法典

調査會民法主査會議事速記録」はマイクロフィルム版33巻、商事法務13巻に、「法典調査會總會議事速記録」はマイクロフィルム版35巻、商事法務版12巻に掲載されている。
20) 民法修正案である「民法第一議案」はマイクロフィルム版43巻、商事法務版13巻に掲載されている。
21) 「第149回法典調査會議事速記録」はマイクロフィルム版17巻、商事法務版6巻に掲載されている。
22) 修正内容は「前二條ノ規定ニ依リテ離婚シタ者」を「協議上ノ離婚ヲ爲シタル者」としたことと、「夫」「妻」を「父」「母」としたことであり、いずれも表現上の訂正である。「第151回法典調査會議事速記録」はマイクロフィルム版17巻、商事法務版は6巻に掲載されている。
23) 「第150回法典調査會議事速記録」はマイクロフィルム版17巻、商事法務版6巻に掲載されている。
24) 823条は「第149回法典調査会」で審議されている。「第149回法典調査會議事速記録」はマイクロフィルム版17巻、商事法務版6巻に掲載されている。
25) 明治民法の詳しい解説に、野上（1929）がある。
26) 『民法修正案理由書』の初めの部分に、これは法典調査会が法案の起草もしくは修正の理由を記述したものであるが、政府が法案の議会提出にあたり、起草理由の説明資料として両院に回付したものである、と記されている。『民法修正案理由書』（明治31年6月刊行東京博文館蔵版）は『日本立法資料全集 別巻32』（1993年復刻版、信山社）に掲載されている。
27) 明治民法の制定時から保守派と進歩派の対立があり、改正要求は早くからくすぶっていたようである。法律施行後1年もたたない1899（明治32）年3月、衆議院に早川龍平ほか4名から「親族相続二編修正を望む決議案」が提出されている（磯野 1957：351）。また、臨時法制審議会設置の少し前に、民法改正に向けた具体的動きもあったようであり、1818（大正7）年12月24日の臨時教育審議会第28回総会で、委員の江木千之は、先年の貴族院予算委員会の直後、時の文部大臣奥田義人から民法改正のための準備委員を作る相談を受け、2、3回文相官邸で会合をもったが、奥田が司法省に移ったので沙汰やみになってしまい、何とかしなくてはと思っているところに今回の話があり、甚だ歓迎すべきことだと思っている、といった発言をしている（碓井 1960：1005-1006）。
28) 臨時教育審議会は1917（大正6）年9月20日に設置されたもので、これは日本初の内閣直属の教育諮問機関である（海後編1960：5）。日本の急速な社会経済の変化、すなわち資本主義の発展に伴う労働者階級の増大に伴う、階級対立、労働争議・小作争議、米騒動、社会主義の浸透といった事態に危機感を抱いた政府が、労働者や農民が地位向上を欲しないように家父長的「家」の上からの強力維持、家族主義イデオロギーの強化を狙って設置したものとみられている（磯野 1957：360、玉城 1957：285）。会議は学制改革に関する9つの諮問

に対し、それぞれ答申（1号「小学教育」、2号「高等普通教育」、3号「大学教育及専門教育」、4号「師範教育」、5号「視学制度」、6号「女子教育」、7号「実業教育」、8号「通俗教育」、9号「学位制度」ニ関スル件）を行なっているが、これらの答申のほかに2つの建議、「兵式体操振興ニ関スル建議」と「教育ノ効果ヲ完カラシムルヘキ一般施設ニ関スル建議」を行なっている。「教育ノ効果ヲ完カラシムルヘキ一般施設ニ関スル建議」は碓井（1960）に掲載されている。

29) これは1918（大正7）年10月30日の第27回臨時教育審議会総会における江木千之の発言である（碓井 1960：988-9）。

30) 「内閣よりの諮問事項の通知」が堀内（1970）の資料4に記載されている。

31) 「諮問第一號ニ関スル調査項目（其一）」が堀内（1970）の資料6に掲載されている。

32) 「臨時法制審議会諮問第一號主査委員会日誌」第1回から第17回が、堀内（1976）の資料6-1から6-17に掲載されている。

33) 主査委員会の最終回において、小委員会を発足させ、審議を終えた調査要目とそのときの委員の意見とを整理して綱領案を作り、これを議題とすることになった。小委員会では幹事作成による審査要項の審議・議決が行われている。小委員会の第18回（1922（大正11）年6月26日）から第54回（1924（大正13）年6月6日）までになされた決議が堀内（1976：87-108）に掲載されている。

34) 第34回の小委員会で協議離婚については、審査要綱の第13の1として決議したが、第35回の小委員会で再議の提案がなされ、2つの修正意見が提出されている。修正意見の一は「婚姻の同意者（父母）の同意を得ること、当事者のどちらかに同意者が不在か、同意を得られない場合は家事審判所の認許」、修正意見の二は「婚姻同意者の同意が必要、同意が得られない場合は家事審判所の認許。ただし、同意者がいない、又は同意か不同意かの確認ができないときは同意に代えて親族会の同意を必要とする」というものである（堀内 1976：95-6）。

35) 「諮問第一號小委員会整理案（大正13年6月16日　第55回小委員会）」が堀内（1976：113-122）に掲載されている。

36) 1929（昭和14）年7月整理の第三草案は、独立法典としての人事法案の体裁をとっている最初の案で、そこでは子の監護者を柔軟に決定しうるよう任意的補充的にのみ決定し（91条）、父母の協議による任意な決定（90条Ⅰ）と離婚審判における決定（90条Ⅱ）とに任せる規定になっているという（唄・利谷 1975：505）。また、以上にかかわらず、家事審判所は「子ノ利益ノ為其ノ監護ニ付相当ノ処分」を命じうる（要綱15の2、16の3）とのことである。

37) 「人事法案（仮称）「親族編」（昭和16.8整理）（昭和16.8.2）」が堀内（1970）の資料23に掲載されている。

38) 当初の起草から関わった穂積重遠は、「この改正要綱は「我国古来ノ」とい

第 4 章　「離婚後の子の監護」規定の歴史的変遷

ういわば反動的傾向から出発したものだったが、しかし時勢の進転は争われないもので、進歩的傾向も相当に取り入れられ、新旧思想の調和に苦心が払われた」と回想している（穂積 1948：4）。

39)　委員構成ならびに民法改正要綱成立までの各要綱案等が、我妻編（1956）の第 3 部資料 I に掲載されている。以下、要綱に関して用いる資料はすべてこれによっている。

40)　要綱案の審議経過については、我妻編（1956）、中川（1949a）が詳しく記録している。

41)　「日本国憲法の施行に伴う民法の応急措置に関する法律」では親権について、第 6 条で次のように規定されている。親権は、父母が共同してこれを行う。父母が離婚するとき、又は父が子を認知するときは、親権を行う者は、父母の協議でこれを定めなければならない。協議が整わないとき、又は協議をすることができないときは、裁判所が、これを定める。裁判所は、子の利益のために、親権者を変更することができる。

42)　民法改正法案の変遷経過や沼津案、山中案等が、我妻編（1956）の第 3 部資料 II に掲載されている。以下、民法改正案に関して用いる資料もこれによっている。

43)　前述のとおり、子の氏に関しては、親権の規定のところで、氏と親権を結びつけるかどうかについて、日本側と GHQ で問題となっている。後の座談会で小沢文雄（司法事務官）は次のように述べている。「こちらはいま先生（筆者注：我妻栄）がおっしゃったように、親権の所在を共同生活の実体にあわせよう、とにかく実際の生活に即するように決めようということが頭にあって、それに一番即するようにするには、まず氏を共同生活の実体に合うようにきめておいて、親権はその氏にあわせることが一番おちつくところにおちつくというので、氏というものを共同生活の表象というか、共同生活の実体をつかむ手段として頼っていったのですね。ところが司令部の方には、氏と親権とを結びつけることは、要するに家の代わりに氏を頭において、それに実質上の権利関係を結びつけることになる。いいかえれば、家の温存になるのじゃないかという頭が初めからあったらしいのです」（我妻編 1956：166）。なお、中川善之助は沼津案の起草作業に関して、「どうも「氏」と「家」とは余り違わないものののように思われて来て、われわれをハタと当惑させた」と回想しており、家制度を排し、現実の共同生活に即した規定にする意図で「氏」を用いた起草委員たちの中でも、氏と家の関係には苦慮していたようである。中川によると、こうした問題意識から山中案では子を「引取リ」と挿入したということである（中川 1949b：11）。

第 Ⅲ 部

養育費政策
展開とその功罪

第 5 章

家族に介入する公権力
アメリカ

1 もうひとつの家族政策

　本章では、養育費政策を強力に推進しているアメリカについてみてみたい。
　エスピン・アンデルセンの福祉レジームによると、アメリカは自由主義的レジームに位置付けられている。福祉レジームによって、福祉の供給を中心的に担うセクターは異なり、スウェーデンのような社会民主主義的レジームでは「国家」、ドイツのような保守主義的レジームでは「家族」が中心となるのに対し、アメリカのような自由主義的レジームでは「市場」が中心となる（Esping-Andersen 1990＝2000）。このような「市場」中心の体制のもと、アメリカの家族政策は「家族不介入主義」が特徴といわれている。ゴーチェの家族政策の4タイプによると、出産促進主義のフランス、伝統的家族主義のドイツ、男女平等主義のスウェーデンに対し、アメリカは、国家は私事に介入しない、という家族不介入主義に分類されている（Gauthier 1996）。
　たしかに、出産や育児に対して実施されているアメリカの政策をみると、家族不介入の特徴がよくわかる。福祉国家は給付と規制の両面からとらえられるが（武川 2006）、給付面でみると、アメリカは先進諸国で唯一、児童手当を実施していない国である。サービス給付も民間サービスが中心で、たとえば公的な保育サービスは貧困世帯を対象としたものに限られ、一般的な保育のほとんどは市場で提供される民間保育サービスである。その代わり、子どもを養育している家族や保育費用を支払っている家族に対しては、税額控除によって金銭的な援助がなされる。このように、出産・育児に関する家族への公的支援は、国家が家族に手当やサービスを直接提供するのではなく、税制を通じて間接的

に行われている。

　他方、規制の面にも、家族不介入主義の特徴があらわれている。たとえば、アメリカは日本やヨーロッパ諸国と異なり、労働者に法定の出産休暇を保障していない。また、体外受精や代理懐胎などの人工生殖技術の利用についても国家規制はなく、市場での契約に委ねられている。こうしてみると、たしかにアメリカの政策では、個人や家族の選択を重視し、できる限り家族に介入しないという姿勢が貫かれている。まさに、家族不介入主義といえる。

　しかし、本章で取りあげる養育費に関する政策は、それとはまったく異なっている。アメリカでは、母子世帯の増大による福祉財政の逼迫を背景に、1975年に養育費履行強制制度（Child Support Enforcement Program、以下、養育費制度と略す）が創設されて以来、親の扶養義務を追求する政策が強化されてきている。それはいわば、国家の家族介入の歴史である。ここには、「家族不介入主義」とは異なる、アメリカのもうひとつの家族政策がみてとれる。本章では、アメリカの養育費制度を通じて、家族介入的な政策の意義と問題点について考えてみたい。

　以下、はじめに、アメリカの養育費制度の全体像を概観したあと（第2節）、各プログラムの具体的な内容を把握し（第3節）、その実績と効果を確認したうえで（第4節）、最後に制度のもつ危険性について検討する（第5節）。なお、養育費制度では、監護親が父母どちらであっても同様の扱いであるが、ここでは監護親を母親、非監護親を父親として論じていく。

2　養育費履行強制制度の全体像

（1）制度の創設・展開[1]

　アメリカでは1960年代半ば以降、離婚や未婚出産の増加とともに、公的扶助（AFDC）を受給する母子世帯が著しく増大し、その財政負担が問題となっていた。議会においても、父親が扶養義務を果たしていない家族の扶養を納税者に課すべきではない、という主張が強まっていた。それは、養育費を司法が扱うことへの批判でもあった。煩雑で費用と時間のかかる裁判所のシステムが、父親の無責任を助長し、母子世帯の貧困と福祉増大を招いている、というわけ

である。

　そこで、連邦政府は1975年、社会保障法（Social Security Act）のⅣ編パートDとして養育費制度を創設し、養育費を司法から福祉行政が扱う問題へと移している[2]。養育費制度とは、非監護親の居所探索（locate non-custodial parents：Location）、法的父子関係の確定（establish paternity：Paternity）、養育費命令の確定（establish support orders：Obligation）、養育費の徴収（collect child support payments：Enforcement）のプログラムからなる[3]。

　この制度に対しては、当初、プライバシーへの公的介入という批判がみられたが、その後は急速に支持がひろがっている。制度を支持する立場はさまざまで、保守層は家族の価値や自己責任の強化という点から、女性団体は父親と母親の養育負担の平等化という点から、貧困問題にかかわる団体は子どもの貧困対策という点から、というように相互の主張には相容れないものもあるが、父親の扶養義務の追求を評価する点では一致している。また、議会でも共和党と民主党の両党がこれを支持している。

　このような広範な支持を背景に、ほぼ毎年法改正が行われ、制度整備が続けられてきている。とくに1984年法で履行強制のための政策手段が整備されて以来、主に1988年法、1996年法によって、養育費を合理的に確定し、強制的に徴収する制度へと強化されている[4]。こうした一連の養育費制度の改正は、いずれも公的扶助（AFDC／1996年法以後はTANF）の受給者増大への政策対応と連動しており、このように、公的扶助と絡めて展開してきている点はアメリカの養育費制度の特徴といえる[5]。

（2）基本的なしくみ

①目的と政府間の役割分担

　養育費制度の目的として、従来は「子どもが両親から経済的扶養を受けられるようにする」「子どもに対する親の責任ある行為を促進する」「福祉コストを節約する」の3点が掲げられてきた。近年はそれに「子どもの人生には両親とのかかわりが必要であることを強調する」という点が加えられている[6]。この動きは、連邦政府の母子世帯政策全体が、ふたり親家族の価値を強調する方向に向かっていることを反映している。

養育費制度は連邦政府の監督・援助のもと、州政府の責任で実施・運営されている。制度創設にあわせて、連邦政府には政策の担当機関として、保健・対人サービス省（U.S. Department of Health and Human Services）に養育費履行強制庁（Office of Child Support Enforcement）が設置されている。同様に、州政府にも担当部局として養育費履行強制局（Child Support Enforcement Agency、以下、州の養育費局と略す）が設置されている[7]。なお、制度の実施機関は州の養育費局か、その下に配置された郡の養育費局となる。

各州は独自に養育費制度を設けており、その名称や内容は州によって異なっている。しかし、連邦政府は各プログラムに関する細かい基準を示しており、その達成状況に応じて、州への補助金を削減あるいは増額している。このように補助金を用いて、事実上、連邦政府は各州の制度を方向付けており、その統制力はかなり強い。なお、連邦から州への援助のなかでは、連邦の親探索サービス（Federal Parent Locator Service）が重要である。具体的な内容は後述するが、これにより州単独では得られない父親の情報が連邦から州へ提供される。

また、財政面でも連邦政府の役割は大きく、現在、各州の制度の運営費用の66％を連邦が負担している。よって、州が制度を拡大すればするほど、連邦政府の負担は増大していくことになる。当初から、連邦は財政的に大きな負担を引き受けることで、州に制度の推進を促す方策をとっており、制度創設時の連邦負担率は75％であった。それが、1982年に70％、1988年に68％、1990年に66％に引き下げられ、以来これを維持している。また、連邦政府は制度の効率化を進めるために、各州の養育費の徴収効率に応じて、徴収総額の6％から10％を奨励金として州に支給している。このように、養育費制度は連邦政府の強い主導と財政負担によって、発展してきているのである。

②サービス対象者と徴収養育費の配分

公的扶助であるTANFの申請者および受給者は、自動的に養育費制度の適用となり[8]（以下、TANFケースと略す）、養育費の請求権を州に譲渡すること、ならびに父親の確定や養育費の徴収に協力することが義務付けられている。この協力義務については、「正当な理由」がある場合は免除される[9]。しかし、「正当な理由」がなく協力義務に反した場合は、TANF給付額の25％以上が削

第5章　家族に介入する公権力

減され、場合によっては全額支給停止となる。この給付の削減措置は1996年法により導入されたものだが、これについては後で検討する。

　また、TANF を受給していない場合でも、希望すれば申請により制度を利用することができる[10]（以下、非 TANF ケースと略す）。よって、養育費を求める母親はもとより、父親からの申請も可能で、収入が激減した父親が養育費の見直しを求める場合や、未婚の父親が子どもとの法的父子関係を確立したいという場合などにも利用できる。なお、非 TANF ケースの場合には、年25ドル以下の利用料が課されることがある[11]。

　徴収された養育費は、非 TANF ケースの場合はその全額が母親に配分されるが、TANF ケースの場合には TANF の給付の償還にあてられるため、連邦と州に配分される[12]。ただし、TANF の償還にあてる前に、徴収額の一部を母親に支給する州もある。従来、州は月50ドルを家族に無条件に支給することが義務付けられていた。すなわち、その50ドル分については、連邦も州も配分額を放棄するということである。これは1984年法により、TANF ケースの制度への協力を促す目的で導入されたもので、50ドルパススルーと呼ばれて定着していた。しかし、連邦政府の財政状況の悪化を背景に、1996年法で州の支給義務は廃止され、州がそれまでのパススルーを継続するには、パススルー分に対する連邦の配分額を州の財源で補填しなくてはならなくなった。そのため、半数以上の州が50ドルパススルーを廃止している[13]。しかし、パススルーがなければ養育費が徴収されても TANF ケースの所得は増えないため、1996年法の廃止措置には批判が強く寄せられていた。

　そこで、2005年法では州にパススルーの実施を奨励する措置が規定されている[14]。これにより、2008年10月から、州がパススルーを実施する際には、子ども1人の場合は月100ドルまで、子ども2人以上では200ドルまで、連邦はその分の配分額を放棄することになった。つまり、州は追加の負担をすることなく、母親に支給することができるのである。これを利用して、パススルーが復活するかどうか、各州の対応が注目されている[15]。

3 プログラムの具体的な内容[16]

(1) 非監護親の居所探索

　養育費制度には、養育費の徴収サービスのほか、その前段階である養育費命令の確定や未婚出産の場合の父子関係の確定のサービスがあるが、それらのいずれを行うにしても、手続きを開始するには父親の正確な住所が必要である。そこで、父親の住所が明らかでない場合には、非監護親の居所探索が行われる。

　具体的には、まず、養育費制度を利用する母親に対して、父親に関する情報提供が求められる。なかでも父親の社会保障番号は重視されている。現在、社会保障番号は社会保障以外の各種の届けや行政記録、たとえば専門職の免許、自動車運転免許、レクリエーション関係の免許、結婚許可証、離婚登録などに記載されており、居所探索の決め手となる。

　また、社会保障番号がわからない場合には、州の養育費局は父親の探索のために、自動車登録簿、州税や個人財産の記録、雇用保障局や福祉局の記録など、州の行政機関が有する情報を利用することができる。そのほか、公共料金やケーブルテレビ局の利用情報、さらに民間の個人信用情報機関や金融機関の情報の利用が許可されている。州の養育費局は、母親からの情報をもとに、これらの行政内の他部局や民間の情報を活用して、父親の探索を行うことになる。このように、州の養育費局には情報収集の強い権限が与えられており、徹底して父親を追跡する体制がとられている。それはつぎに説明する連邦による親探索についても同様である。

　州の養育費局の探索によっても、父親の居所が判明しない場合には、連邦の親探索サービスが利用される。そこでは、社会保障庁（Social Security Administration）、内国歳入庁（Internal Revenue Service）、選抜徴兵局（Selective Service System）、国防総省（Department of Defense）、復員軍人庁（Veterans' Administration）、国立人事記録センター（National Personnel Records Center）、各州の雇用保障局の情報の利用が認められている。なかでも、内国歳入庁は所得税還付申告のほか、給与、有価証券利益、資産収入、利子収入、失業給付、キャピタルゲイン、懸賞金などの情報を有しており、雇用者のみならず自営業や個人経

営の父親の探索に威力を発揮している。

　州の養育費局が扱うケースの3分の1は、母親と父親が異なる州に居住しているといわれており、このような州間のケースに対して、連邦の親探索サービスは大きな役割を果たしている。なお、この連邦のサービスは個人からの利用申請は認めておらず、州または郡の養育費局からの照会に応じるものである。情報が合致した場合には、州または郡の養育費局に父親の社会保障番号、住所、勤務先と給与の情報が提供される。

　1996年法により、連邦の親探索サービスはいっそう強化され、新たに連邦養育費命令登録（Federal Case Registry of Child Support Orders）と全国新規雇用者登録（National Directory of New Hires）が加えられている。連邦養育費命令登録とは、各州の養育費制度を利用しているケースの情報と、1998年10月1日以降のすべての新規の養育費命令および修正命令をおさめたデータベースである。各州は、連邦と同じような州の養育費命令登録を整備することが義務付けられており、その情報が連邦に登録される。連邦の一元的な管理システムにより、州から情報が登録されると、自動的に既存の登録情報と照合され、それが合致すると（たとえば、新規登録された養育費命令の父親の社会保障番号が、他州ですでに登録されていた養育費命令の社会保障番号と一致すると）、その情報が関係する州の養育費局に提供される仕組みである。

　また、全国新規雇用者登録とは、各企業が採用した新規雇用者の情報データベースで、1997年10月1日以降の新規採用者から登録されている。州にも同様の新規雇用者登録の整備が義務付けられており、雇用主は採用から20日以内に雇用者を州に登録し、それを州が3日以内に連邦に登録する。これにより就職した人や転職した人のすべての情報が、23日以内に連邦に管理されることになる。さらに連邦の登録には、州の雇用保障局の賃金および雇用保険情報も登録されており、父親の新しい勤務先だけでなく、その収入や関連情報も一緒に把握されるようになっている。

　そして、この2つの登録は自動的に照合される。たとえば、父親が他州で転職し、その社会保障番号が新規雇用者名簿に登録されると、それが養育費命令登録にある社会保障番号と自動照合され、合致した場合には、父親の新しい雇主と給与の情報が州の養育費局に通知されるという仕組みである。これにより、

親の居所と同時に、養育費の確定や徴収に必要な給与等の情報も得られるというわけである。

なお、連邦の親探索サービスは1996年法でその適用範囲が拡大し、親の居所探索だけではなく、養育費命令の確定や徴収、母親に支払われる配偶者扶養料の履行強制のためにも利用されている。その後さらに、監護権や面接交渉権の履行強制についても利用が認められるようになっている。これにより、父親の監護権や面接交渉権に反して、母親が子どもを連れて逃げている場合には、父親による母親へのDV（配偶者暴力）や児童虐待が認められない限り、連邦の親探索サービスによって母子の居所情報が提供される。つまり、父親の探索だけでなく、母親と子どもの探索も行われるということである。

（2）法的父子関係の確定

婚外子の場合、養育費命令の確定や徴収の前提として、法的に父子関係を確立しておく必要がある。婚外出産が増加するなか、父親の確定は重要性を増しており、政府はそれが容易に行われるよう、確定手続きの簡素化や合理化を進めている。

まず、手続きの簡素化としては、任意認知（voluntary acknowledgment of paternity）の導入があげられる。これは男性が子どもの父親であることを認める書類に署名し、以後60日以内に異議申し立てをしなければ、その法的効力が確定する、という簡略的な父親確定の手続きである。1993年法により[17]、この署名手続きは病院でも行われている。そのねらいは、出産直後、子どもとの関係が失われる前に父親を確定する、ということである。実際、婚外子の父親の調査では、子どもの誕生時には子の母親との関係も良好で、結婚の希望も強く、家族としての将来に強い期待を抱いているとの結果が示されている（MacLanahan 1999）。

また、手続きの合理化としては、遺伝子検査の活用があげられる。父子関係で争いのあるケースでは遺伝子検査の実施が義務付けられており、一方の親または養育費局の要請があれば検査が実施され、当事者はそれを拒否することはできない。また、父の可能性として複数の男性があげられた場合には、その全員に遺伝子検査が義務付けられている。そして、判定結果を拒否する場合の反

証責任は、父と推定された側に課されており、結果に対する返答がない場合には判定結果どおりに確定する。かなり強力な政策といえるが、このような遺伝子検査の強制によって、早期の決着が目指されているのである。この政策は、連邦政府が検査費用の90％を負担することで推進されてきた。ただし、2005年法で連邦負担率は他のプログラムと同様の66％に引き下げられている。

（3）養育費命令の確定
①ガイドラインによる算定

　実際に養育費を徴収するには、具体的な金額が示された養育費命令が必要である。従来、養育費は各ケースの事情を考慮して個別的に決定されていた。しかし、このような方法に対しては、養育費が低額になる、決定に一貫性を欠く（同じ事情で養育費額が異なる）、養育費の改定が困難である、という問題が生じていた（Williams 1987）。しかも、決定までに時間がかかるという批判もあった。そこで、このような問題を是正するため、1984年法により、各州は養育費の具体的な金額を算出できるガイドライン（算定方式）を制定している。1984年法ではガイドラインが養育費の決定を拘束するものではなかったが、その後、1988年法ですべての養育費の決定にガイドラインの利用が義務付けられている。これにより、ガイドラインを用いない正当な理由を示した裁判官の書面がない限り、養育費制度を利用しない場合も含めて、すべての養育費がガイドラインどおりに決定されることになっている。このように、養育費は自動的に算定されるため、金額をめぐる争いで当事者が消耗することはない。

　ガイドラインは各州が独自に制定しているが、主に採用されているのは所得パーセント方式と所得シェア方式である[18]。所得パーセント方式とは、父親の所得の一定割合を養育費に決定するもので、親は常に子どもと所得をわけあうという理念に基づいている。たとえば、ウィスコンシン州では子ども1人では所得の17％、2人で25％、3人で29％、4人で31％、5人以上では34％が養育費となる。これは簡単でわかりやすく、父親の所得の変化に応じて養育費を容易に改定できるという利点がある。ただし、母親の所得が考慮されないため（たとえば、母親が高所得になっても父親の養育費は減額されないため）、父親が不満に感じる場合がある。それに対して、所得シェア方式では母親の所得も算定

要素とされ、両親の所得比を用いた養育費の決定がなされる。これは子どもが父母と同居したら得たであろう生活水準を子どもに保障する、という考え方に基づいている。所得パーセント方式より計算が複雑になるが、現在、この方式のほうが多くの州で採用されている。

　いずれにせよ、各州のガイドラインは公表されており、事前に当事者が養育費を予測できる点でも有益である。また、父親に対して母親の交渉力が弱い場合でも、子どもの利益が確保されるという意義も大きい。しかし、ガイドラインには、複雑化する家族の現実をどう扱うか、という課題がある。たとえば、父親の再婚・再々婚などによる複数の家族の扶養義務をどう調整するか、母親の新たな同居パートナー（子どもにとってのステップペアレント）の所得をどう扱うかなど、ガイドラインの設計によっては、前婚の家族の扶養義務によって再婚後の家族が困窮したり、あるいは新たな家族形成が抑制されたりする事態も起こりうる。現実の家族の変化とともに、人々の家族観も多様化しており、共通理解が得られる統一基準を見出すことが難しくなっているのも事実である。

②子どもの医療保障条項

　アメリカの養育費命令の特徴として、子どもの医療保障を含む点があげられる。アメリカの医療保険は民間中心で、日本のような国民皆保険体制ではないため、子どもの医療保険の加入は母子世帯にとって大きな問題である。すでに1984年法で、養育費制度による養育費命令については、子どもの医療保障の条項を含むことが義務付けられていたが、さらに1996年法により、これがすべての養育費命令で義務化されている。

　子どもの医療保障にはいくつかの方法があるが、父親が雇用主を通じて医療保険を利用できる場合には、それを子どもに適用することとされている。1993年の法改正では、これに関して保険者や雇用主の義務が定められている。その規定は具体的で、実質的に子どもが父親の医療保険の適用となり、母親が子どものために保険を利用できるよう配慮されている。たとえば、保険者は子どもの保険適用にあたり、婚外子であること、連邦所得税の扶養家族になっていないこと、親と同居していないこと、保険者の保険サービス地域に居住していないことを理由に拒否してはならない、となっている。そして、子どもの医療保

険適用が命じられたケースについて、保険者や雇用主は、適用申請の期間外でも父親が子どもを家族保障に申請するのを許可すること、父親が保険適用を申請しない場合は母親、州の養育費局、メディケイド（低所得者・身体障害者向け医療扶助）部局のいずれかの申請で適用すること、書面による正当な証拠がなければ適用を拒否してはならないこと、となっている。さらに保険者は、子どもの保険給付に関して必要な情報を母親に提供すること、父親を介さずに母親が給付を申請できるようにすること、保険給付の支払いは母親か、医療サービス提供者か、州の当局に行うこと、となっている。

このようなきめ細かい規定を定めて、つまり、法が家族や企業に介入することで、子どもの医療保障が確保されている。ただし、子どもの保険適用は父親の雇用主の負担にもなるため、父親と雇用主の関係に影響を与えることもある。また、子どもの医療の費用負担を親の責任とするこのような政策は、メディケイドの給付を抑制したいという政府のねらいによるものでもある。

（4）養育費の徴収

養育費制度の最終目的は養育費を徴収することであり、そのための徴収手段として、給与天引き、連邦や州の所得税還付金からの相殺、失業給付からの相殺、財産への先取特権などがある。また、滞納に対しては、個人信用情報機関への滞納額の通知（これにより、ローンやクレジットが利用できなくなる可能性がある）、パスポートの発行拒否[19]、専門職や商業上の免許の制限・停止などが認められており、これらは支払いへの間接強制となっている。そのほか、扶養義務の不履行に対しては、裁判所侮辱罪や刑事罰が適用されることもある[20]。

養育費の支払方法として、とくに整備されてきたのが、給与天引き制度である。これは1984年法で導入されたが、その際には天引きが強制されるのは1ヵ月の滞納があるケースに限定されていた。その後、1988年法で1ヵ月の滞納条件が撤廃され、すべての養育費命令について養育費の支払いは給与天引きとされている[21]。例外は裁判所が正当な理由を認めた場合、あるいは双方が別の支払方法に合意している場合である。ただし、これらの場合も1ヵ月分相当の滞納があれば給与天引きが開始される。

養育費の滞納はわずかの期間であっても、母子世帯の家計に直接打撃を与え

るため、このような自動給与天引き制度は確実な支払方法として評価される。また、滞納の間に父親が所在不明となる危険を回避できる点でも、滞納を待たずに給与天引きとすることは効率的である。しかし他方、自発的に支払う意思のある父親にまで給与天引きを強制することは懲罰的である、との批判もある。また、養育費の徴収が強制的であるのに対し、母親には養育費の使途の報告が義務付けられないことから、父親が不公平感をもつ事例もある。そしてなにより、給与天引き制度の最大の問題は、その適用が給与所得者に限られ、自営業や収入が不規則な親には適用できないことである。そのような場合、アメリカでは所得税還付金との相殺が利用されるが[22]、還付金がなければこの方法もとりえない。

　このように批判や限界はあるものの、養育費の徴収に関しては、基本的に給与天引きによって支払われる仕組みが確立している。さらに行政の管理は強まっており、1996年法により、州には養育費の受領と分配を専門に担当する機関（State Distribution Unit）が設置されている。これにより、給与天引きやその他の方法によるものも含め、原則的にすべての養育費がこの機関に支払われ、ここから家族や連邦政府・州政府に配分される。こうして、養育費の支払先を州の機関に一本化することで、支払状況の把握も容易になり、滞納に対する措置も迅速になされることになる。このように、もはやアメリカでは、養育費は税金や社会保険料のように行政が徴収・管理するものとなっている。

4　制度の実績と効果

（1）運用実績

①利用件数と徴収額

　ここまでみてきたとおり、養育費制度は整備・強化されてきているが、それは実際に成果をあげているのだろうか。表5-1で1980年から2005年の25年間の実績についてみてみたい。それによると、制度を利用した総件数は年々増加しており、2005年には1,586万件と1980年の約3倍である。表には示されていないが、2005年の制度対象児童は1,717万人で（OCSE 2007b）、これはアメリカの18歳未満人口の約23％に相当する[23]。

第 5 章　家族に介入する公権力

表5-1　養育費履行強制制度の実績

	1980年	1985年	1990年	1995年	2000年	2005年
（件数：1000件）						
総件数[1]	5,432	8,401	12,796	19,162	17,334	15,861
法的父子関係の確定[2]	144	232	393	659	867	690
養育費命令の確定[3]	374	669	1,022	1,051	1,175	1,180
養育費の徴収	746	1,338	2,064	3,385	7,231	8,304
（金額：100万ドル）						
徴収総額	1,478	2,694	6,010	10,827	17,854	23,006
TANFケースの徴収額[4]	603	1,090	1,750	2,689	2,593	2,191
非TANFケースの徴収額	874	1,604	4,260	8,138	15,261	20,815
行政支出	466	814	1,606	3,012	4,526	5,353
連邦政府の支出	349	574	1,061	2,095	3,006	3,540
州政府の支出	177	243	545	918	1,519	1,813
（金額：ドル）						
行政支出1ドルあたりの徴収額	3.2	3.2	3.7	3.6	3.9	4.3

注1）1999年、PRWORAの条項により、件数のダブルカウントがなくなったため同年は前年より200万件減。
注2）病院等における任意認知によるものは含まない。
注3）1990年までは修正の確定も含む。
注4）児童がTANF/AFDCおよび社会保障法Ⅳ-Eの里親制度（FC）の援助対象のケースに対する徴収額に加えて、給付の償還として配分された徴収額、個別に示されていない医療扶助と家族に対する給付を含む。
出典）OCSE（2007a, 2007b）、およびU. S. Census Bureau（2007）より作成。

　法的父子関係の確定についてみると、1980年の約14万件からその後増加しているが、2000年の約87万件をピークに減少に転じ、2005年は69万件となっている。このように近年減少傾向にあるが、これは病院等での任意認知の利用が急増しているためである。2005年の任意認知による父子関係の確定件数は約95万件で、これは養育費制度による確定件数を大幅に上回っている（OCSE 2007b）。したがって、任意認知を含めると、父子関係の確定件数は飛躍的に増加している。また、養育費命令の確定をみると、これも1980年の37万件から2005年は118万件へと約3倍の増加となっている。

　つぎに、養育費の徴収についてみると、件数も徴収額も著しく増大している。徴収件数は1980年の約75万件から2005年の約830万件へと10倍以上の増加である。これは主に非TANFケースの利用件数が伸びたことによる。徴収総額も年々増大しており、2005年は約230億ドルである。徴収額からみても非TANFケース分が急増しており、2005年はこれが徴収額全体の9割を占めている。したがって、徴収した養育費のうちTANFの償還にあてられるのは1割に満たないという状況である。このように、非TANFケースの徴収がほとんどを占

めていることからみて、養育費制度は TANF の給付費を父親から取り戻すためのものというより、公的な養育費徴収代行サービスとして機能しているといえる。

なお、養育費の徴収方法としては、給与天引きの利用が普及しており、2005年の徴収額の7割は給与天引きによるものである。これに連邦税・州税の還付金や失業手当との相殺をあわせると、徴収額全体の約8割を占める。政府による自動的な徴収手段の整備が、徴収額の増大にも貢献しているとみられる。ただし、徴収が困難なケースも多いとみられ、養育費制度による徴収率（養育費命令のあるケースのうち徴収がなされた件数の割合）は69.8％である（OCSE 2007b)。アメリカのように強制徴収や間接強制の手段が強化されていても、3割は徴収できていないという現実は、養育費問題への政策対応の難しさを示している。

②行政支出

制度の利用の伸びとともに、財政支出も増大している。表5-1で行政支出の総額をみると、1980年の4億6,600万ドルから年々増加し、2005年には53億5,300万ドルに達している。2005年の内訳は連邦政府が35億4,000万ドル、州政府が18億1,300万ドルである。ただし、行政支出1ドルあたりの徴収額は増加しており、1980年の3.2ドルに対し、2005年は4.3ドルである。これには情報ネットワークの整備や各サービスの効率化が反映しているとみられる。ただし、全体として非 TANF ケースの占める割合が上昇しており、もともと支払われやすいケースが増えているとも考えられ、制度の徴収効率が上昇したかどうかについては、判断できない面がある。

つぎに、表5-2で連邦政府と州政府の収支についてみると、連邦政府は制度創設以来、財政負担が拡大している。連邦政府が運営費用の66％を負担していることから、それに相応する TANF ケースの徴収が期待できない以上、連邦支出は増大していくことになる。また、50ドルパススルーや連邦の90％負担で情報システムや遺伝子検査などを進めてきたことも、連邦政府の支出超過の要因となっている。すでに50ドルパススルーの廃止や補助率の引き下げを行っているが、連邦の収支は改善しておらず、2005年は27億7,600万ドルの損失である。

表5-2 連邦政府と州政府の収支

(100万ドル)

年度	連邦政府の収支	州政府の収支	政府全体の収支
1980	-103	230	127
1985	-231	317	86
1990	-528	338	-190
1995	-1,273	421	-852
2000	-2,038	-87	-2,125
2001	-2,327	-272	-2,599
2002	-2,587	-466	-3,053
2003	-2,639	-462	-3,101
2004	-2,734	-515	-3,249
2005	-2,776	-537	-3,312

出典) OCSE (2007a, 2007b)、および U. S. Census Bureau (2007) より作成。

 こうした状況を背景に、2005年法で連邦から州への補助金の一部削減が行われており、議会予算局の推計によると、連邦政府の負担軽減は2006年度から2010年度の5年間で15億ドルとみられている (Solomon-Fears 2006)。州にとっては大きなダメージとなるが、それでも連邦の収支のマイナスは依然として大きい。

 一方、州政府の収支は制度創設以来プラスで推移してきたが、50ドルパススルーの廃止後はプラス幅が激減し、2000年にはマイナスに転じている。以後、州政府も損失額が増大しており、2005年は5億3,700万ドルの損失となっている。

 連邦と州の政府全体の収支をみると、プラスは当初の約10年間のみで、1989年にマイナスに転落後はマイナス幅が拡大し、2005年には33億1,200万ドルの損失である。このように養育費制度の整備・強化には多額の公費が投入されている。損失を拡大させながら、制度を推進している連邦政府の姿勢からは、強い政策意思が感じられる。

(2) 養育費の全体状況への影響

 上記のように、養育費制度の利用は増えているが、それにより、養育費の全体的な受給状況は改善しているのだろうか。養育費の全体状況については、統計局の調査結果からみることができる[24]。表5-3で1978年以後の状況をみると、まず、母子世帯の母親全体では、裁定率（養育費命令を得ている母親の割合）はほぼ60％前後で大きな変化は確認できない。受給率（実際に養育費を受けている母親の割合）は、1980年代前半の約35％から1990年代半ばまでは上昇傾向にあ

第Ⅲ部　養育費政策

表5-3　養育費の裁定率と受給率の推移（監護親が母親の場合：アメリカ）

(%)

調査年	母子世帯全体		貧困母子世帯		離婚母子世帯		未婚母子世帯	
	裁定率	受給率	裁定率	受給率	裁定率	受給率	裁定率	受給率
1978	59.1	34.6	38.1	17.8	—	—	—	—
1981	59.2	34.6	39.7	19.3	—	—	—	—
1983	57.7	34.9	42.5	19.6	—	—	—	—
1985	61.3	36.8	40.4	21.3	—	—	—	—
1987	58.1	38.5	43.4	27.3	—	—	—	—
1989	57.7	37.4	43.3	25.4	—	—	—	—
1991	55.9	37.6	38.9	24.0	72.8	52.0	27.0	16.8
1993	59.8	39.1	51.9	30.1	73.2	51.5	43.6	24.4
1995	61.4	40.9	51.3	28.6	75.6	53.8	44.3	24.1
1997	59.6	40.4	53.0	29.3	70.4	51.0	47.0	26.8
1999	62.2	39.8	52.3	27.2	73.8	50.3	48.3	26.8
2001	63.0	41.1	55.7	31.3	72.3	50.6	52.1	28.7
2003	64.2	43.3	60.1	36.4	72.9	50.5	53.0	32.4
2005	61.4	41.7	54.1	32.8	72.2	51.2	49.2	30.9

注1）21歳未満の自身の子を有する母親。ただし、母親の年齢は1978年から85年については18歳以上、1987年は14歳以上、1989年以後は15歳以上。
注2）1991年以前と1993年以後では調査設計が異なるため、単純な比較はできない。
出典）U. S. Censes of Bureau, Current Population Survey, April 1989年-2006年（調査は隔年）の Detailed Tables を用いて作成。http://www.census.gov/hhes/www/childsupport/detailedtables.html, 2008. 2. 20.

るものの、それ以後は40％前後で伸び悩んでいる。表には示されていないが、全額受給率（養育費の全額が支払われている母親の割合）も、1980年代後半以降、25％前後で大きな変化はない。このように母子世帯全体としての養育費の状況にさほど大きな変化はみられない。

　しかし、貧困母子世帯（貧困線以下の収入）についてみると、裁定率は1978年の38.1％から2005年は54.1％へ、受給率は17.8％から32.8％へといずれも大幅に上昇している。全額受給率についても、統計が明らかになっている1993年以後、上昇を続けている。養育費は貧困母子世帯の家計にとっては重要であり、2005年の統計局調査によると、受給額が所得に占める割合は母子世帯全体でみると17％だが、貧困母子世帯の場合では43％である（受給額はそれぞれ平均年額4,719ドル、3,369ドル）。こうしてみると、貧困・低所得層の母子世帯にとって、養育費の状況が改善に向かっていることの意味は大きい。

　また、養育費の状況は母親の婚姻関係によっても異なっている。1991年以降の結果に限られるが、表5-3で離婚母子世帯と未婚母子世帯についてみると、

第5章　家族に介入する公権力

離婚母子世帯のほうが裁定率、受給率ともにかなり高くなっている。これは離婚制度が日本と異なり、アメリカの離婚は原則的にすべて裁判所を経ているからである。このように未婚母子世帯に比べて、離婚母子世帯の養育費の状況は良好だが、裁定率・受給率の推移をみると、1991年以降ほとんど変化がなく、裁定率は70～75％、受給率は50％程度である。それに対し、未婚母子世帯では、裁定率は1991年の27％から2005年には49.2％、受給率も1991年の17％から31％と大幅に上昇している。これが養育費制度の利用によるものかどうかは明らかでないが[25]、前述の父子関係の確定件数の増大傾向からみて、養育費制度が未婚の場合の養育費に与えた影響は大きいとみられる。

養育費制度の効果を考えるうえでは、未婚母子世帯の増大という母子世帯全体の構成の変化に注意が必要である。母子世帯のなかで、養育費の受給において不利な状況になりやすい未婚の母親が増大しているにもかかわらず、母子世帯全体の養育費の受給率が40％を維持していることは、養育費制度の効果によるものと考えられる[26]。

5　公権力を活用した政策の危険性

（1）プライバシー開示の要求

養育費制度が養育費の全体状況を飛躍的に改善したとはいえないが、制度の存在が問題の拡大を抑えてきたことの意義は大きく、連邦政府によって政策的に制度が整備・強化されてきたことは評価される。しかし、近時の展開からは養育費制度の危険な側面もみてとれる。

まず、母親のプライバシーに関する問題があげられる。養育費制度は父に対して扶養義務の履行を強制するものであるが、最初に制度の直接的な対象となるのは母親である。とくにTANFを受給する母親には、制度への協力義務が課されており、子どもの父親に関する情報の提供が求められる。現実にケースワーカーから求められる情報は、父親の氏名、住所、社会保障番号、現在及び過去の勤務先、友人や親戚の氏名、所属していた団体の名称、所得や財産、銀行口座などである。子どもの養育については、母親と父親が共同して責任を負うものであり、父親の扶養責任を追及するために母親が協力を要請されるのは

当然といえよう。

　しかし、父子関係の確定の場合、母親に求められるのは先にあげた父親の情報にとどまらない。母親自身のプライバシーにかかわる父親との関係や、妊娠、出産にかかわる情報も要求される。なかには、母親自身が子どもの父親を特定できない場合に、父の可能性がある男性5人の名前をあげるよう要求されたケースもあるという（Hay 2003：78）。また、ケースによっては、父親を確定するための資料として、男性が子どもを扶養した事実となる金銭の記録や贈り物、男性が父であることを書き記した手紙、子どもと男性の写真などの提出も求められる。母親はこれらの要求に応じ、ケースワーカーに協力的と認められなければTANFの削減や受給停止となる。これはまさに、プライバシーの開示と福祉受給の交換である。しかし、福祉の給付を必要とする女性はこれを拒否することができない。こうしてみると、子どもとの生活を維持するだけの所得を獲得できない女性、つまり市場で自立できない女性にとって、養育費制度はプライバシーの開示を強要する制度ということになる。

　とくに、DVの被害者である母親の場合、養育費制度への協力義務は深刻である。協力義務は「正当な理由」があれば免除されることになっており、すべての州でDVは「正当な理由」として認められている。しかし、実際、「正当な理由」による免除申請は極めて少ないという[27]。DV被害者は少なくないが、その被害を公式に訴えているケースばかりではない。公的な証明が得られないケースでは、DV被害を証明するため、母親はプライバシーを詳細に示さなくてはならない。しかも、ケースワーカーにDVを理解する専門的能力がなければ、「正当な理由」として認められないばかりか、二次被害を受けることもある。実際、ほとんどの州で、養育費局のケースワーカーにDVを見抜くトレーニングは行われていないという（Smith　2007：133-4）。このようにTANFを必要とするDV被害者の女性にとって、養育費制度は細部にわたるプライバシーの開示を迫り、さらに被害を深刻化させる危険な制度となりうるのである。

（2）社会的懲罰の主導

　つぎに、父親への制裁の問題があげられる。養育費の支払いは父親の義務であり、父に扶養されるのは子どもの権利である。支払能力がありながら意図的

第5章　家族に介入する公権力

に滞納を続けている悪質なケースは、子どもに対する経済的虐待とも考えられる。よって、子どもの権利保障の観点から、養育費局は父親を追跡し、その義務を果たさせなくてはならない。

　しかし、福祉行政として行われている養育費制度が、滞納者を犯罪者のように扱い、懲罰的態度で対応することには問題がある。このことを強く認識させるのが、滞納者のポスターである。州や郡の養育費局のなかには、滞納者のポスターを作成しているところがある。それは犯罪者の指名手配と同様、大きく目立つ文字でWantedと書かれ、顔写真つきで、氏名、年齢、最後に確認された住所、職業、人種、身長、体重、髪の色、瞳の色、子どもの人数、養育費の滞納額などが掲載されている。そして、情報提供を呼びかけるメッセージと通報先のフリーダイヤルの電話番号が記されている。もちろん、父親をポスターに掲載することについては、母親の合意を得るなどの必要な手続きが踏まれているが、これらのポスターは養育費局のホームページ上でも公開されており、誰でもアクセスすることができる。オハイオ州バトラー郡（Butler County）の養育費局もポスターをホームページで公開しているところのひとつだが、ここでは通常のポスターの縮小版を作成し、局の巡回車で配布しているほか、地域のピザレストランの協力を得て、宅配ピザの箱に添付しているという[28]。

　このようなポスターが地域で受容されていること自体、養育費の不払いに対する社会の制裁意識の高さを物語っており、日本との違いは大きいといえる。しかし、ポスターによる父親の追跡は、養育費局が子どもの父親に対する社会的制裁を主導していることにほかならない。もちろん、制裁を受ける父親たちは義務不履行のまま逃走しているのであり、これを擁護することはできない。しかし、養育費制度が滞納者を犯罪者のように扱い、率先して社会的制裁を与える動きは、福祉行政の公権力行使の方向としては危険である。

（3）福祉国家による監視

　最後に、養育費に対する行政の管理がもたらすより大きな問題があげられる。近年、連邦政府が進めている情報のデータベース化は、親の探索や養育費の確定・徴収に必要な情報の収集能力を格段に向上させ、問題の解決に寄与している。しかし、連邦による情報の一元的管理とその利用範囲の拡大には危険な面

もある。

　そのことは、連邦の親探索サービスに新設された、連邦養育費命令登録と全国新規雇用者登録にみることができる。前述のとおり、連邦養育費命令登録には養育費制度の利用ケースのものだけでなく、すべての子どもの養育費命令が登録される。また、全国新規雇用者登録には養育費制度の利用や養育費命令の有無に関係なく、すべての新規雇用者の情報が登録される。この２つの登録により、養育費制度のもと、連邦が管理する個人情報は膨大なものとなっている。そこには現在または将来、養育費が問題となるケースの父親の情報や母子の情報のみならず、生涯にわたり養育費制度にかかわることのない人々の情報も含まれている。問題となっているケース、あるいは将来、問題となるケースを逃さないためには、このような広範な包囲網が有効であり、それにより制度の効率性も高まるといえる。しかし、こうした動きは、養育費制度による管理が全体化していくことでもある。

　しかも、連邦に集められた情報の利用が、父親の探索という当初の目的から周辺の関連事項へと徐々に拡大している。父親の扶養義務の履行確保のために、父親の情報を管理・監視するものであったものが、現在では監護権や面接交渉権を理由に母子も追跡の対象となり、母親と子どもの情報も管理・監視下におかれている。

　さらに、新規雇用者登録と養育費命令登録の運用は、もはや自動探索といいうるもので、たとえば、母親が気づかない間に父親が他州で転職した場合でも、新規雇用者登録と養育費命令登録との照合から、即座に父親の居所がケース管轄の養育費局に通知される。このように社会保障番号を軸に、自動的に人々をフィルターにかけるシステムへと制度が発展していくことは、養育費制度が家族や個人の管理や監視に向かっていることを意味する。養育費制度には、福祉国家による監視という危険な面があることも指摘しておきたい。

注
　1）　制度の概要については、注も含め、とくに指摘しない限り、U. S. House of Representatives, Committee on Ways and Means（2004）の Section 8:Child Support Enforcement Program によっている。
　2）　なお、現在も財産分与、子どもの監護権、面会交渉権については、従来ど

第5章　家族に介入する公権力

おり司法の問題とされており、裁判所で扱われている。
3）　Social Security Amendments of 1974, Part D of Title IV of the Social Security Act（PL 93-647）
4）　1984年法は Child Support Enforcement Amendments of 1984（PL 98-378）、1988年法は Family Support Act of 1988（PL 100-485）、1996年法は Personal Responsibility and Work Opportunity Reconciliation Act of 1996（PL 104-193）をさす。以下同様。
5）　養育費制度創設以前から、連邦政府は養育費を公的扶助との関連で扱っている。連邦政府が養育費問題に初めて関与したのは1950年法であるが、それもADC（のちのAFDC）受給者のうち、父親が扶養義務を果たしていないケースを福祉事務所から司法当局に報告するというものであった。
6）　連邦養育費庁の *Handbook on Child Support* をみると、1997年版の目的は3点だが、2004年版は目的が4点に増えている。
7）　そのほとんどは福祉部局に置かれているが、検察部局や歳入部局に設置する州もある。
8）　TANFのほか、メディケイド受給者、連邦政府助成の里親制度の利用者も自動的に制度の適用となる。
9）　「正当な理由」は連邦法で規定されていたが、1996年法により各州が決定することになった。ただし、州の定める理由は、子の最善の利益に基づいていなければならない。なお、以前の連邦法の規定では、子や監護親に対する身体的精神的虐待が予想される場合、レイプや近親相姦で誕生した子どもの場合、養子の法手続きが進行中の場合となっていた。
10）　当初、制度の対象は公的扶助（当時のAFDC）受給者に限定されていたが、1984年法により、制度の対象がAFDC受給者以外にも拡大されている。これにより、制度の目的が公的扶助のコスト削減から、親の扶養義務の強化へと拡充されたともいわれるが、AFDC受給者でない母子世帯が制度を利用して養育費を得ることで、公的扶助の受給者になることを防ごうとする、一種の予防的な政策という面もある。
11）　非TANFケースの利用者には、年間25ドル以下の利用料を州の判断で課すことができる。ただし、2005年法により、これまでTANFを受給したことがないケースで、養育費制度を通じて年500ドル以上の徴収に成功した場合には、年間25ドルの利用料が義務付けられている。なお、2005年法は Deficit Reduction Act of 2005（PL 109-171）をさす。以下同様。
12）　連邦と州のメディケイドに対する財政負担率に応じて配分される。
13）　2004年時点で27州とワシントンDCが廃止している。13州は50ドルパススルーを継続し、4州は徴収した養育費の全額を母親に支給している。そのほか州の基準で徴収額の一部を母親に支給している州もある（Wheaton and Sorensen 2007:6）。

14) 2005年法は注11）のとおり。
15) 全州が2005年法の示すパススルーを実施し、その分を TANF 支給の算定に入れなければ、TANF 受給家族に配分される養育費は倍増となり、平均年収が500ドル増加し、TANF 受給額も減るとの推計もある。そのための連邦と州のコストは TANF コストの１％程度に過ぎないという（Wheaton and Sorensen 2007）。
16) プログラムの具体的内容については注も含め、とくに指摘しない限り、Committee on Ways and Means, U. S. House of Representative（2004）の Section 8：Child Support Enforcement Program、OCSE のホームページ上で公開されている Fact sheet および年報によっている。http://www.acf.hhs.gov/programs/cse/2008.2.20.
17) 1993年法は Omnibus Budget Reconciliation Act of 1993（PL 103-66）をさす。以下同様。
18) そのほか「メルソン方式」がある。全米弁護士協会による一覧表をみると、所得シェア方式を採用している州が32州、所得パーセント方式が15州とワシントン DC、両方が２州、メルソン方式が２州となっている（ABA 2007）。３種類の方式についての基本的な算定方法とメリット・デメリットは下夷（1993）を参照。
19) 1996年法により滞納額が5,000ドル以上の者にはパスポートの発行を拒否することができる。
20) 1998年には Deadbeat Parents Punishment Act（PL105-187）が制定され、養育費の滞納に対する刑罰が強化されている。なお、非監護親の身柄の拘束は養育費の徴収につながらないと考えられるが、昼間は普通に働くことを認め、夜だけ拘禁する事例もあるという（樋口 1988：191-2）。
21) ただし、連邦消費者信用保護法（Federal Consumer Credit Protection Act）により、天引き額には上限がある。天引きが認められるのは、非監護親に再婚家族がある場合は給与の50％まで、再婚家族がなければ60％までとなっている。ただし、12週以上の滞納があれば、それぞれ55％、65％まで引き上げられる。
22) 連邦所得税との還付金の相殺は、TANF ケースでは滞納額が150ドル以上、非 TANF ケースでは500ドル以上の場合となっている
23) 養育費制度の利用対象年齢に制限はなく18歳以上の子も対象となっているとみられるが、2005年の18歳未満人口7,349万4,000人（U.S. Census Bureau 2007）より算出した。
24) Current Population Survey（CPS）では隔年４月に養育費が調査され、Current Population Reports として統計局のホームページで公開されている。本稿にあげた統計局調査もこれによる。http://www.census.gov/hhes/www/childsupport/childsupport.html, 2008.2.20.

25) 2005年の調査結果には、母親（監護親）が行政に援助を求めた件数（重複あり）が示されている。それによると、最も多いのが「養育費の徴収」266万5,000件、ついで「養育費の法的合意あるいは裁判所命令の確立」225万1,000件で、母親の人数に対する割合はそれぞれ23.4％、19.7％となる。
26) TANFケースでは徴収された養育費のほとんどは、TANF給付の償還にあてられるため、父親が支払っている場合でも、母親は養育費を受給していると認識していないケースも多いとみられる。よって、養育費制度の効果が、統計局の養育費調査に反映されない面もあるといえる。
27) 1996年法以前、「正当な理由」による免除を申請したのはAFDCケースの1％より少なく、現在はさらに少ないとみられている（Mink 1998：72）。
28) バトラー郡の養育費局は、2007年2月12日、宅配ピザの箱のポスターをみた個人からの通報を手がかりに、養育費の滞納者を探しあてたと発表している。http://www.butlercountycsea.org/index.cfm?page=news, 2008.2.20.

第 6 章

親子の契約化
イギリス

1 父親に寛容な政策の伝統

　本章では、1990年代に養育費制度を導入したイギリスについてみてみたい。
　イギリスは、私的な家族の問題に対する公的介入には消極的な国といわれており、養育費問題に関しても、従来、行政が直接関与することはなかった。こうした政策を方向づけたのが、ファイナーレポートである。これは1969年に設置された「ひとり親家族に関する委員会」が1974年に公表した報告書である[1]。この委員会は、1960年代後半以降のひとり親世帯の増大と子どもの貧困への関心を背景に設置されたもので、そこではひとり親世帯が直面するさまざまな問題が精力的に検討されている。その成果である報告書には、法律、所得、住宅、雇用、親子関係に関する分析結果とともに、それらを踏まえた230におよぶ具体的な政策提案が示されている（Committee on One-Parent Families 1974；Schlesinger 1977）。
　ファイナーレポートでは、養育費問題についても述べられている[2]。それをみると、父親の扶養義務は認めているものの、その不履行に対しては、父親の意思の問題ではなく能力の問題という考え方が示されている。すなわち、ひとりの男性が離別した家族（第一家族）と離別後に形成した新しい家族（第二家族）の両方を扶養することは困難、というわけである。そこでファイナーレポートでは、父親には第二家族の扶養を優先させ、母子世帯にはまず国家の社会保障が対応する、という方針がとられている。そのような方針のもと、ひとり親に対する手当として、養育費保証手当（Guaranteed Maintenance Allowance）の創設が提案されている。しかし当時、政府は一般的な家族への現金給付であ

る児童手当の導入を最優先課題としており、養育費保証手当は実現していない（Millar 1994a）。実際、1975年にこれまでの家族給付と税制上の児童扶養控除が廃止され、全児を対象とした児童手当が導入されている（1977年から支給）。結局、養育費保証手当は実現しなかったが、ファイナーレポートにより、ひとり親に特別のニーズがあることが明らかになったことで、児童手当におけるひとり親加算や[3]、公的扶助である所得補助（1988年までは補足給付）におけるひとり親加算がもたらされている（Millar 1994a）。こうしてイギリスの母子世帯に対する政策は、現金給付による支援として確立していくことになる。なかでも所得補助が母子世帯への援助の中心となっていった。

また、ファイナーレポートでは養育費保証手当とあわせて、行政機関による父親の追跡や養育費の査定・徴収も提案されている。養育費保証手当を国による養育費の先払い手当のようなものとみなすと、国は父親にその償還を求める関係にあり、行政が養育費問題を扱うという提案も唐突ではない。しかし、この提案はほとんど影響力を持たなかったという。その理由として、ルイスは、スカンジナビア諸国ではすでに採用されていたが、イギリス国民にはあまりに家族介入的で拒否された、と指摘している（Lewis 1997, 1999）。後述するとおり、養育費を扱う行政システムは1990年代に導入されることになるが、1970年代前半においては受け入れられなかったということである。よって、養育費については従来どおり司法システムによる対応が続けられた。ただし、離婚ケースを扱う裁判所や法律家の間では、所得補助を受ける母子世帯が増大するにつれ、第一家族と第二家族の利用しうる資源の格差は国家がカバーすべきもの、という認識が定着していったという（Clarke 2003）。こうして、司法領域でも養育費に関しては父親に寛大な態度がとられ、母子世帯の子どもの扶養は福祉給付が担うことになっていった。

1980年代に、カマーマンとカーンはヨーロッパの母子世帯政策を4タイプにわけているが、そこでもイギリスは「貧困世帯」への政策で母子世帯に対応するタイプと位置付けられている。ちなみに、そのほかの3つのタイプは、「母子世帯に限定した」政策を実施するタイプ（ノルウェー）、「子どものいる世帯」への政策を拡充することで母子世帯にも対応するタイプ（フランス）、「男女平等」を目標にした政策により母子世帯の不利益を最小限にするタイプ（スウェ

ーデン)である (Kamerman and Kahn 1988)。

さて、このように養育費問題への公的介入には消極的であったイギリスが1990年代に政策を転換し、行政による関与を強め、養育費確保の制度を創設している。そして以後、保守党・労働党の両政権とも、養育費政策を推進している。そこではどのような政策と論理が展開されているのだろうか。本章では以下、まず、保守党政権により導入された養育費制度の内容とその実情について(第2節)、つぎに、労働党政権下で行われた養育費制度の改革とその理念について検討し(第3節)、それらの政策展開を踏まえて、イギリスの養育費政策の方向性とその意味について考えてみたい(第4節)。

2 養育費制度の導入と混乱

(1) 保守党政権による政策転換
①養育費に対する保守党政権の関心

ファイナーレポート以後、離婚や未婚出産の増加とともに、所得補助を受給する母子世帯が急増し、その給付費の増大が政府の財政を圧迫していた。こうした状況の下、1980年代の終わりに、保守党政権は養育費に関心を向けるようになる。当時、政府は福祉国家の保護によって「依存の文化」が生まれている、ととらえており、養育費問題に関しても、福祉国家が無責任な父母を生み出している、と問題視していた (Millar 1994c；Maclean 1998)。つまり、後述の1990年の白書にも示されるとおり、母親は福祉給付に頼り、父親は養育費を支払わずにそれを納税者に転嫁している、という見方である。母子世帯を福祉依存とみる立場からは、所得補助を受けて公共住宅で生活している母子世帯の母親は「福祉と結婚」している、との批判も聞かれるようになった (Millar 1996:98)。

こうした情勢のなか、政府は従来の養育費政策を失敗と断じ、ひとり親に対する福祉支出を抑制し、家族の自助を促す方向へと政策を転換する。それは、一方で父親の養育費の支払いを増やし、他方で母親の就労を増やすことで、所得補助を受給する母子世帯を減少させ、家族を福祉依存から自立させる、というものである。しかし、政府は母親の就労促進政策には消極的で、政策関心は養育費の確保に向かっていく。

②問題認識と養育費制度の提案

　1990年、政府は白書「子どもが第一：児童の扶養に関する政府の提案」(Children Come First：The Government's Proposals on the Maintenance of Children) で、行政による養育費制度の構想を打ち出している (DSS 1990)。白書では政策提案に先立ち、養育費を司法システムで扱うことの問題が指摘されている。具体的には次のような点である。

　基本的に養育費は裁判所で決定されるが、裁判官の裁量による査定のため、査定額に一貫性がなく、決定までに時間がかかる。そのうえ、決定された養育費額は概して低額である。また、裁判所の仕組みのもとでは、養育費査定額を自動的に再評価したり、改定したりすることができない。しかも、裁判所で決定されたにもかかわらず、不払いが多く、その支払いを強制する手段も十分ではない。

　これらはいずれも、1975年にアメリカで養育費履行強制制度が導入される際に、指摘されていた問題点とまったく同じである。さらに白書では、このような司法システムのもと、父親から養育費が支払われないまま、母子世帯の福祉依存が高まっているとして、次のような現状が示されている。

　1989年に養育費を定期的に受給している母子世帯は30％にすぎず、所得補助を受給している世帯では23％とさらに低い。ひとり親世帯の3分の2は所得補助を受給し、所得補助が世帯収入の45％を占める状況にある。しかも、母子世帯の母親の就労率は40％と低く、それは子どものいる既婚女性の就労率54％より低い。そして、ひとり親世帯に対する所得関連給付の総額は、1981/82年度の14億ポンド（1988年度価格）から1988／89年度には32億ポンドに増大している。

　ようするに、母子世帯の父親は養育費を支払わないまま、母親も働かずに福祉給付への依存を強め、それにより納税者の負担が増大している、というわけである。こうした問題認識から、白書では次のような具体的な提案がなされている。

　第1に養育費算定のための公式の採用である。そのねらいは裁量を排除し、養育費額に一貫性や予測可能性を確保することにある。第2に養育費庁（Child Support Agency）の設置である。養育費問題を扱う新たな行政機関をつくり、

そこで父親の追跡、養育費の査定、徴収、支払強制を行うということである。第3に母子世帯の母親の就労促進である。具体的には、子どものいる低所得の就労家族に対する給付である、家族クレジット（1988年までは家族補足給付）の支給要件の就労時間を週24時間から週16時間へ引き下げることである。

（2）養育費制度の創設

　白書が公表された翌年、1991 年には養育費法（Child Support Act 1991）が成立し、白書で示された提案がほぼそのままの形で実現している。このように制度化までのプロセスが性急で、十分な検討がなされなかったことは後に問題となるが、法案は全党の賛成により成立した。この1991年法により養育費制度が創設され、養育費は従来の司法システムから、主として行政システムで扱われることになった。なお、養育費以外のひとり親に関する問題、たとえば子の監護権、親子の面会、離婚後の配偶者扶養や財産処理等については、従来どおり裁判所の管轄とされている。

　そして、養育費庁が福祉行政の管轄下に設置され、1993年から養育費庁により父親の追跡、養育費の査定、徴収、支払強制が開始されている。そこでは、父親については第二家族の扶養義務の優先、というそれまでの方針は撤回され、第一家族に対する父親の扶養義務の追求が基本となっている。創設された養育費制度の仕組みは次のようなものである[4]。

①対象

　養育費庁によるサービスは、両親と同居していない16歳未満の子の母親、あるいは子どもと離れて暮らしている父親、のいずれからでも申請すれば利用することができる。ただし、母親が所得補助を受給している場合には、養育費庁への申請が義務付けられる。そのほか、家族クレジットや障害者就労手当の受給者も同じく強制適用となる。つまり、福祉給付を受けるからには、父親からの養育費の徴収に協力しなければならない、ということである。ただし、申請を義務付けられている受給者であっても、正当な理由があれば申請は免除される。正当な理由なく申請を拒否した場合には、一定期間後、給付上の制裁が加えられる。たとえば、所得補助の受給者の場合、母親本人に対する個人手当分

から6ヵ月間20％、さらに12ヵ月間10％の給付削減が行われる。子どもの手当分については削減されない。

②査定

　養育費庁で査定される養育費はすべて公式を用いて行われ、裁量は一切含まれない。計算は複雑だが概略を説明すると、次のようになる。なお、表6-1は単純化したモデルによる算定例である。

　第1に「必要養育費」を算出する。まず、子どもの養育費として必要な費用を計算するというわけである。これは所得補助の手当額を積み上げて計算するが、その際、子どもに対する個人手当額だけでなく、母親に対する個人手当額も加算する。これは、母親は子どもを監護のために就労が制限される、という前提に基づいている。このように、養育費が事実上、子どもと母親の両方の扶養料となっている点は特徴的である。

　第2に「査定対象所得」を算出する。本来は父親と母親のそれぞれについて、査定対象所得が計算されるが、ここでは母親に所得がないものとして、父親の所得についてのみ査定対象所得を算出するとする。これは父親の純所得から、父親の必要生活費として所得補助の個人手当分を控除して計算される。そのほか、住居費なども必要生活費として控除される。ただし、ここで控除されるのは、あくまで父親個人の生活費であり、たとえば住居費も父親ひとり分に相当する額が控除され、父親の第二家族の生活費は一切考慮されない。

　第3に「計算上の養育費」を算定する。第2段階で算出した「査定対象所得」の2分の1が計算上の養育費となる。とりあえず、計算上、父親が自分の必要生活費を確保した残りの半分は、子どもの養育費に充当可能という考え方がとられている。

　第4に「最低保護額」を算定する。これは父親の第二家族が最低生活を維持するために必要とする最低生活費である。計算はここでも所得補助の手当額が用いられる。父親の第二家族が所得補助を受給すると想定して、家族全員の手当額を積み上げ、さらに住居費などを加算して算出する。

　そして最後に、ここまでの算出額を用いて養育費を決定する。まず、父親の純所得から第3段階で算出した「計算上の養育費」を差し引き、それに同居の

子に支給される児童手当を加算する。ここではこれを「残存所得」と呼ぶ。残存所得が第4段階で算出した最低保護額を上回っていれば、すなわち、父親が計算上の養育費を支払っても、第二家族の最低生活費が確保される場合は、計算上の養育費がそのまま養育費として決定される。しかし、残存所得が最低保護費を下回っている場合には、その差額を計算上の養育費から減額した額が養育費として決定される[5]。そうしなければ、第二家族が最低生活を維持できず、所得補助を受給することになるからである。

表6-1の事例では、父の純所得が200ポンドの場合、「計算上の養育費」60ポンドを支払うと、手元には児童手当をあわせても150ポンドしか残らず、これでは第二家族との「最低保護額」180ポンドを確保できないため、最低保護額までの不足分（30ポンド）を計算上の養育費から減額して、養育費は30ポンドと査定される。他方、父の純所得が300ポンドの場合は、計算上の養育費を支払っても最低保護費を上回る額が手元に残るため、養育費は計算上の養育費どおり、110ポンドと査定される。公式の基本はこのようなものだが、実際の計算はこれよりはるかに複雑である。

養育費制度は、父親がどのような状況でも常に扶養義務を確定する、という考え方を基本としており、父親が所得補助を受給している場合でも、所得補助の本人の個人手当分の5％が養育費として決定される。また、養育費庁によって養育費が査定されると、それ以前に出された裁判所の扶養命令は養育費庁の査定にとって代わることになる。なお、査定に不服がある父親は、不服申し立て機関に申し立てることができる。

③徴収と支払強制

つぎに、査定された養育費が確実に支払われることが重要となる。養育費法の規定では、父親が母親に直接支払うことも可能だが、確実な支払いが認められる場合を除いて、養育費庁を介して支払われる。母親が所得補助を受給している場合、支払われた養育費の全額が母親の所得とみなされ、それと同額が所得補助の支給額から減額される。よって、養育費が支払われても母親の所得は変わらない。一方、就労している低所得者向けの福祉給付である、家族クレジットを受給している場合には、支払われた養育費のうち週5ポンドまでは母親

第6章 親子の契約化

表6-1 1991年法による養育費の算定例（金額はすべて週額）

ケースの家族構成
　離婚母子世帯：母親（無職）、子ども2人
　父親の再婚世帯：父親、母親（無職）、子ども1人

所得補助の個人手当：子ども1人￡20、成人1人￡50
児童手当：子ども1人￡10
住宅費：父親1人￡30、家族全員￡60

	父の純所得	
	￡200の事例	￡300の事例
①必要養育費		
子どもの個人手当（￡20×2）	40	40
母親の個人手当	50	50
	￡90	￡90
②査定対象所得		
父の純所得	200	300
父の個人手当	－50	－50
住居費（父親1人）	－30	－30
	￡120	￡220
③計算上の養育費		
査定所得の1/2	￡60	￡110
④最低保護額		
両親の個人手当（￡50×2）	100	100
子どもの個人手当	20	20
住居費（家族全員）	60	60
	￡180	￡180
⑤残存所得		
父の純所得	200	300
計算上の養育費	－60	－110
児童手当	10	10
	￡150	￡200
⑥最低保護額不足分		
残存所得	150	200
最低保護費額	－180	－180
	￡－30	￡20
⑦査定養育費		
計算上の養育費	60	110
最低保護額不足分	－30	0
	￡30	￡110

注）計算を単純化するため、所得補助の家族プレミアム等の加算を省略している。また、個人手当等の金額も概算で用いている。
出典）CSA（1998）を参考に作成。

の所得とみなされない。したがって、養育費が支払われれば、週5ポンドまでは母子世帯の所得の純増になる。つまり、家族クレジットを受けながら就労している母親については、養育費の支払いが利益となり、所得補助を受給している主に就労していない母親には、利益にならない仕組みである。このように養育費の扱い方に差をつけることで、母親への就労促進を図っている点は興味深いが、所得補助の受給者にとって、養育費の支払いがなんら所得の増加をもたらさないという制度設計は問題とされる点である。

父親からの養育費の支払いがなされない場合には、養育費庁に強制の権限が与えられており、利息の請求や給与天引き命令をなすことができる。また、裁判所に申し立てて財産差押等の命令を得ることもできる。そして、最終的な制裁手段としては、投獄も認められている。

（3）養育費制度に対する批判と政府の対応
①運用上の問題

養育費法は全党の賛成で成立し、当初は人々の支持も高かったが、実際に制度がスタートすると、中産階級の父親たちや革新系女性団体から反対キャンペーンが巻き起こり、制度の導入に歓迎ムードだったマスコミも一気に批判に転じている（Dean 1995；Bird 2002）。それは、養育費庁の査定ミスが続発したことや、ケース処理の遅れから申請待ちのケースが多数にのぼったこと、さらには養育費庁による支払追求に公正さを欠いていたことなど、養育費庁の運営上の問題によるところが大きかった。実際、養育費庁の厳しい追求により複数の父親が自殺したことや、支払請求が父親たちの間に公平に行われていなかったことが問題となり、養育費庁の初代長官は責任をとって1994年に辞任している（梅川 1999：344）。

こうした事態は、政府が十分な検討を行わずに、性急に制度を導入したことにも原因がある。ミラーは、イギリスの制度が失敗したのに対し、ほとんど変わらない時期に制度を導入したオーストラリアではそれが成功していることを指摘し、その要因として、オーストラリアでは構想から法律の制定までに8年を費やし、この間に豊富な調査や議論が行われ、制度の実施前には5年間の実験が行われたことをあげている（Millar 1994b）。また、クラークとロバーツも

イギリスの制度の失敗の原因として、不払いの父親がどういう状況にあるのかという分析を、制度導入前に十分に行っていなかった点を指摘している（Clarke and Roberts 2002）。

②制度上の問題

さらに、運営問題ばかりではなく、制度自体に対しても父親と母親の双方からの批判が寄せられた。これらの制度に内在する問題は、すでに法律の制定前から研究者や関連団体によって指摘されていた点でもある（Bradshaw and Skinner 2000）。第1の批判は、養育費算定の公式についてである。なかでも計算方法の複雑さには批判が大きかった（Millar and Ford 1998；Bradshaw and Skinner 2000）。これは養育費庁の運営トラブルの原因でもあった。裁判所に代わって、行政機関が一切の裁量をいれずに公平公正に査定しようとするあまり、公式はかなり複雑となっていた。しかも、厳正な査定のためには、多数の詳細な情報が求められる。しかし、養育費庁は福祉給付の部署に設置されており、スタッフは資格要件を満たす対象者に対して、手当を給付する業務しかこれまで経験していない。つまり、紛争関係にある当事者から、入手が困難な情報や証明が難しい情報を収集することには慣れていなかったのである（Maclean 2000）。後述の1999年の白書では、査定のためには100以上の情報が必要とされ、養育費庁のスタッフはその情報収集に仕事時間の9割を費やし、養育費の徴収には1割しか費やせない状況であった、と指摘されている（DSS 1999：2-3）。しかも、公式の複雑さゆえに、当事者が査定額を予測することは困難であり、そのことが父親にも母親にも不安や不満をもたらす結果になっていた。こうしてみると、行政機関が裁判所に限りなく近い形で査定しようとすること自体に無理があったといえる。

公式に関しては、第一家族を優先するという原則も問題とされた。父親の第二家族には最低生活は確保されているが、逆にいえば、所得補助と同水準の最低生活しか保障されないということである。実際には、第一家族の養育費の査定により、多くの第二家族が大幅な所得の低下を余儀なくされていた（Millar 1994a）。そのほか、父親側からの不満として、子どもとの面会や交流に要している費用が十分に考慮されない点や、養育費の査定額に上限が設定されていな

い点があげられた。

　第2の批判は、養育費庁を利用して養育費が支払われても、貧困母子世帯の場合には子どもの福祉につながらない、という点である（Millar 1994a；Bradshaw and Skinner 2000）。前述のとおり、所得補助を受けている母親は養育費制度の適用が強制されるが、それによって父親から養育費が支払われても、それと同額が所得補助の支給額から減額され、結果的に母子世帯の所得は変わらない。こうした制度設計から、政府の意図は福祉財政の抑制のみで、子どもの貧困対策という視点を欠いている、と批判された。

　実際、このような仕組みは、父親の支払いや母親の協力を促す点からもマイナスであった。父親からみると、養育費を支払っても母子の所得の増加に直結しないため、支払いの意欲は減退する。他方、母親からみても、所得が増えないのであれば、父親と敵対関係になってまで行政に協力するメリットは感じられない。

　第3の批判は、養育費庁による査定が行われると、それ以前の裁判所による裁定や合意が効力を失い、養育費庁の査定にとって代わる、という点である（Bradshaw and Skinner 2000）。とくに、離婚時に「クリーンブレイク」（clean break）の原則に沿って、養育費分も含めて財産分与が行われた場合であっても、そのことが考慮されないという点は批判された（Land 1994）。イギリスでは1984年の婚姻および家族事件手続法（Matrimonial and Family Proceeding Act 1984）により、離婚における夫婦間のクリーンブレイクの原則が導入されている。これは当事者をできるだけ離婚前の関係から解放し、それぞれが離婚後の生活に力を注げるようにする、という考え方である。そこでは、子どもの福祉を最優先とすることも強調されている（川田 1988）。こうした考え方に沿って、離婚の際に、養育費の支払いを免除するという約束で、子どもを引き取った母親のほうが婚姻住宅の権利を取得する場合も少なくない。しかし、そのようなケースでも、いったん母親が養育費庁に養育費査定を申請すると、または、母親が所得補助を受給したことで養育費制度が強制適用されると、公式によって養育費が査定され、父親はその支払いを義務付けられる。これでは、実質的に養育費の二重払いを強いられることになる。

第 6 章　親子の契約化

③1995年法による対応

　こうした批判に対し、1995年の法改正で、公式の改定が行われ、査定額に上限が設定されたほか、必要経費として父親の通勤費や第二家族の住居費の控除が認められるようになった。また、クリーンブレイクの合意がある場合には、一定額が所得控除として認められるようになった（川田 2001）。これらの改正は、主として父親側から不満として示されていた点への対応が図られたものである[6]。よって、制度そのものを大きく変える改正ではなく、基本的には1991年法による制度が維持された。

3　制度の維持と理念の変容

（1）労働党政権による制度改革

　1995年の改正後も、養育費制度は批判され続けていた。そうしたなか、1997年に誕生した労働党政権は、さっそく養育費政策の見直しに着手する。まず、1998年の緑書「わが国の新しい野心：福祉のための新しい契約」（New Ambitions for our Country：A New Contract for Welfare）で、次のような見解が示される（DSS 1998a）。

　基本として、子どもは両親から経済的、情緒的扶養を受ける権利がある。しかし、養育費制度によって、養育費が命じられた父親の約3分の1はまったく支払っていない。また、所得補助を受給している母子世帯の母親の3分の1以上は養育費制度の利用を申請していない。しかも、養育費制度は複雑で官僚的であるとして、父親と母親の双方から反発を受けている。現行制度は緊急に改革し、制度を効率化しなければならない。

　新政権はこのように養育費制度の問題点を指摘し、制度の実効性を高めるために、早急に改革することを宣言している。さっそく、1998年に「まず子どもを：児童扶養への新しいアプローチ」（Children First：A New Approach to Child Support）と題する緑書を、つづいて1999年に「福祉のための新しい契約：子どもの権利と親の責任」（A New Contract for Welfare：Children's Rights and Parent's Responsibility）」と題する白書を公表し、具体的な制度の改革案を示している（DSS 1998b, 1999）。そしてそれを2000年の児童扶養・年金・社会保障法（Child

183

Support, Pensions and Social Security Act 2000）で実現している。

　1999年の白書のサブタイトルにも示されているとおり、一連の政府の文書で強調されているのが、「子の権利と親の責任」である。すなわち、子は親に扶養される権利があり、親の子に対する扶養責任は夫婦関係が終了しても続く、ということである。したがって、改革においても父親の扶養義務の追求という政府の姿勢に変わりはなく、労働党政権もこれまでの養育費政策を維持・強化する方向である。ただし、親の責任や子どもの権利という個人の視点からの論理が登場している点は注目される。この点に関しては、後で検討する。

（2）制度の効率化

　2000年法による制度改正の最大のポイントは、養育費算定の公式の簡素化である[7]。前述のとおり、1991年法で採用された公式の複雑さは、制度運営上の問題を引き起こしていたばかりでなく、当事者からも批判されていた。そこで2000年法では、養育費は父親の所得の一定割合とする方式に変更されている。基本レートの具体的な割合は、子どもが1人の場合は父親の所得の15％、2人では20％、3人以上では25％である。この割合は、一般的なふたり親家族が子どものために費やす所得割合の2分の1と説明されている。なお、基本レートのほかに、父親の所得に応じて、減額レート、低額レート、免責レートが設定されている。このように新方式では、父親の所得と子どもの人数だけで養育費が算出され、母親の所得は一切考慮されない。こうした公式の簡略化により、査定に必要な情報量は少なくなり、情報収集のための時間は節約され、ケース処理が効率的に行われる。また、当事者にとっても事前に査定額を予測しやすくなる。

　そのほか、新方式では、第一家族優先の原則が放棄されている（Clarke and Roberts 2002）。そこで計算では、まず、第二家族の子どもの養育費が父親の所得から控除される。また、共同監護への配慮として、父親のもとに子どもが宿泊する年間日数が52日以上であれば、養育費が減額される。年間日数が52日から103日では養育費の7分の1、104日から155日では7分の2、156日から174日では7分の3、175日を超えれば2分の1が減額される。これらの改正は、父親が子どもと関係を持つことを推進し、それに配慮しようとするものである。

また、母親が所得補助を受給している場合、徴収された養育費のうち週10ポンドまでは母親の所得から控除され、その分は所得の増加が認められるように改められている。アメリカの制度でいう、パススルーの導入である。あわせて、所得補助等の受給者への強制適用については、所得補助等の福祉給付の申請により、自動的に養育費庁への申請がなされる仕組みに改正されている。これは、福祉受給者への制度の適用を確実にするためのものである。従来どおり、正当な理由があれば養育費庁への申請は免除されるが、正当な理由がないまま養育費制度への申請を取りさげると制裁が課される。そのほか、養育費の支払いを強化するため、父親の不払いに対する制裁措置として、自動車運転免許の停止も認められている。

(3) 新制度の基盤をなす理念

このように、新制度は従来の制度に対する批判に対応し、制度の効率化を図っている。また、アメリカの制度で採用されている手法も取り入れ、母親の制度への協力インセンティブを高めたり、支払いの強制力を強めたりして、制度を補強している。そうした実際の制度展開からは、保守党政権との政策の連続性が強く印象づけられる。

しかし、政策の方向は同じでも、その論拠は変化している。保守党政権下で制度が導入された際は、家族の自立の強化が掲げられていたが、労働党政権による新制度の理念は、父親の責任と子どもの権利の実現である。それは、制度の設計にもあらわれている。たとえば、1991年法の養育費の公式では、母親は育児のために働けないという前提のもと、計算される「必要養育費」に母親の生活費分も含まれていた。実際の算定に用いられる所得補助の基準額は、子どもの手当額より母親の手当額のほうが大きいため、事実上、「必要養育費」は妻子の扶養料を意味するものであった。しかし、新しい算定方式で父親に課される養育費は、子どもの扶養料に限定されている。しかもそれは、母親の所得や生活状況に一切影響されずに算定される。また、養育費の算定には、父と子の交流への配慮が組み込まれており、子どもが父親宅に宿泊する日数の長さに応じて養育費が減額される。実際、その宿泊日数によって、母親が子どものために支出する費用がどれだけ軽減されるかとは関係なく、父子間でなされた行

為の事実だけで養育費が決定する仕組みとなっている。このように、新制度では養育費が父と子の二者間の問題として扱われており、それまでの家族単位の考え方はとられていない。

4 生涯契約に基づく政策の限界

(1) 家族の契約化

　以上みてきたとおり、イギリスでは1980年代の母子世帯の増大を背景に、1990年代に入り、保守党政権によって養育費政策の転換が図られた。父親の扶養義務に対して寛容な政策から、行政による規制と介入により、養育費を容赦なく追求する政策へと変わったのである。しかし、実際に導入された養育費制度はうまく機能せず、批判が噴出するばかりとなった。こうした混乱を受けて、1997年に登場した労働党政権は制度改革を行い、主に養育費の算定方式の簡略化など、制度の効率化を進めている。制度改正後も、父親の扶養義務の強制という政策方針は従来と変わらず、養育費制度は保守党・労働党の両政権を通じて一貫して維持・推進されているようにみえる。

　しかし、両政権の制度に対する基本的な考え方は異なっている。保守党政権下での養育費制度は家族の自立を強化するためのものであったが、労働党政権下では親子の権利義務を実現するためのものへと変化している。つまり、政策展開は連続的だが、理念は断絶しているのである。

　こうした理念の変化は、政権における家族のとらえ方自体が変化したことによる。1997年に登場した労働党政権のキーワードは「契約化」である（Gerhard et al. 2002, Lewis 2002）。たとえば、1998年の緑書「わが国の新しい野心：福祉のための新しい契約」では、福祉改革を市民と国家の新しい契約を基礎に行う、との方針が示されている（DSS 1998a）。この「契約」を基盤とする考え方は家族についてもみられ、「家族の契約化」という見方がとられている。これは労働党政権の政策に大きな影響を与えている、ギデンズの家族観でもある。ギデンズは『第三の道』で、民主的家族の特徴の一つに「親子関係は親子間の生涯契約である」という点をあげ、「子どもの養育は結婚とは切り離され、子どもの父母に課せられた法的拘束力のある義務となるだろう」と述べている

(Giddens 1998＝1999：163)。同様に、『暴走する世界』でも、「子どもを守ることは、立法と行政の主要な任務である。どんな人生を送ろうとも、子どもが成人するまでの養育義務が、親に対して法的に課せられる」と強調している(Giddens 1999＝2002：130)。

　このように「家族の契約化」という見方においては、夫婦関係と親子関係は別々のものであり、夫婦関係の契約は離婚によって解消できるが、親子の契約は解消できない、とみなされる。こうした「親子の生涯契約」という考え方を基盤に、養育費政策においても子の扶養を受ける権利が強調され、子に対する親の責任が追及される。つまり、養育費の問題は家族の問題ではなく、親と子の個人間の権利義務の問題というわけである。したがって、養育費制度は父と子の二者関係で構成され、そこに母親が登場する余地はない。このような契約という考え方のもと、養育費制度では子どもは債権者、父親は債務者、国家は債権者たる子どもの代理人のような関係となっている。よって、国は子どもの代理人として、父親に対して養育費の支払いを追求するが、それは「家族」の自立という点からではなく、子どもの権利保障の観点から説明される。焦点はあくまで、親に対する子ども「個人」の権利であり、子どもに対する親「個人」の責任である。

（2）契約では処理できない離婚後の「家族」

　このように、イギリスの養育費政策は「家族」ではなく「個人」を基礎としたものへ変化しているといえる。家族が個人化の傾向を強めているのは間違いなく、政策も家族の集団性を無条件に前提とすることはできなくなっている。よって、イギリスの政策が「家族の契約化」「親子の生涯契約」という考え方を基礎に政策を再構成したことは、現実の家族の変化に即したものといえる。しかし、親子を生涯契約とみなし、父と子の権利義務関係として問題を処理するイギリスの養育費制度には限界もみてとれる。というのも、実際の離婚後の扶養は、単なる金銭の債務と債権の処理にはおさまらないからである。そこには、父親との親密な関係を求める子どもや、離婚後も育児のパートナーとして、父親との協力的な関係を望む母親が存在することもある。そうした、離婚後の「家族」という側面を養育費政策においても排除することはできない。

たとえば、養育費制度では、子どもの権利の実現という観点から、養育費は客観的な基準で厳格に査定され、父親はその支払いを強制される。この制度ではフォーマルな扶養のみが対象とされ、これとは別に私的に行われているインフォーマルな扶養は考慮されない。そのため、養育費制度が強化されるにつれ、離婚後の子どもの扶養は制度による養育費の支払いに修練し、これとは別に私的に行われているインフォーマルな扶養が失われていく可能性がある。

しかし、イギリスの調査結果をみると、フォーマルな扶養が子どもにとって最善というわけではない。たとえば、養育費庁の追求により、父親が厳しい生活費からようやく子どものために養育費を支払ったとしても、養育費制度について理解できない幼い子どもには、父親からの誕生日プレゼントやクリスマスプレゼントが止まるほうがダメージは大きい（Clarke et al. 1995）。また、インフォーマルな扶養に満足している母親も多い。それは、衣類やおもちゃなどの子どもの生活必需品やベビーシッター役などで提供されるインフォーマルな扶養は、フォーマルな扶養より母親にとっては大きな経済的貢献であり、しかも、それが父親から好意的に行われるからである（Clarke et al. 1995）。このように、父親、母親、子どもの感情バランスの取れたインフォーマルな扶養は、養育費の支払い以上の価値があるともいえる。養育費制度が親子の生涯「契約」の処理に厳格になりすぎると、離婚後の望ましい親子や家族の関係性が解体される危険がある。

もちろん、インフォーマルな扶養が行われる理由はさまざまであり、必ずしもこのような良好な関係性を求めるものばかりではない。なかには、父親が母親を信頼していない場合に、使途が特定できない金銭ではなく、子どもに直接役立つ品物を贈る場合もある（Bradshaw and Skinner 2000）。また、男性稼ぎ手としてのアイデンティティが強く、自らの統制力を誇示したい父親が、扶養義務を強制されるだけで父親としての権力も地位も感じられない養育費制度に反発し、行政の意向も母親の意向も入らない形で、直接子どもに自分の選んだ品物を贈るという場合もある（Lewis 2002）。よって、個別のケースの見極めは必要だが、養育費制度においては、権利義務だけでは処理できない「家族」という側面を完全に排除することはできない。

（3）生物学的親子への特化

「個人」を基礎にした養育費政策においては、家族の一体性や永続性を想定した扶養義務が追求されることはない。しかしその代わりに、生物上の親子の唯一性や永続性は絶対視され、生物上の親はどこまでも扶養義務を追求される。「親子の生涯契約」という表現に端的に示されているとおり、この契約は生涯にわたって変更することができない。そこで問題となるのが、扶養に関する人々の意識の変化である。家族の個人化とともに、親子の扶養に関する意識も変化しており、血縁より親子としての関係性が重視されてきている（Dean 1995）。もちろん、一般的には生物上の親の扶養義務が支持されているが、それは無条件の義務ではなく、他の扶養義務などの諸条件や要因によるものととらえられている（Millar and Ridge 2001；Millar 1994c）。また、養育費を支払う側の父親たちも、子どもとの良い関係性が持てなければ扶養義務は受け入れにくいと考えている（Bradshaw and Skinner 2000）。現実的にも、子どもをつれた再婚などにより、ステップファミリー（あらたに再構成された家族）が増加するなか、一方で子どもに養育費を支払い、他方でステップチャイルドの養育費を受け取るという、ステップファミリー間での養育費の交換が多大なコストを伴いながら続けられることには疑問もある。

たしかに、家族が多様化し、複数の家族の間で親子関係が複雑に交錯するようになると、どの親が子どもの扶養責任を負うのかがあいまいとなり、責任の所在が散漫になりかねない。このような危険を回避するために、子どもの扶養責任の根拠を生物上の親子という唯一の二者関係に求めることは、ひとつの選択肢ではある。しかし、家族の変容が進めば進むほど、むしろ生物上の親子関係を絶対のものとする人々の意識は揺らいでいく。イギリスの養育費政策は、家族の個人化を前提とした政策の意義とともに、その限界も示している。

注
1） 委員長の名前（Morris Finer）から、ファイナーレポートと称されている。
2） Committee on One-Parent Families（1974）のほか、川田（1996）、Millar（1994a）を中心にまとめている。
3） 1977年の児童手当の実施とともに、ひとり親には「児童手当割増（Child Benefit Increase）」とよばれる資力調査（ミーンズテスト）を伴わない追加手

第Ⅲ部　養育費政策

当が第1子を対象に支給されていた。それは1981年にひとり親手当（One Parent Benefit）と名称変更され、その後は1991年を除く毎年、手当の増額が行われ、ひとり親世帯への普遍的給付として定着していた。しかし、母子世帯の急増とそれに伴う給付総額の増大を背景に1995年、保守党政権は手当額を凍結し、翌年には1998年4月からの支給廃止を提案した。その後の労働党政権もその方針を踏襲し、結局、ひとり親手当の新規受給は1998年7月以降、原則廃止された（下夷 1999）。

4） 1991年法による制度の内容は、CSA（1998）ならびに川田（1996）によっている。なお、養育費庁のホームページにも旧制度として、その内容を説明する各種リーフレット類が掲載されている。http://csa.gov.uk/en/about/publications-old-leaflets.asp, 2008.5.20

5） 本章の説明では、第一に算出した「必要養育費」が決定過程に影響を与えていないが、それは事例を単純化したためであり、実際には「計算上の養育費」の決定過程で考慮される。

6） ミラーは、この点に関し、離別の父親が母子世帯の母親よりはるかに影響力のある圧力グループであることを証明している、と述べている（Millar 2000：229）。

7） 2000年法による新制度の内容は、CSA（2007）ならびに川田（2002）によっている。なお、養育費庁のホームページにも現行制度として、その内容を説明する各種リーフレットが掲載されている。http://csa.gov.uk/en/about/publications-current-leaflets.asp, 2008.5.20.

終　章

強い国家と弱い個人

1　家族介入的政策の必要性

　本書では、今後さらに拡大すると思われる離婚後の養育費問題に着目し、その政策と実態についてみてきた。
　離婚母子世帯は増加しているが、その所得水準はきわめて低く、子どもの生活保障の観点から、母子世帯政策の重要性は高まっている。しかし、第1章でみたとおり、母子世帯政策の中心である児童扶養手当は、1980年代半ば以降、財政上の理由で社会保障費の抑制が必要になるたびに、給付を削減する制度改正が行われている。その際、政府の審議会や国会では、父親の扶養義務が議論になり、行政による養育費確保の制度の必要性が指摘されている。しかし、最終的には、民法を含めた総合的な検討が必要という結論が繰り返されるばかりである。関連の法改正の際には、養育費制度の検討を要請する附帯決議もなされているが、制度の導入に向けた具体的な進展はみられない。結局、養育費制度の見通しも立たないなか、児童扶養手当だけが削られ、母子世帯は私的扶養と公的扶養のはざまに取り残されている。日本の母子世帯政策の問題は、まさに、このような問題状況を認識しながら、なんら手が打たれていないことである。この20年あまり、明らかに問題は放置されている。
　児童扶養手当は制度改正による給付の削減にもかかわらず、受給者が増大し続けており、その財政負担が大きくなっている。こうした状況を背景に、2002年には母子世帯政策の抜本改革として、「児童扶養手当中心の支援から、就業・自立に向けた総合的支援へ」の政策転換が行われている。これは、「福祉から就労へ」を掲げるアメリカ・イギリスの母子世帯政策と同じ方向に向かう

191

終　章　強い国家と弱い個人

ものである。しかし、第2章で示したように、同じ方向にみえる両国と日本の政策内容を比較すると、日本の母子世帯政策は、母子世帯の生活にコミットしようとせず、父親とも対峙しようとしない点で特徴的である。このことは、母子世帯が家族政策の対象になっていないということを意味している。たしかに、2002年改革における養育費政策をみても、問題解決に向けた実効性のある政策は乏しく、事実上、養育費問題は放置されたままである。

そこで、養育費の実情を統計や事例から詳しくみると、第3章で確認したとおり、家庭裁判所の調停離婚等では養育費の取り決めが一般化してきたが、協議離婚では取り決めないまま離婚するケースのほうが多い。養育費の受け取り率も上昇しているとはいえ、現在でも2割ときわめて低い。養育費の支払いは、とくに協議離婚で低調だが、調停離婚であっても、取り決めどおりに支払われるとは限らず、不履行ケースは多い。また、はじめは支払われていても途中で支払われなくなる傾向も調査結果に現れている。このように、養育費が支払われない状況がなかば常態化しているが、それには父親の支払能力の問題だけでなく、支払意思がないことも大きく影響している。

また、第3章で行った離婚事例の分析からは、養育費を請求する側である母親にも、養育費に対する認識が十分でないという問題がみてとれる。母親たちは養育費を「母子の生活費」「夫や妻の評価の指標」「自分と夫のかかわり」とみなしており、養育費の支払いが父親の子どもに対する扶養義務であり、養育費を受けることは子どもの扶養を受ける権利である、という視点ではとらえていない。

このような父親の無責任な態度や母親の養育費に対する不十分な認識、さらに第1章や第2章でみた政策の無作為は、社会全体にわたって養育費に対する認識が低いことを示している。つまり、養育費に関する社会規範が確立していない、ということであり、このことが養育費問題の根底にある問題である。

そうすると、社会規範の不在ということが、つぎに問われるべき課題となる。社会規範の基礎となるのは法律であり、離婚後の養育費については民法の「離婚後の子の監護」規定である。そこで、第4章ではこの規定の変遷を明治初期の草案から現行民法まで検証した。日本の民法の編纂作業はフランス民法に倣って進められたことから、編纂が始まった明治初期の民法草案から、離婚後の

終　章　強い国家と弱い個人

子の監護に関する規定が置かれている。それから現行民法までをたどってみると、最も進歩的な規定は旧民法の第一草案である。それは「資力に応じた負担」という養育費の分担基準を明記した具体的なもので、しかもそれが、母親の監護を実現するための経済的基盤の確保という意味でとらえられている。しかし、これは旧民法制定前の元老院の審議で削除され、以後、旧民法から人事法案まで、養育費に関する規定はみられない。

　戦後になると、民法制定前の応急措置法の国会審議の中で、すでに離婚母子世帯の養育費問題が議論されており、改正民法にも離婚後の子の監護規定が置かれている。そして、この規定は養育費の分担義務として起草されたものであることが、議会でも明らかにされている。しかし、規定に監護費用という直接的な表現がなく、「監護について必要な事項」という包括的な文言が用いられているために、結局、その意図が浸透せず、養育費の規範形成に意味をなさなかったとみられる。仮に、改正民法の案に、旧民法の第一草案のような分担基準まで含めた具体的な規定が示されていれば、あるいは、せめて監護費用の負担という文言が盛り込まれた規定が示されていれば、その後の養育費の状況も違った展開になっていたと考えられる。

　結局、戦後の民法においても、養育費の分担義務に関する明示的な規定を欠き、私的扶養である養育費については、社会規範が確立しないまま、現在に至っている。こうした状況のもと、養育費問題は社会的に軽視されてきたといえる。それにもかかわらず、児童扶養手当は父親の扶養義務を根拠に、削減の改正が行われている。こうして、母子世帯は私的扶養と公的扶養の間隙に放置されたままで、これでは、母子世帯の生活リスクは大きく、子どもの将来も制約されかねない。そうなると、離婚の決断はいっそう難しくなり、事実上、人々の離婚の自由が奪われていくことになる。

　ここまでみてきた日本の政策と実態の状況から、行政による養育費確保の制度が導入されなければ、問題は解決しないといえる。もちろん、制度が導入され、養育費が支払われるようになったとしても、母子世帯の生活水準が格段に上昇するわけではない。しかし、このような私的扶養を追求する制度を用意し、その利用をすすめることは、公的扶養の拡充を求める基盤を固めることになる。少なくとも、私的扶養義務を負う父親が存在する、という理由だけで扶養の実

193

終　章　強い国家と弱い個人

態にかかわりなく手当が削減される、という流れに歯止めをかける手立てにはなる。制度を利用しても扶養が実現されない場合には、手当を削減しないよう主張することができるからである。

　もちろん、行政による養育費確保の制度については検討すべき課題がある。行財政の負担が生じることはもちろんだが、それ以外にも、養育費制度に内在する問題がある。養育費制度は、養育費という経済的扶養の問題を子どもの監護権や夫婦の離婚をめぐる問題の決定から切り離し、行政によって公平かつ効率的に処理するシステムである。具体的には、養育費が決まった算定方式で査定され、行政機構を通じて徴収される。これにより、同じような事例で養育費の格差が生じる問題は解消され、母親が父親に直接支払いを求めて交渉することなく、養育費の確保が可能になる。なにより、離婚の際に養育費をめぐる紛争から解放される点は父親、母親のみならず、子どもにとっても望ましい。また、行政システムであれば、父親と離別しているすべての子どもが同じ対応をうけられるほか、裁判所の利用が困難な母子世帯でも養育費を請求することができる。

　このように、行政による養育費確保の制度には利点が多い。しかし、子どもの経済的扶養の問題はその他の家族問題とも関係が深く、こうした行政システムによる養育費の処理が、かえって子どもの福祉に反する結果をもたらすこともある。たとえば、養育費の支払いを逃れるために、子どもの引き取りの主張が双方から強まることも予想される。また、養育費の支払いが免れない以上、少しでも多くの財産を獲得しておこうと、財産分与の紛争が激化することも考えられる。さらに、後でも触れるが、行政による養育費の追求を逃れるために親が子どもから完全に離れていく事態も生じる。さらに、養育費を通じて別れた配偶者との関係が続くことが、母親・父親・その新しいパートナーのストレスとなるなど、養育費の追求が関係する大人たちに負荷を与え、それが子どもの福祉に影響することもある。

　つまり、子どもの福祉のために行われる養育費の合理的な解決が、子どもの福祉に反する非合理な結果をもたらすこともある、ということである。とくに紛争性の高いケースでは、家族問題の一体的な解決が必要となる場合もあり、養育費制度において関連する問題をどのように調整するか、あるいは関連する

制度との連携をどう図るか、といった点を検討する必要がある。これは、金銭の授受という通常は事務的に処理しうる問題が、家族問題となると合理的には割り切れないということから生じる課題である。家族政策としての養育費制度の困難な一面でもある。

2　国家と個人の非対称

　行政による養育費確保の制度はすでに欧米諸国で実施されている（Kahn and Kameman 1988, Skinner et al. 2007, 碓井 2005）。いわば、後発の日本は、他国の経験から学び、それをよく吟味したうえで、日本の実情にあう制度を検討していく必要がある。とくに養育費制度のような家族介入的な政策については、その危険性についてあらかじめ確認しておくことが重要である。そこで、本書では第4章でアメリカ、第5章でイギリスの政策を検討した。

　アメリカでは、1975年に養育費履行強制制度が導入され、1980年代半ばから強制的な徴収手段の導入など、制度の整備・強化が進められている。制度の利用件数も増大し、とくに公的扶助を受給していない母子世帯の利用が拡大している。こうしてみると、すでにこの制度は公的な養育費徴収代行サービスとして、社会に定着しているようである。制度の効果を評価することは難しいが、全体としての養育費受給率に変化はみられないものの、貧困母子世帯や未婚母子世帯の養育費状況は大幅に改善しており、養育費問題の拡大を抑えるのに一定の効果をあげているといえる。

　しかし同時に、制度の危険な側面もみてとれる。まず、母親に対するプライバシー問題があげられる。とくに、公的扶助を受ける場合は制度が強制適用されるため、貧困女性にとっては、給付とプライバシーの交換を強いる制度となっている。また、父親に対しても、滞納した場合の制裁が懲罰的で、福祉行政の公権力がまるで警察権力のように行使されている。さらに、連邦政府による情報の一元的管理が進められており、養育費制度が一般の人々の管理や監視にまで向かっている。こうしたアメリカの実情は、公権力を強力に行使する家族介入的政策の危険性を示している。

　イギリスでは、従来、養育費に関して、父親に寛容な政策がとられていた。

しかし、1990年代に保守党政権によって政策転換がなされ、養育費制度が導入されている。実施当初から制度の運営には問題が多く、制度に対する批判が噴出している。その後の労働党政権によって制度改革が行われているが、それは制度の効率化を図るもので、父親の扶養義務の強制という政策方針に変わりはない。こうしてみると、導入以来、問題を抱えながらも制度は維持・強化されており、両政権を通じて、養育費政策は一貫しているようにみえる。しかし、養育費制度の基本にある考え方は、保守党政権下の「家族の強化」から、労働党政権では「親子の生涯契約」の実現へと変化している。これは、「家族」を基礎とした制度から「個人」を基礎とした制度への変化といいかえられる。「個人」を基礎とした制度は、家族の変容に即したものといえるが、それにはインフォーマルな扶養の困難や、生物学的親子への特化など、現実の家族の意思に反する側面も持っている。こうしたイギリスの状況からは、「家族」を排除した政策の限界がみてとれる。

　このようなアメリカやイギリスの政策の状況からみえてくるのは、国家は強く、個人は弱いということである。プライバシーの提供を強要される母親、滞納のために犯罪者扱いされる父親、インフォーマルな扶養を望みながら、それがかなわない父親・母親・子ども、さらには養育費問題に関係なく監視・管理される人々、いずれも国家との関係でいえば、弱い立場に追い込まれている。

　ここで、養育費問題を父親と母親の関係でみると、養育費を踏み倒す父親は強者で、それに泣き寝入りしている母親と子どもが弱者ということになる。よって、弱者である母親の保護や子どもの権利保障の観点から、福祉国家による養育費確保の制度が必要となる。そこでつぎに、養育費制度を国家と個人の関係でみると、そこでは個人はみな弱い立場となっている。つまり、公権力を行使する福祉国家は強者で、政策の対象たる個人は弱者ということである。なかでも福祉の給付を必要とする母親は、父親との関係においても弱者であり、福祉国家との関係においても弱者である。そのことは、父親が養育費を支払わないために生活に困窮した母親が（父に対して弱者）、父親の支払義務を追求する養育費制度によって、真っ先に自らのプライバシーが脅かされる（福祉国家に対して弱者）、という例からも明らかである。福祉国家による家族介入的政策には、このような弱者に行使される公権力という一面がある。したがって、養

育費制度の導入にあたっては、「強い国家と弱い個人」という、国家と個人の非対称性に十分配慮することが重要である。とくに二重に弱い立場を強いられる、母親の状況には留意が必要である。

3　家族政策の意図せざる作用

また、「強い国家と弱い個人」という認識は、政策を行う側の福祉国家にとっても重要である。自らの強さに無自覚なまま政策を進めると、政策はその意図とは異なる方向に作用することがあるからである。

たとえば、アメリカの養育費制度は、父親の扶養責任を徹底して追及するが、それはアメリカ社会のマジョリティの家族規範であるふたり親家族を基底にしたものである。養育費制度は、母子世帯と父親を擬似的にひとつの家族とみなし、父親に扶養義務を果たさせることで、ふたり親家族に近づけようとしているのである。いいかえれば、家族を強化しようとする政策である。しかし、先にも述べたとおり、アメリカの制度は母親に協力義務を課しており、プライバシーの開示を拒否する母親や協力的と認められない母親には、公的扶助を制限する措置をとっている。これは家族を強化するどころか、母親と子どもが家族として存続するための最低限の条件を奪うことにほかならない。また、養育費局は滞納者をあらゆる手段を使って追跡するが、それから逃れようする父親は子どもから完全に離れていくことになる。これは制度が、つながる可能性のある父子関係を切断する、ということである。このように、母子と父をひとつの家族と見立てて、これを強化しようとする養育費政策が、逆に家族を壊す方向に作用していく。強い福祉国家のもとで、弱い個人は家族として結びつく自由を失っていくのである。

他方、家族を壊すのとは逆に、政策の推進により、家族とはいいがたい家族がつくり出されるという事態も生じている。アメリカの養育費制度は、父親の扶養義務を合理的・効率的に追求する制度へと進展してきており、各プログラムでは迅速・確実に養育費を確保するための手段が強化されている。法的父子関係の確定では遺伝子検査の適用、養育費命令の確定ではガイドラインの強制利用、養育費の徴収では給与天引き制度の原則化というように、そのひとつひ

とつは効果的なものである。しかし、こうした一連の制度のなかで、父親としての意思を伴わないまま、親の扶養が行われていく可能性も生じている。たとえば、アメリカの未婚出産の子どもの場合を例にとると、父親になる意思を欠く男性が、遺伝子検査の結果から父親と確定され、ガイドラインによる養育費の支払命令がなされ、それが自動給与天引きによって州の支払機関に支払われ、そこから子どもの養育費として母親に支給される、という場合が考えられる。これは、養育費制度によって意思のない親子関係がつくられていく、ということである。たしかに、生物学的な親子関係が法的に承認され、父親としての責任は果たされるが、それは政策が意図する家族の扶養とはいいがたい。ここまで極端ではないにしても、養育費の支払いが子どもの扶養料というより、税務署に税金を納めるように認識されるケースが増えることは容易に考えられる。こうして、親子の意思を欠く親子が形成されていく。強い国家の制度の中で、弱い個人はその意思を示しえないまま制度が推し進める方向に流され、結果として、政策の意図しない家族がつくられていくのである。

このように、家族や親子を強化しようとする養育費制度が、家族を壊したり、親子を切断したりすることがある。また、それとは逆に、政策が想定していない家族をつくりだすこともある。いずれも、強い国家がそのことに無自覚に政策を推進したことによってもたらされる、意図せざる結果である。

4 個人化時代の福祉国家と家族

さて、1990年代以降、離婚率の上昇のみならず、生涯未婚率の上昇や合計特殊出生率の低下など、家族にかかわる人口学的指標の動きからもわかるとおり、家族の変化が著しい。こうした家族をめぐる変化は、「家族の個人化」ととらえられる（山田 2004）。もはや、家族の形成・維持は、すべての人にとって自明のことではなく、個人の自由意思・選択によるものとなってきている。こうした個人化の動きは、近代社会の先鋭化というマクロな社会変動の下で生じており、近代化の徹底によるものである（U. Beck 1986＝1998）。そうすると、今後も個人化は進行していくとみられる。

家族の個人化は、個人を家族の拘束から解放するが、それは、個人にとって

終　章　強い国家と弱い個人

家族という生活基盤が脆弱化することでもある。いいかえれば、個人にとって、生活リスクが増大することである。よって、家族の個人化の進行とともに、個人と福祉国家の結びつきはいっそう強くなる。ただし、家族の個人化により生じる問題の解決を、すべて福祉国家に期待することはできない。また、私的領域としての家族の自由を確保するためにも、すべてを福祉国家に委ねることはできず、家族の自律的な問題解決が求められる。本書で取りあげた養育費政策は、こうした家族の個人化にともなう問題を家族が自律的に解決するための、福祉国家による支援と位置付けられる。こうしてみると、家族が個人化するなかで、福祉国家には福祉ニーズを充足するための財やサービスの給付のみならず、家族の自律的問題解決を支援するサービスも求められるといえる。これは、家族問題の解決にかかわる以上、家族に介入的なサービスとなる。そうすると、家族の個人化とともに、このような福祉国家による家族介入的政策の必要性はさらに高まっていくと考えられる。

　そこで留意すべきは、福祉国家は常に誰にでも優しい国家ではない、ということである。家族介入的政策の持つ危険性については、本書で指摘したとおりである。よって、今後、福祉国家は「強い国家と弱い個人」という両者の非対称性を見据えながら、家族介入的政策をとおして、個人化時代の家族と個人を支えていく必要がある。

参 考 文 献

阿部彩, 2006,「アメリカにおける社会保障改革と財政」『フィナンシャルレビュー』2006(6):3-30.
阿部彩, 2007,「母子世帯に対する政策:児童扶養手当の満額受給有期化の意味」『生活経済研究』127:3-9.
阿部彩・大石亜希子, 2005,「母子世帯の経済状況と社会保障」国立社会保障・人口問題研究所編『子育て世帯の社会保障』東京大学出版会:143-161.
American Bar Association (ABA), 2007, "Child Support Guidelines: Chart 3," *Family Law Quarterly*, 40(4):594.
青山道夫, 1937,「離婚と子の監護」穂積重遠・中川善之助責任編輯『家族制度全集 法律篇第2巻離婚』河出書房:245-270.
青山道夫・有地亨編, 1989,『新版注釈民法21 親族(1)』有斐閣.
唄孝一・利谷信義, 1975,「人事法案の起草過程とその概要」星野英一編『私法学の新たな展開』有斐閣:471-526.
Beck, U., 1986, Risikogesellschaft auf dem Weg in eine andere Moderne (=1998, 東廉・伊藤美登里訳『危険社会:新しい近代への道』法政大学出版局)
Bird, R., 2002, *Child Support: the New Law* (5th ed.), Family Law.
母子寡婦福祉法令研究会編, 2004,『総合的な展開をみせる母子家庭等施策のすべて』ぎょうせい.
Bradshaw, J. and C. Skinner, 2000, "Child Support: The British Fiasco," *Focus*, 21(1):80-85.
Child Support Agency (CSA), 1998, *For Parents Who Live Apart*, Child Support Agency.
Child Support Agency (CSA), 2007, *How is Chile Maintenance Worked Out?*, Child Support Agency.
Clarke, K., 2003, "Lone Parents and Child Support: Parental and State Responsibility," in S. Cunningham-Burley and L. Jamieson eds., *Families and the State: Changing Relationships*, New York: Palgrave Macmillan, 91-108.
Clarke, K., G. Craig and C. Glendinning, 1995, "Money isn't Everything: Fiscal Policy and Family Policy in Child Support Act," *Social Policy Administration*, 29(1):26-39.
Clarke, L. and C. Roberts, 2002, "Policy and Rhetoric: The Growing Interest in

参考文献

Fathers and Grandparents in Britain," in A. Carling, S. Duncan and R. Edwards eds., *Analyzing Families: Morality and Rationality in Policy and Practice*, London: Routledge, 165–182.
Committee on One-Parent Families, 1974, *Report of the Committee on One-Parent Families* (v.1: v.2) (Cm 5629), H.M.S.O.
Dean, H., 1995, "Paying for Children: Procreation and Financial Liability," in H. Dean ed., *Parents' Duties, Children's Debts: the Limits of Policy Intervention*, Aldershot: Arena, 15–33.
Department of Social Security (DSS), 1990, *Children Come First: the Government's Proposals on the Maintenance of Children* (Cm1263), H.M.S.O.
Department of Social Security (DSS), 1998a, *New Ambitions for our Country: A New Contract for Welfare* (Cm 3805), Stationery Office.
Department of Social Security (DSS), 1998b, *Children First: A New Approach to Child Support* (Cm 3992), Stationery Office.
Department of Social Security (DSS), 1999, *A New Contract for Welfare: Children's Rights and Parent's Responsibilities* (Cm 4349), Stationery Office.
Department of Work and Pensions (DWP), 2006, *A New Deal for Welfare: Empowering People to Work*, (Cm 6730), TSO.
Esping-Andersen, G., 1990, *The Three Worlds of Welfare Capitalism*, Cambridge: Polity Press.（＝2001，岡沢憲芙・宮本太郎監訳『福祉資本主義の三つの世界：比較福祉国家の理論と動態』ミネルヴァ書房）．
藤崎宏子，1993，「老人福祉サービスの家族要件による家族政策のゆくえ」石原邦雄・堤マサエ・佐竹洋人・望月嵩編『家族社会学の展開』培風館：262-285．
藤原千沙，2003，「母子世帯の就業実態：調査結果から得られる知見」日本労働研究機構編『母子世帯の母への就業支援に関する研究』日本労働研究機構：177-211．
藤原千沙，2004，「女性の所得保障と公的扶助」大沢真理編『福祉国家とジェンダー』明石書店：199-232．
藤原千沙，2005，「ひとり親の就業と階層性」社会政策学会編『若者：長期化する移行期と社会政策（社会政策学会誌　第13号）』法律文化社：161-175．
藤原千沙，2007，「母子世帯の階層分化：制度利用者の特徴からみた政策対象の明確化」『季刊家計経済研究』73：10-20．
藤原千沙・江沢あや，2007，「アメリカの福祉改革再考：ワークフェアを支える仕組みと日本への示唆」『季刊社会保障研究』42（4）：407-419．
福田素生，1999，『社会保障の構造改革：子育て支援重視型システムへの転換』中央法規出版．
福島正夫編，1956，『明治民法の制定と穂積文書』有斐閣．
Gauthier, A. H., 1996, *The State and the Family: A Comparative Analysis of*

参 考 文 献

  Family Policies in Industrialized Countries, Oxford: Clarendon Press.
Gerhard, U., T. Knijn and J. Lewis, 2002, "Contractualization," in B. Hobson, J. Lewis and B. Siim eds., *Contested Concepts in Gender and Social Politics*, Cheltenham: Edward Elgar, 105-140.
Giddens, A., 1998, *The Third Way: The Renewal of Social Democracy*, Cambridge: Polity Press.（＝1999, 佐和隆光訳『第三の道：効率と公正の新たな同盟』日本経済新聞社.）
Giddens, A., 1999, *Runaway World: How Globalization is Reshaping our Lives*, London: Profile Books.（＝2002, 佐和隆光訳『暴走する世界』ダイヤモンド社.）
橋爪幸代, 2005,「ひとり親家庭に対する就労支援策：児童扶養手当法と母子及び寡婦福祉法の改正を通じて」『季刊労働法』211：175-193.
Hays, S., 2003, *Flat Broke with Children: Women in the Age of Welfare Reform*, Oxford; Tokyo: Oxford University Press.
樋口範雄, 1988,『親子と法』弘文堂.
広中俊雄, 1996,「日本民法典編纂史とその資料：旧民法公布以後についての概観」『民法研究』（1）：137-170.
堀内節, 1970,『家事審判制度の研究』日本比較法研究所・中央大学出版部.
堀内節, 1976,『続家事審判制度の研究』日本比較法研究所（日本比較法研究所資料叢書4）・中央大学出版部.
星野通, 1944,『明治11年民法草案』松山経済専門学校商経研究会.
法務大臣官房司法法制調査部監修, 1984,『日本近代立法資料叢書6』商事法務研究会.
法務大臣官房司法法制調査部監修, 1988a,『日本近代立法資料叢書12』商事法務研究会.
法務大臣官房司法法制調査部監修, 1988b,『日本近代立法資料叢書13』商事法務研究会.
法務大臣官房司法法制調査部監修, 1989,『日本近代立法資料叢書16』商事法務研究会.
法務省民事局参事官室, 1992,「婚姻及び離婚制度の見直し審議に関する中間報告（論点整理）」『ジュリスト』1015：305-311.
法務省民事局参事官室, 1993,「「婚姻及び離婚制度の見直し審議に関する中間報告（論点整理）」に対する意見の概要について（上）（下）」『ジュリスト』1034：100-121, 1035：102-121.
法務省民事局参事官室, 1994,「婚姻制度等に関する民法改正要綱試案」『ジュリスト』1050：214-255.
法務省民事局参事官室, 1995a,「「婚姻制度等に関する民法改正要綱試案」に対する意見の概要（上）（下）」『ジュリスト』1074：77-95, 1075：71-86.

参 考 文 献

法務省民事局参事官室，1995b，「婚姻制度等の見直し審議に関する中間報告」『ジュリスト』1077：167-183.
穂積重遠，1948，「民法50年」『法律時報』20（1）：3-16.
石井良助，1958a，「明治11年民法草案（1）」『法律時報』30（4）：96-97.
石井良助，1958b，「明治11年民法草案（2）」『法律時報』30（6）：68-69.
石井良助編，1959，『明治文化資料叢書　第3巻法律編上』風間書房.
石井良助，1979，『民法典の編纂』創文社.
磯野誠一，1957，「明治民法の変遷」中川善之助編『家族問題と家族法Ⅰ　家族』酒井書店：351-366.
Kahn, A. J. and S. B. Kamerman eds., 1988, *Child Support: From Debt Collection to Social Policy*, Newbury Park: Sage Publications.
海後宗臣編，1960，『臨時教育審議会の研究』東京大学出版会.
Kamerman, S. B. and A. J. Kahn, 1988, *Mothers Alone: Strategies for a Time of Change*, Dover: Auburn House.
神谷遊，1995，「履行確保制度：離婚後の養育費を中心に」婚姻法改正を考える会編『ゼミナール婚姻法改正』日本評論社：187-197
金田宇佐夫，1950，「協議離婚の実態」『家庭裁判月報』2（7）：44-52.
加藤正男，1955，「統計にあらわれた離婚の実態：昭和25年から29年までの京都市における」『同志社法学』7（4）：107-130.
川島武宜，1956，「家事審判法の改正について」『ジュリスト』103：30-34.
川島武宜・利谷信義，1958，「民法（上）法体制準備期」鵜飼信成・福島正夫・川島武宜・辻清明編『講座日本近代法発達史5』勁草書房：2-48.
川田昇，1988，「イギリスの離婚」利谷信義・江守五夫・稲本洋之助編『離婚の法社会学：欧米と日本』東京大学出版会：155-183.
川田昇，1996，「イギリスにおける離婚後の子の養育費の確保：1991年児童扶養法の性格」『神奈川法学』31（1）：1-34（＝川田 2005に所収）.
川田昇，2001，「イギリスにおける児童扶養制度の再構築」『神奈川法学』34（2）：411-440（＝川田 2005に所収）.
川田昇，2002，「2000年児童扶養法の成立：イギリスにおける児童扶養制度の新たな展開（1）」『神奈川法学』35（1）：49-79（＝川田 2005に所収）.
川田昇，2005，『親権と子の利益』信山社.
衣笠葉子，2005，「英国におけるタックスクレジット制度の展開：就労タックスクレジットと児童タックスクレジット」『関西福祉大学 研究紀要』8：65-78.
鯉渕鉱子，2000，『母子福祉の道ひとすじに』ドメス出版.
小池信行，1996，「「民法の一部を改正する法律案要綱」の概要」『法律のひろば』49（6）：4-16.
厚生省児童家庭局編，1988，『児童福祉四十年の歩み』日本児童問題調査会.
小柳春一郎，1998，「民法典の誕生」広中俊雄・星野英一編『民法典の百年Ⅰ　全

体的観察』有斐閣：3-40.
Land, H., 1994, "Reversing the Inadvertent Nationalization of Fatherhood: The British Child Support Act 1991 and its Consequences for Men, Women and Children," *International Social Security Review*, 47 (3.4)：91-110.
Lewis, J., 1997, "Lone Mothers: the British Case," in J. Lewis ed., *Lone Mothers in European Welfare Regimes: Shifting Policy Logics*, London: Jessica Kingsley Publishers, 50-75.
Lewis, J., 1999, "The Problem of Lone Motherhood in Comparative Social Policy: Concepts, Theories and Methods," in J. Clasen ed., *Comparative Social Policy: Concepts, Theories, and Methods*, Malden: Blackwell Publishers, 181-199.
Lewis, J., 2002, "The Problem of Fathers: Policy and Behavior in Britain," in B. Hobson ed., *Making Men into Fathers: Men, Masculinities and the Social Politics of Fatherhood*, Cambridge: Cambridge University Press, 125-149.
Maclean, M., 1998, "The Origins of Child Support in Britain and the Case for a Strong Child Support System," in R. Ford and J. Millar eds., *Private Lives and Public Costs: Lone Parents and the State*, London: Policy Studies Institute, 226-232.
Maclean, M., 2000, "Access to Justice in Family Matters in Post-War Britain," in S. N. Katz, J. Eekelaar and M. Maclean eds., *Cross Currents: Family Law and Policy in the United States and England*, Oxford: Oxford University Press, 533-545.
前田陽一，1998,「民法742条・802条（婚姻無効・縁組無効）」広中俊雄・星野英一編『民法典の百年Ⅳ　個別的観察（３）親族編・相続編』有斐閣：1-52.
松嶋道夫，1993,「子の養育費の算定と履行確保」『家族　社会と法』9：139-157
松嶋道夫，2005,「子どもの養育費裁判がおかしい：『東京・大阪裁判官の簡易算定表』について」『久留米法学』51・52：49-71.
McLanahan, S., 1999, "Testimony Before the House of Committee on Ways and Means, Subcommittee on Human Resources, Hearing on Fatherhood (April 27.1999)."
Millar, J., 1994a, "Lone Parents and Social Security Policy in the UK," in S. Baldwin and J. Falkingham eds., *Social Security and Social Change: New Challenges to the Beveridge Model*, New York; London: Harvester Wheatsheaf, 62-75.
Millar, J., 1994b, "Poor Mother and Absent Fathers: Support for Lone Parents in Comparative Perspective," Paper for the Annual Conference of the Social Policy Association, University of Liverpool, July 1994.
Millar, J., 1994c, "State, Family and Personal Responsibility: the Changing Balance for Lone Mothers in the UK," *Feminist Review*, 48：24-40. reprinted in C. Ungerson and M. Kember eds., 1997, *Women and Social Policy: a Reader (2nd ed.)*, London: Macmillan, 146-162.

参考文献

Millar, J., 1996, "Mothers, Workers, Wives: Comparing Policy Approaches to Supporting Lone Mothers," in E. B. Silva ed., *Good Enough Mothering?: Feminist Perspectives on Lone Motherhood*, London: Routledge, 97-113.

Millar, J., 2000, "Changing Obligation and Expectations: Lone Parenthood and Social Policy," in T. P. Boje and A. Leira eds., *Gender, Welfare State and the Market: Towards a New Division of Labour*, London; New York: Routledge, 226-241.

Millar, J. and R. Ford, 1998, "Lone Parenthood and Future Policy," in R. Ford and J. Millar eds., *Private Lives and Public Costs: Lone Parents and the State*, London: Policy Studies Institute, 251-260.

Millar, J. and T. Ridge, 2001, *Families, Poverty, Work and Care: A Review of the Literature on Lone Parents and Law-Income Couple Families*, Department for Work and Pensions Research Report No.153, Corporate Document Services.

Mink, G., 1998, *Welfare's End*, Ithaca: Cornell University Press.

箕作麟祥, 1883, 『(増訂) 仏蘭西法律書 憲法民法』博聞社.

水野紀子, 1983, 「離婚給付の系譜的考察 (1) (2・完)」『法学協会雑誌』100 (9): 1624-1699, 100 (12): 2151-2228.

本沢巳代子, 1998, 『離婚給付の研究』一粒社.

中川善之助, 1949a, 『新民法の指標と立法経過の点描』朝日新聞社.

中川善之助, 1949b, 『民法改正覚え書』(=中川1949aに所収).

中野冬美, 2006, 「危機的な母子家庭の生活状況と就労支援施策の貧困」『賃金と社会保障』1412: 26-32.

中野貞一郎, 1991, 『民事執行・保全法概説』有斐閣.

日本労働研究機構編, 2003, 『母子世帯の母への就業支援に関する研究』日本労働研究機構.

野上久幸, 1929, 『親族法』(三省堂コンメンタール叢書) 三省堂.

OECD, 2005, *Society at a Glance*. (www.oecd.org/els/social/indicators/SAG)

Office of Child Support Enforcement (OCSE), 2007a, *FY2004 Annual Report to Congress*, Office of Child Support Enforcement.

Office of Child Support Enforcement (OCSE), 2007b, *Child Support Enforcement, FY2006 Preliminary Report*, Office of Child Support Enforcement.

小川理佳・吉川紀代子, 2005, 「養育費等の履行確保のための新しい強制執行制度について: 東京地方裁判所民事執行センターにおける運用状況」『家庭裁判月報』57 (9): 1-41.

岡健太郎・平城恭子, 2006, 「養育費・婚姻費用算定表の運用上の諸問題」『調停時報』164: 58-63.

大田正之, 1955, 「子の氏の変更審判事件に伏在する離婚の実態について」『家庭裁判月報』7 (2): 51-74.

太田武男，1952，「戦後に於ける離婚の実態」『家庭裁判月報』3（2）：21-61．
尾澤恵，2003，「米国における96年福祉改革とその後」『レファレンス』635：72-87．
臨時法制審議会，1925，『臨時法制審議会総会議事速記録　諮問第1号（民法改正）』臨時法制審議会．
労働省婦人少年局，1961，『協議離婚の実態：調査結果報告書』労働省婦人少年局．
最高裁判所事務総局編，1953，『民法改正に関する国会関係資料』（家庭裁判資料第34号）．
最高裁判所事務総局家庭局，1955，「家事調停事件当事者に対する調停条項の履行状況の調査について」『家庭裁判月報』7（7）：99-107．
最高裁判所事務総局家庭局，1970，『家事債務の履行確保に関する執務資料』（家庭裁判資料第90号）．
最高裁判所事務総局家庭局，2002，「養育費支払の実情調査の結果について」『家庭裁判月報』54（5）：169-180．
Schlesinger, B., 1977, "One parent families in Great Britain," *Family Coordinator*, 26（2）：139-141．
島崎謙治，2005，「児童手当および児童扶養手当の理念・沿革・課題」国立社会保障・人口問題研究所編『子育て世帯の社会保障』東京大学出版会：85-117．
下夷美幸，1989，「離婚と子供の養育費」『季刊社会保障研究』25（2）：156-165．
下夷美幸，1993，「母子家庭への社会的支援：離婚後の児童扶養問題への対応」社会保障研究所編『女性と社会保障』東京大学出版会：247-266．
下夷美幸，1995，「養育費履行確保制度の設計」『ジュリスト』1059：76-81．
下夷美幸，1999，「家族クレジット・児童給付・障害者手当」武川正吾・塩野谷祐一編『先進諸国の社会保障1　イギリス』東京大学出版会：163-182．
下夷美幸，2000，「アメリカにおける母子家族と福祉改革：AFDCからTANFへの移行」『社会福祉』（40）：37-57．
新川てるえ，2004，『自分でデキル養育費強制執行マニュアル』ひつじ書房．
宍戸万里子，1991，「養育費支払いの履行確保事務の実情と問題点」『夫婦・親子215題：家庭裁判所制度40周年記念〔判例タイムズ747〕』判例タイムズ社：317-318．
司法省原編／手塚豊・利光三津夫編，1969，『民事慣例類集』（慶應義塾大学法学研究会叢書24，明治法制史研究集成　第2巻）慶應義塾大学法学研究会．
司法省蔵版／法務大臣官房司法法制調査部監修，1989，『全国民事慣例類集（司法省蔵版 明治13年7月印行）』商事法務研究会．
しんぐるまざあず・ふぉーらむ，2006，『別れた父と養育費』しんぐるまざあず・ふぉーらむ．
Skinner, C., J. Bradshaw and J. Davidson, 2007, *Child support policy: An international perspective*, Department for Work and Pensions Research

Report No 405.
Smith, A. M., 2007, *Welfare Reform and Sexual Regulation*, New York: Cambridge University Press.
Solomon-Fears, C., 2006, "CRS Report for Congress: Child Support Provisions in the Deficit Reduction Act of 2005 (P.L. 109-171),"Congressional Research Service.
末弘厳太郎, 1926, 『民法講和 上巻』岩波書店.
高野耕一, 1964, 『財産分与の研究：民法768条の系譜的考察』（司法研究報告書：第14輯第7号）司法研修所.
高柳真三, 1951, 『明治家族法史』日本評論社.
高柳真三, 1958, 「明治民法以前の離婚法」中川善之助編『家族問題と家族法3 離婚』酒井書店：110-138.
武川正吾, 2006, 「福祉国家と福祉社会」武川正吾・大曽根寛編『福祉国家と福祉社会のゆくえ』放送大学教育振興会：201-212.
玉城肇, 1957, 「日本における『家族制度』思想および『家族国家』思想」中川善之助編『家族問題と家族法Ⅰ　家族』酒井書店：255-312.
谷口園恵・筒井健夫・野村雅之・松井信憲・一場康宏, 2004, 「養育費等の履行確保のための民事執行法の改正」『家庭裁判月報』56（5）：1-17.
手塚豊, 1991, 『手塚豊著作集　第8巻』（『明治民法史の研究（下）』）慶応通信.
利谷信義編, 1970, 『皇国民法仮規則』（日本近代法史研究資料集　第1）東京大学社会科学研究所.
U. S. Census Bureau, 2007, *The 2007 Statistical Abstract*, http://www.census.gov/compendia/statab/ 2008.2.20
U. S. House of Representatives, Committee on Ways and Means, 2004, *2004 Green Book Background Material and Data on Programs within the Jurisdiction of the Committee on Ways and Means*, U. S. House of Representatives, Committee on Ways and Means .
梅謙次郎, 1984, 『民法要義 巻之四 親族編』（明治45年版復刻）有斐閣.
梅川正美, 1999, 「社会保障と行政改革」武川正吾・塩野谷祐一編『イギリスの社会保障』東京大学出版会：337-349.
碓井正久, 1960, 「教育ノ効果ヲ完カラシムヘキ一般施設ニ関スル建議」海後宗臣編『臨時教育審議会の研究』東京大学出版会：957-1018.
碓井光明, 2005, 「行政組織を通じた養育費の取立て」岩村正彦・大村敦志編『融ける境　超える法1　個を支えるもの』東京大学出版会：169-209.
我妻栄, 1938, 『親族法・相続法講義案』岩波書店.
我妻栄編, 1956, 『戦後における民法改正の経過』日本評論新社.
Wheaton, L. and E. Sorensen, 2007, *The Potential Impact of Increasing Child Support Payments to TANF Families*, The Urban Institute.

Williams, R, 1987, *Development of Guideline for Child Support Orders: Advisory Panel Recommendations and Final Report*, Office of Child Support Enforcement Department of Health and Human Services.

山田昌弘, 2004, 「家族の個人化」『社会学評論』54 (4) : 341-354.

山高しげり, 2001, 『山高しげり　母子福祉四十年』日本図書センター.

山脇貞司, 1993, 「養育費の取決めとその履行確保」石川稔・中川淳・米倉明編『家族法改正への課題』日本加除出版 : 273-293.

湯澤直美, 2004, 「ひとり親世帯の生活問題と所得保障」『社会福祉研究』90 (7) : 52-62.

湯澤直美, 2005, 「ひとり親家族政策とワークフェア : 日本にける制度改革の特徴と課題」社会政策学会編『若者 : 長期化する移行期と社会政策（社会政策学会誌 第13号）』法律文化社 : 92-109.

湯沢雍彦, 1963, 「水戸家庭裁判所下妻支部における調停事件　その一」家事事件研究会編『転換期における家事資料の研究 : 昭和23・24年』（家事資料研究会報告書第1輯）家事資料研究会 : 174-217.

湯沢雍彦, 1987, 「離婚制度等研究会の報告から」『家族〈社会と法〉』3 : 101-108.

あ と が き

　本書は、離婚母子世帯の養育費政策に関する問題提起の書である。現実問題の解決に向けた、小さな一歩になれば、という私なりの思いでまとめたものである。
　養育費は、私が大学院の修士論文で取り組んだテーマである。その後、このテーマから離れた時期も長くあったが、自分の研究者としての出発点となった養育費問題について、今ここに書きあげることができたことを嬉しく思う。さすがに時間の経過とともに、考えもいくらか深まり、研究を始めた当時とは視点も主張も変わってきた。なにより、自分の中でのテーマの受け止め方自体が大きく変わってきた。当初、離婚母子世帯の子どもの生活保障という限定的な視点でしかとらえていなかったが、今では、「国家・家族・個人」「公私関係」をとらえる格好のテーマだと考えている。まだ、その研究の入り口に立ったばかりの段階だが、今後そうした視点から、このテーマを通して、家族政策に関する研究を進めていきたいと考えている。つぎの課題は、本書で行った問題提起を踏まえて、家族政策の理論研究を行うことである。
　つたない研究だが、ここに至るまでには大変多くの方々にお世話になった。学部卒業後に就いていた職を辞し、出身校であるお茶の水大学の大学院に入ってからは、湯沢雍彦先生はじめ、お茶大の先生方に親身なご指導をいただいた。大学院修了後は社会保障研究所、恵泉女学園大学、日本女子大学、法政大学、東北大学にて、職を授かり、いずれの職場においても先輩や同僚の研究者から多くの学問的刺激を受けてきた。また、学会や研究会などでも、良い出会いに恵まれ、これまでご指導いただいた先生や助けていただいた方はとても多い。ここではお名前をあげられないが、いろいろな機会に支え、導いてくださった方々おひとりおひとりに心から感謝したい。

あとがき

　刊行にあたっては、勁草書房の松野菜穂子さんにとてもよくしていただいた。はじめて声をかけていただいてから、かれこれ10年になるが、松野さんのすすめがなければ、本を出す勇気は持てなかった。本書の内容についても、何度も貴重なアドバイスをいただいた。お礼申し上げたい。

　最後になるが、多くのことを教えてくれた家族に、謝意を捧げたい。

2008年初夏の仙台・東北大学にて

下夷美幸

索　引

あ　行

青山道夫　118
家　100-101, 140
遺族年金　9, 41
依存の文化　174
遺伝子検査　156-157, 162, 197-198
意図せざる結果　198
医療保障　158-159
インフォーマルな扶養　188, 196
ウィスコンシン州　157
梅謙次郎　114, 118
AFDC（要扶養児童家族扶助）　49-50, 150-151
江木千之　121
エスピン・アンデルセン（Esping-Andersen, G.）　149
江藤新平　102
OECD（経済協力開発機構）　53-54
応急措置法　131-133, 136, 193
大木喬任　105, 107
太田武男　66
大田正之　72
奥野健一　128, 132, 135
オハイオ州バトラー郡　167
親子の生涯契約　187-189, 196

か　行

カーン（Kahn, J.）　173
ガイドライン（養育費の）　29-30, 157-158, 197-198
学歴　42
家事債務　2, 32-33
家事審判所　123, 125-126, 135
家族解決型　1-2, 10-11
家族介入的政策　ii, 1, 195-196, 199
家族クレジット（Family Credit）　52, 176, 178, 180
家族政策　55-57, 137, 140, 149-150, 192, 195, 197
家族政策研究会　76
家族制度　113, 121
家族の契約化　186-187
家族の個人化　189, 198-199
家族不介入主義　149-150
家族モデル　56-57
家庭裁判所　1-5, 11, 26, 28, 30, 45-48, 63, 66-67, 71-72, 74-75, 93, 135, 192
加藤正男　67
金田宇佐夫　71
寡婦控除　22, 40
カマーマン（Kamerman, S.B.）　173
監護について必要な事項　33, 137, 139-140, 193
監視　167-168, 195-196
間接強制　159, 162
北浦圭太郎　135
寄託　2-3
ギデンズ（Giddens, A.）　186
木村篤太郎　132
給与差押え　5, 46-48, 80
給与天引き　6, 32, 50, 159-160, 162, 180, 197-198
旧民法　99, 101, 112, 114-116, 118-120, 137, 139, 193
行政改革　9
強制執行　1-2, 4-8, 11, 26, 46-48, 79-81, 83
共同監護　184
勤労所得税額控除（Earned Income Tax Credit）　49-50
クラーク（Clarke, K.）　180

213

索　引

クリーンブレイク（clean break）　182-183
来栖三郎　128
元老院　107, 112-113, 120, 139, 193
皇国民法仮規則　102-105
公正証書　5, 7, 32, 80-81, 94
公私二元論　140
公証役場　7
公的扶養　2, 11-12, 26-27, 34-35, 57, 191, 193
高等技能訓練促進費　43-44
ゴーチェ（Gauthier, A.H.）　149
国勢調査　19-20
国民生活基礎調査　19-20
国民年金　22
戸主　123, 125
50ドルパススルー　153, 162
個人責任・就労機会調整法（Personal Responsibility and Work Opportunity Reconciliation Act of 1996）　49
国家責任　2
子どもの公共性　2, 12
子どもの私事性　1, 11
子どもの貧困率　51, 53-54
小林鎮　132
婚姻および家族事件手続法（Matrimonial and Family Proceeding Act of 1984）　182
婚姻及び離婚法制の見直し審議に関する中間報告（論点整理）
　→論点整理（1992年の）
婚姻制度等に関する民法改正要綱試案
　→試案（1994年の）
婚姻制度等の見直し審議に関する中間報告
　→中間報告（1995年の）

さ　行

財政構造改革　10, 28
裁定率（養育費の）　163-165
債務名義　5-7, 11, 32
左院の民法草案　104-107, 113
試案（1994年の）　32-33

自助　1, 28, 174
私的扶養　1, 10-12, 22, 26-27, 34-35, 57, 191, 193
私的領域　12, 199
児童タックス・クレジット（Child Tax Credit）　52
児童手当（イギリス）　173, 178
児童福祉法　27-28
児童扶養控除（イギリス）　173
児童扶養手当　2, 9-11, 21-30, 34-35, 38-39, 41-42, 48, 54, 57, 191, 193
児童扶養手当部会　28
児童扶養・年金・社会保障法（Child Support, Pensions and Social Security Act 2000）　183-184
児童問題懇談会　23
司法省明法寮　102
司法制度改革審議会　47
司法統計年報　3-4, 64, 69
社会手当　9
社会保障制度審議会　25
社会保障番号　154-155, 165, 168
社会保障法（Social Security Act）　151
就学支援手当　44
修身　121
就労家族タックス・クレジット（Working Families' Tax Credit）　52
就労タックス・クレジット（Working Tax Credit）　52
醇風美俗　121
常用雇用転換奨励金　44
所得シェア方式　157
所得税還付金　159-160
所得補助（Income Support）　51-53, 173-178, 180-183, 185
自立支援教育訓練給付金　43-44
資力調査　9
しんぐるまざあず・ふぉーらむ　75
親権者　18-19, 63, 71, 109, 112-113, 116, 129-130, 135-136

索引

人口動態統計　17-18, 63
人口動態統計社会経済面調査　73
人事法案　126-129, 137, 139-140, 193
親族会　123-125, 128
人的資本　42
末弘厳太郎　118
ステップファミリー　189
生活保護　27, 38, 42, 54, 57, 93
正当な理由（アメリカの養育費履行強制制度の）　152, 166
生物学的親子　189, 196
1996年福祉改革　48-49
全国新規雇用者登録（National Directory of New Hires）　155, 168
全国母子世帯等調査　1, 19-21, 41, 64, 68, 70, 73-74
全国未亡人団体協議会　22,
全国民事慣例類集　99

た　行

第一草案（旧民法の）　107-113, 116, 137, 139, 193
第三の道　186
大正要綱　120-121, 125, 127, 129, 140
第二次臨時行政調査会　23
滞納者のポスター　167
太政官制度局　102
立替・徴収代行制度（立替・徴収制度）　26-27
男性稼ぎ手モデル　2
TANF（貧困家族一時扶助）　49-50, 151-153, 165-166
中央児童福祉審議会　27-28
中間報告（1995年の）　32-33
定期金債務　33
DV（配偶者暴力）　156, 166
東京地方裁判所民事執行センター　6
利谷信義　126
富井政章　114, 116, 125-126

な　行

中川善之助　128
中西盾雄　111
二段階制（児童扶養手当の）　24, 39-40
日本国憲法の施行に伴う民法の応急措置法
　→応急措置法
日本司法支援センター（法テラス）　7
日本弁護士連合会　64
日本労働研究機構　41-42
入学支援修了一時金　44
任意認知（voluntary acknowledgement of paternity）　156, 161

は　行

パーセント方式　157
パーソナルアドバイザー　51
唄孝一　126
白書　174-176, 181, 183-184
パスポートの発行拒否　50, 159
長谷川喬　117
非監護親の居所探索（Location）　50, 151, 154
樋口範雄　55
非対称性　197, 199
ひとり親家族に関する委員会　172
ひとり親のためのニューディール（New Deal for Lone Parents）　51-52
費用徴収／費用徴収制度　26-30, 34-35
ファイナーレポート　172-174
フェミニズム　2
福祉依存　49, 52, 174-175
福祉から就労へ　39, 48-51, 53-54, 56, 191
福祉国家　ii, 2, 9, 11-12, 56-57, 149, 167-168, 174, 196-199
福祉国家解決型　1-2, 9, 11
福祉レジーム　149
藤原千沙　42
附帯決議　28, 30, 47-48, 191
扶養義務　i, 2, 9-11, 22, 24-25, 30-31, 35, 38-39, 47, 56, 63, 67, 82, 89, 95, 116, 150-

215

索　引

151, 158-159, 165, 168, 172, 176, 178, 184, 186, 188-189, 191-193, 196-197
プライバシー　1, 12, 151, 165-166, 195-197
平均所得（母子世帯の）　20
ボアソナード（Boissonade, G.）　107
法制審議会　31, 35
法的父子関係の確定（Paternity）　50, 151, 156, 161, 197
防貧的機能　9
法務省民事局参事官室　28, 33
母子家庭等自立支援対策大綱　29
母子寡婦福祉法　30, 45
母子年金　22
母子福祉資金貸付金　44
母子福祉年金　22-24
母子福祉法　23
穂積重遠　126
穂積陳重　114, 121, 125
堀内新之助　128

ま　行

箕作麟祥　102, 105, 117
ミラー（Miller, J.）　180
民事慣例類集　99
民事執行制度　29-30, 33
民事執行法　5, 46-47
民法766条　63
民法改正要綱（戦後の民法改正時の）　127, 130-131, 134
民法改正要綱（1996年の）　31-33
民法仮法則　104
民法決議　102
民法修正案　114, 119
民法商法施行延期法律　114
民法人事編　112
民法親族編中改正ノ要綱　121, 126
民法草案人事編再調査案　111
民法典論争　114, 120
民法の一部を改正する法律　134
民法の一部を改正する法律案要綱→民法改正要綱（1996年の）
無拠出　22
牟田口通照　105
明治11年民法草案　105-107, 109, 137
明治民法　99, 118-120, 123-125, 127, 137, 139-140
面接交渉／面接交渉権　82, 156, 168

や　行

安田幹太　136
山下春江　132
山田顕義　107
湯沢雍彦　26, 67
養育費算定表　45
養育費制度（イギリス）　52-53, 172, 174-176, 178, 180, 182-183, 185-188, 196
養育費相談支援センター　45
養育費庁（Child Support Agency）　52, 175-178, 180-182, 185, 188
養育費の徴収（Enforcement）　50, 151, 159-161, 197
養育費の手引き　46
養育費法（Child Support Act 1991）　52, 176, 178, 180
養育費保証手当（Guaranteed Maintenance Allowance）　172-173
養育費命令の確定（Obligation）　50, 151, 157, 161, 197
養育費履行強制制度／養育費制度（Child Support Enforcement Program）　50, 150-152, 154, 157-163, 165-168, 175, 195, 197-198
養育費履行強制庁（Office of Child Support Enforcement）　152
米山文子　132

ら　行

履行確保制度　1-5, 11, 26, 47-48
履行勧告　2-5, 33

履行命令　　2-4, 33
離婚件数　　17
離婚制度等研究会　　26, 32, 34-35, 64
離婚届　　63-64
緑書　　183, 186
臨時教育審議会　　121
臨時法制審議会　　120-121, 126
臨時法制調査会　　127-128, 131
ルイス（Lewis, J.）　　173
連邦の親探索サービス（Federal Parent Locator Service）　　152, 154-156, 168
連邦養育費命令登録（Federal Case Registry of Child Support Orders）　　155, 168
労働省婦人少年局　　72
ロバーツ（Roberts, C.）　　180
論点整理（1992年の）　　31-32

わ　行

我妻栄　　118, 128

著者略歴

1962年　鹿児島県生まれ
1988年　お茶の水女子大学大学院修士課程修了
現　在　東北大学大学院文学研究科准教授
専　攻　家族社会学、家族政策論
主　著　「家族政策研究の現状と課題」『社会政策研究』第2号（東信堂、2001年）、「育児における男女共同参画：私的領域におけるジェンダー変革に向けた家族政策の検討」『大原社会問題研究所雑誌』第547号（法政大学大原社会問題研究所、2004年）、「家族の社会的意義とその評価：育児・介護の担い手としての家族」本澤巳代子・ベルント・フォン・マイデル編『家族のための総合政策：日独国際比較の視点から』（信山社、2007年）

養育費政策にみる国家と家族　母子世帯の社会学

2008年10月10日　第1版第1刷発行

著　者　下夷美幸（しも えびす み ゆき）

発行者　井村寿人

発行所　株式会社　勁草書房（けい そう）

112-0005　東京都文京区水道2-1-1　振替　00150-2-175253
（編集）電話 03-3815-5277／FAX 03-3814-6968
（営業）電話 03-3814-6861／FAX 03-3814-6854
本文組版　プログレス・平文社・青木製本

©SHIMOEBISU Miyuki　2008

ISBN978-4-326-60216-2　　Printed in Japan

JCLS ＜㈱日本著作出版権管理システム委託出版物＞
本書の無断複写は著作権法上での例外を除き禁じられています。
複写される場合は、そのつど事前に㈱日本著作出版権管理システム
（電話03-3817-5670、FAX03-3815-8199）の許諾を得てください。

＊落丁本・乱丁本はお取替いたします。
http://www.keisoshobo.co.jp

松田茂樹	何が育児を支えるのか	2940円
永井暁子・松田茂樹 編	対等な夫婦は幸せか	2520円
池本美香	失われる子育ての時間	2310円
木本喜美子	女性労働とマネジメント	3675円
矢澤澄子他	都市環境と子育て	2940円
首藤若菜	統合される男女の職場	5670円
目黒依子他編	少子化のジェンダー分析	3675円
杉本貴代栄	福祉社会のジェンダー構造	2835円
本田由紀編	女性の就業と親子関係	3255円
堀江孝司	現代政治と女性政策	4935円
武石恵美子	雇用システムと女性のキャリア	3360円
山下泰子	女性差別撤廃条約の展開	3675円
舩橋惠子	育児のジェンダー・ポリティクス	3465円
横山文野	戦後日本の女性政策	6300円
江原由美子	ジェンダー秩序	3675円
山田昌弘	家族というリスク	2520円

＊表示価格は2008年10月現在。消費税が含まれております。